民法典

与

社区法治

中共成都市金牛区委党校（区行政学校）
成都城市社区学院　　　　　　　　　　编
上海中联（成都）律师事务所

西南交通大学出版社
·成　都·

图书在版编目（CIP）数据

民法典与社区法治 / 中共成都市金牛区委党校（区
行政学校），成都城市社区学院，上海中联（成都）律师
事务所编. —成都：西南交通大学出版社，2022.10（2025.11 重印）
　ISBN 978-7-5643-8973-4

　Ⅰ. ①民… Ⅱ. ①中… ②成… ③上… Ⅲ. ①民法 –
法典 – 中国 – 干部培训 – 教材　Ⅳ. ①D923

中国版本图书馆 CIP 数据核字（2022）第 200009 号

Minfadian yu Shequ Fazhi
民法典与社区法治

中共成都市金牛区委党校（区行政学校）
成都城市社区学院　　　　　　　　　　　　　编
上海中联（成都）律师事务所

责 任 编 辑	赵玉婷
封 面 设 计	原谋书装
出 版 发 行	西南交通大学出版社
	（四川省成都市金牛区二环路北一段 111 号
	西南交通大学创新大厦 21 楼）
发行部电话	028-87600564　028-87600533
邮 政 编 码	610031
网　　　址	http://www.xnjdcbs.com
印　　　刷	四川森林印务有限责任公司
成 品 尺 寸	185 mm×260 mm
印　　　张	16
字　　　数	349 千
版　　　次	2022 年 10 月第 1 版
印　　　次	2025 年 11 月第 2 次
书　　　号	ISBN 978-7-5643-8973-4
定　　　价	49.80 元

编委会成员

吴张泽　周文娟　王平平

肖安安　田　静　王建文

周　钒　孔　泱　吴子艾

社区是社会的基本构成单元，社区治理是国家治理的重要维度。关于社区治理，党的二十大报告提出要加快建设法治社会，并要求健全城乡社区治理体系，及时把矛盾纠纷化解在基层、化解在萌芽状态。这无疑对运用法治思维和法治方式提升社会治理效能提出了更高的要求。

《中华人民共和国民法典》的颁布和实施，是坚持全面依法治国、建设法治中国的重大举措，在新中国法治建设史上具有里程碑意义。作为"民事权利保障书"，《中华人民共和国民法典》在法律体系中居于基础性地位，其广泛确认了对生命健康、财产安全、交易便利、生活幸福、人格尊严等各方面权利的平等保护，可以说，涵盖老百姓生活的方方面面，每个人的生老病死、衣食住行都离不开它的规范和保护。具体到法典内容而言，它对涉及老百姓切身利益的问题进行了细化规定，例如：禁止物业用断水、断电等方式催缴物业费，针对地面塌陷问题作出规定，明确公安机关对高空抛物、坠物的调查责任，将人格权单独成编，完善隐私权保护，进一步明确网络侵权责任，强化对债权实现的保护，等等。

本书编写的初衷，正是响应新时代社会主义法治建设的要求，坚守习近平法治思想的核心要义，贯彻中国特色社会主义法治理论，以《中华人民共和国民法典》为依据，围绕社区法治的核心内容和关键问题，通过具有参考价值和学习意义的典型案例，为社区干部提供具有普遍性、典型性、可操作性的纠纷预防与解决的思路和方案。

在编写过程中，编写组以邀请社区干部、物业人员、法官参与座谈会，向社区居民发放调查问卷等方式，深入了解社区干部在处理基层事务时面临的突出矛盾，对社区工作流程以及工作中所面临的重难点实践问题进行全方位总结。

在整体编排上，编写组从民生视角出发，以社会生活中存在的典型、热点纠纷问题为导向，从公民的基本权利和义务、婚姻家庭、未成年人保护、房屋买卖、房屋租赁、物业管理等方面探讨社区居民日常生活中容易出现的法律问题，并将社区工作中的突出重点、社区干部最关心的实践难题融入其中，以法院裁判案例为核心，再辅之以衍生法律问题拓展、重难点法条的适用解读，力求将法律问题情景化、具体化，使法律条文易懂易记，以期能为社区干部积极预防纠纷、高效解决纠纷提供帮助。

社区法治建设要求强化法治思维和法治手段，让办事依法、遇事找法、解决问题用法、化解矛盾靠法成为基层治理的常态。我们期待，这本书能有助于提升公众参与基层社区法治化建设的能力和水平，推动社区德治、法治、自治三治融合，从而引导社区公众做社会主义法治的忠实崇尚者、自觉遵守者、坚定捍卫者，并最终建立起人人有责、人人尽责、人人享有的社会治理共同体。

第二章　相邻及邻里纠纷

第三章　物业纠纷

第四章　房产纠纷

第五章　消费权益纠纷

第六章　其他纠纷

○○○ 第一章　婚姻家庭纠纷

本章导言

一、法律权利梳理

（一）人身权利

人格权：姓名权、隐私权、婚姻自主权、身体权。
身份权：监护权、亲属权。

（二）财产权利

所有权：不动产和动产所有权。
债权：合同之债、侵权之债。
用益物权：居住权。
继承权：法定继承、遗嘱继承、遗赠。
未成年人、老年人、残疾人、妇女等主体的特殊权利：受教育权、抚养权。

二、法律关系概述

婚姻家庭法主要以亲属关系为调整对象，相较于其他民法规范，婚姻家庭法具有民族习俗性、差异性、伦理性、团体性、强行性、身份法性等特性。

《中华人民共和国民法典》对婚姻家庭关系中的亲属关系、人身关系及财产关系作出了一系列规定，如婚姻自由、无效婚姻、可撤销婚姻、家庭关系、亲属范围、家庭成员、姓名权利、抚养权、夫妻共同财产、夫妻共同债务、离婚、收养、赡养义务、扶养义务、继承、遗赠等。此外，还规定了婚姻家庭关系的几个基本原则，包括婚姻家庭受国家保护的原则、婚姻自由原则、一夫一妻制原则、男女平等原则和保护妇女、未成年人、老年人、残疾人合法权益的原则。

三、婚姻家庭纠纷分析

婚姻家庭纠纷作为一种特殊的民事纠纷，其调整范围兼具人身与财产法律关系，亦常常表现为一种复杂的法律与情感交杂的矛盾冲突。

因此，在面对此类纠纷时，需要厘清其中的矛盾根源。例如：是家庭成员间的财产利益冲突，还是因身份情感关系转变而产生的复杂财产分割矛盾。面对具体的纠纷情形，可以考虑从家庭成员之间的利益冲突、意识和心理冲突、文化价值观念冲突及生活方式冲突等多方面进行分析。

在解决婚姻家庭纠纷时，社区干部、调解员不仅需要平衡伦理道德与情感，还需要重视对法律法规和具体法律实务知识的学习及运用，从纠纷调处的短期成果以及长远影响两方面较为妥善地进行处理。

四、主要涉及法律法规定位

《中华人民共和国民法典》			
第 8 条	【公序良俗】	第 1012—1017 条	【姓名权和名称权】
第 15—17 条	【出生和死亡时间、胎儿权利能力、成年】	第 1040—1118 条	【婚姻制度、收养原则、结婚、家庭关系、夫妻财产制度、离婚、收养】
第 26—39 条	【监护】	第 1119—1163 条	【继承、遗赠】

婚姻关系

案例 1　隐瞒重大疾病结婚，婚姻关系有效吗？

> 曹某与颜某经数月的自由恋爱后，挑选一良辰吉日办理了结婚登记，并随后举行了婚礼。婚后，曹某发现颜某时常脾气暴躁、举止怪异，曾建议陪同颜某一同就医，被颜某以工作压力过大需要发泄为由拒绝。
>
> 某日，颜某突然情绪失控并伴有攻击性倾向，曹某随即出门躲避，并未受到人身伤害。待颜某平静下来后，其被曹某及家人强制送往当地人民医院，经医院诊断发现，颜某患有以躁郁症和抑郁症为主的双相情感障碍，日后可能存在生活自理能力下降和外跑、冲动、毁物、伤人现象，有消极、自伤、自杀行为发生的可能性。在曹某的询问下，颜某承认其在婚前即患有上述疾病，一直靠药物缓解病情，此次情绪失控是病情复发。曹某得知后大受打击，认为自己受到欺骗，要求离婚，颜某不同意，两人多次陷入争执，并前往社区要求主持公道。

关注焦点

1. 婚前患有重大疾病，是否造成婚姻无效？
2. 如果无法成立婚姻无效，是否存在其他救济途径？
3. 是否可适用撤销婚姻，其成立条件有哪些？

法律点晴

（一）婚前患有重大疾病，不会导致婚姻无效

婚姻的效力问题由法律规定，《中华人民共和国民法典》第一千零五十一条明确规定，婚姻无效仅适用于三种情形，即：（1）重婚；（2）有禁止结婚的亲属关系；（3）未到法定婚龄。而婚前患有重大疾病并不在此列，因而，本案中曹某与颜某的婚姻关系有效。

拓展 禁止结婚的亲属关系有哪些？

《中华人民共和国民法典》一千零四十八条规定："直系血亲或者三代以内的旁系血亲禁止结婚。"

1. 直系血亲：父母、祖父母、外祖父母、子女、孙子女、外孙子女等（见图1-1）。

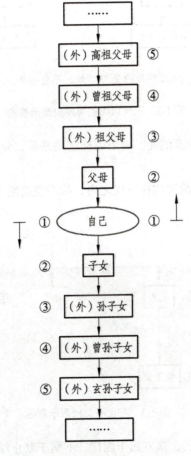

注：分往上数和往下数，数字为代数，自己算一代。

图1-1 直系血亲示意图

直系血亲间不能结婚，而养父母与养子女、继父母与受其抚养教育的继子女属于拟制直系血亲，为了防止逼婚，法律上也引申出不能结婚。

2. 三代以内的旁系血亲：兄弟姐妹、伯、叔、姑、舅、姨、堂兄弟姐妹、表兄弟姐妹、侄子女、外甥子女等（见图 1-2）。

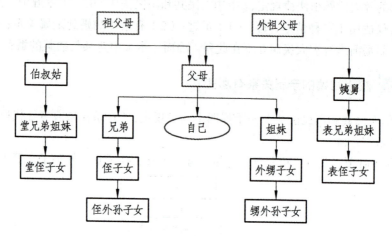

注：兄弟姐妹含同母异父、同父异母的兄弟姐妹，不包括养兄弟姐妹、继兄弟姐妹。

图 1-2　三代以内的旁系血亲示意图

那么，"三代"是怎么计算的呢？画出图确定关系后，分别从自己、对方出发，往上计算至同源处即可。

比如，侄子女和自己，两边均在三代之内，故不能结婚（见图 1-3）。

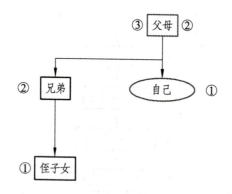

图 1-3　与侄子女代系示意图

再比如，表侄子女和自己，双方属于四代，不属于禁止结婚的亲属范畴（见图 1-4）。

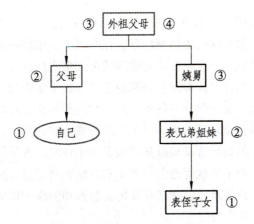

图1-4　与表侄子女代系示意图

法定婚龄是多少？

男方不早于二十二周岁，女方不早于二十周岁。

（二）一方在婚前故意隐瞒其患有重大疾病的，另一方有权向法院请求撤销婚姻

根据《中华人民共和国民法典》第一千零五十三条之规定，在婚姻关系中，一方患有重大疾病的，应当在结婚登记前如实告知另一方；不如实告知的，另一方可以向人民法院请求撤销婚姻。因此，在不满足婚姻无效的条件的情况下，如果确实存在一方在婚前故意隐瞒其患有重大疾病这个情形的，婚姻关系中的另一方可以向法院请求撤销婚姻关系。被撤销的婚姻自始没有法律约束力，在法理上双方此前仅存在同居关系。而婚姻被撤销的，无过错方亦有权请求损害赔偿。

拓展 婚姻被撤销后，同居期间的财产和子女该如何处理？

1. 财产由当事人协议处理；协议不成的，可以到法院起诉处理。根据《最高人民法院关于适用〈中华人民共和国民法典〉婚姻家庭编的解释（一）》第二十二条的规定，被确认无效或被撤销的婚姻，双方同居期间所得的财产，原则上按共同共有认定，除非有证据证明归一方单独所有。同时人民法院审理此类案件时，还应当根据照顾无过错方的原则，判决给无过错的一方适当多分财产。无过错方还拥有损害赔偿的权利。

2. 同居期间双方所生的子女享有与婚生子女同等的权利，无论最终孩子跟随哪一方生活，父母双方都应当按照相关法律规定履行抚养义务，同时亦享有探视等权利。

（三）婚姻中的一方行使撤销婚姻关系请求权，其权利认定的前提是对方婚前"患重大疾病"，以及"不如实告知"行为

根据《中华人民共和国民法典》第一千零五十三条第一款"一方患有重大疾病的，应当在结婚登记前如实告知另一方；不如实告知的，另一方可以向人民法院请求撤销婚姻。"之规定，撤销权的构成要件在于一方婚前"患有重大疾病"和"不如实告知"另一方，其具有时间上和行为上这两个评判标准。在时间上，患病的时间应当是在双方结婚登记之前；行为上，患病的一方存在故意隐瞒其患病事实的行为。实际生活中，这两个条件是否成立需要法院结合具体案情和查明的事实，就个案进行分析和评判。比如，就本案来看，曹某与颜某在交往前并不熟悉，恋爱时间并不长，且颜某也亲口承认其在婚前就患有精神疾病，但直至婚后送医都没有主动告知曹某，则可以确定颜某在婚前即患病，且存在隐瞒行为；但如果曹某与颜某两家系多年好友，曹某与颜某更是十几年的青梅竹马，朝夕相处，互相了解较为透彻，直至双方结婚登记前，颜某也未表现出任何精神失常的举动，那么，就很难认定颜某存在婚前患病和隐瞒病情的行为，曹某的撤销婚姻关系请求权将难以得到支持。

> **拓展** 哪些属于"重大疾病"？

对于"重大疾病"，《中华人民共和国民法典》及相关法律目前并未明确规定，但是我们可以从《中华人民共和国母婴保健法》第八条婚前医学检查的内容中得到初步认识，三类疾病不应该结婚（包括暂缓结婚和附条件结婚），分别是严重遗传性疾病、指定传染病、有关精神病：

（1）严重遗传性疾病：由于遗传因素先天形成，患者全部或者部分丧失自主生活能力，后代再现风险高，医学上认为不宜生育的遗传性疾病；

（2）指定传染病：《中华人民共和国传染病防治法》中规定的艾滋病、淋病、梅毒、麻风病以及医学上认为影响结婚和生育的其他传染病；

（3）严重的精神性疾病：精神分裂症、躁狂抑郁型精神病以及其他重型精神病。

实务建议

《中华人民共和国民法典》对于婚姻关系的有效性有着明确规定，其中，一方患有重大疾病并不是婚姻无效的条件，而是婚姻可撤销的条件。在已经登记结婚的情况下，如果一方发现另一方在婚前即患有重大疾病，但从未如实告知、故意隐瞒的，可以在发现上述隐瞒事件后的一年以内向法院起诉，请求法院判决撤销婚姻。

法条链接

《中华人民共和国民法典》

第一千零四十七条　结婚年龄，男不得早于二十二周岁，女不得早于二十周岁。

第一千零四十八条　直系血亲或者三代以内的旁系血亲禁止结婚。

第一千零五十一条　有下列情形之一的，婚姻无效：

（一）重婚；

（二）有禁止结婚的亲属关系；

（三）未到法定婚龄。

第一千零五十三条 一方患有重大疾病的,应当在结婚登记前如实告知另一方;不如实告知的,另一方可以向人民法院请求撤销婚姻。

请求撤销婚姻的,应当自知道或者应当知道撤销事由之日起一年内提出。

 案例2 婚前所购房屋不属于夫妻共同财产吗?

华某与金某自由恋爱后进行了婚姻登记,在双方进行婚姻登记之前,华某选中了一套商品房 A,并支付了首付款,该房屋登记在华某名下,每月的月供由华某以自己的工资支付。婚后,月供由华某、金某共同支付并进行了装修,但二人并未实际居住该房屋,而是将其出租,由金某负责收取租金。此外,在华某、金某婚后,金某的父母所居住的房屋 B(该房屋位置便利且为学区房)进行房改,华某、金某共同支付了折价款,目前房屋 B 登记在金某的父母名下,但由华某、金某实际居住。

现华某、金某因感情破裂陷入离婚风波,双方就上述房产的权属问题产生争议,且华某坚持认为金某独吞了房屋 A 的租金,要求在财产分割中扣除该部分金额,而金某也以房屋 B 系其父母所有为由,要求华某立即搬离。

关注焦点

1. 一方婚前以自己名义购买并支付首付、婚后双方共同还贷的房屋,是否属于夫妻共同财产?

2. 婚后夫妻共同出资购买的以一方父母名义参加房改的房屋,是否属于夫妻共同财产?

3. 一方婚前个人所有的房屋,在婚后产生的租金收入是否属于夫妻共同财产?

法律点睛

(一)一方在婚前以自己名义购买、支付首付款的房屋,婚后又以夫妻共同财产还贷的,在双方无法就权属问题达成一致时,法院可以判决归不动产登记的一方

根据《最高人民法院关于适用〈中华人民共和国民法典〉婚姻家庭编的解释(一)》第七十八条"夫妻一方婚前签订不动产买卖合同,以个人财产支付首付款并在银行贷款,婚后用夫妻共同财产还贷,不动产登记于首付款支付方名下的,离婚时该不动产由双方协议处理。 依前款规定不能达成协议的,人民法院可以判决该不动产归登记一方,尚未归还的贷款为不动产登记一方的个人债务。……"之规定,一方在婚前签订不动产买卖合同、用个人财产支付首付款,婚后由夫妻双方共同财产还贷的房屋,在离婚时双方就房屋权属无法达成协议时,不动产登记在哪一方名下,法院就可能判决归哪一方。

"归登记一方"是否指该房屋属于登记方的个人财产？如果此时房屋登记在没有付首付的一方名下，届时双方财产该如何分配？

目前的法律法规并未明确界定，《最高人民法院关于适用〈中华人民共和国民法典〉婚姻家庭编的解释（一）》中的表述为"人民法院可以判决该不动产归登记一方"，并未使用绝对性表述；同时，该解释还规定，双方婚后共同还贷支付的款项及其相对应财产增值部分，离婚时应根据《中华人民共和国民法典》第一千零八十七条第一款规定的原则，由不动产登记一方对另一方进行补偿。因而，在司法实践中，对于每个个案的认定都应当结合双方实际支付的购房款或装修费用等综合判断。

（二）婚姻关系存续期间，夫妻共同出资购买以一方父母名义参加房改的房屋，产权登记在一方父母名下的，不属于夫妻共同财产

根据《最高人民法院关于适用〈中华人民共和国民法典〉婚姻家庭编的解释（一）》第七十九条之规定，婚姻关系存续期间，双方用夫妻共同财产出资购买以一方父母名义参加房改的房屋，登记在一方父母名下，离婚时另一方主张按照夫妻共同财产对该房屋进行分割的，人民法院不予支持。购买该房屋时的出资，可以作为债权处理。

房改房属于单位给予职工的一种政策性优惠福利，本质上具有身份性。在本案中，争议房屋 B 其实包含着金某的父母的财产性利益，同时该房屋目前也确实登记在金某的父母名下，因此，该房屋不应当作为夫妻共同财产进行分割。即使华某对于购买该房屋进行了投入，但法律上并不当然地享有所有权，其可以就该部分出资向房屋所有人主张债权。

（三）一方婚前个人所有的房屋，婚后产生的租金收入，属于夫妻共同财产

根据《中华人民共和国民法典》第一千零六十二条之规定，夫妻在婚姻关系存续期间所得的生产、经营、投资的收益，为夫妻的共同财产，归夫妻共同所有。在实践中，如果一方以其个人所有的房屋婚后进行出租，其产生的租金收入属于经营性收入（房屋出租不等于银行存款利息会自然产生，需要投入一定的劳务进行招租、管理和定期修缮，因而属于经营收益），在没有特别约定的情况下，一般被认定为夫妻共同财产。

哪些属于夫妻一方的个人财产？哪些属于夫妻共同财产？

1. 下列财产为夫妻一方的个人财产：
（1）一方的婚前财产；
（2）一方因受到人身损害获得的赔偿或者补偿；
（3）遗嘱或者赠与合同中确定只归一方的财产；
（4）一方专用的生活用品；
（5）军人的伤亡保险金、伤残补助金、医药生活补助费；
（6）其他应当归一方的财产。

2. 夫妻在婚姻关系存续期间所得的下列财产，为夫妻的共同财产，归夫妻共同所有：

（1）工资、奖金、劳务报酬；

（2）生产、经营、投资的收益，比如夫妻共同经营一家商店，产生的收入均属于夫妻共同财产；

（3）知识产权的收益，比如夫妻一方获得的稿费收入、专利权转让费用等，均属于夫妻共同财产；

（4）继承或者受赠的财产，但不包括遗嘱或者赠与合同中确定只归一方的财产；

（5）夫妻一方以个人财产投资取得的收益；

（6）夫妻一方实际取得或应当取得的住房补贴、住房公积金；

（7）夫妻一方实际取得或应当取得基本养老金、破产安置补偿费；

（8）其他应当归共同所有的财产。

实务建议

由于我国一般采用夫妻共同财产制，因此在离婚时，夫妻双方往往在财产分割问题上分歧很大，当事人一方面需要举证证明哪些财产是自己的个人财产，一方面也需要举证证明家庭财产的具体数额（这是夫妻共同财产分割的基础），此外，可能还需要证明对方的过错以及自己对家庭做了更多贡献、自身的经济条件等。而上述的待证明事实往往存在举证困难的问题，因此最具效率的解决方式往往是由双方就财产分割达成协议，如确实无法达成一致意见，则再各自准备证据、通过诉讼方式解决。

法条链接

《最高人民法院关于适用〈中华人民共和国民法典〉婚姻家庭编的解释（一）》

第七十八条　夫妻一方婚前签订不动产买卖合同，以个人财产支付首付款并在银行贷款，婚后用夫妻共同财产还贷，不动产登记于首付款支付方名下的，离婚时该不动产由双方协议处理。

依前款规定不能达成协议的，人民法院可以判决该不动产归登记一方，尚未归还的贷款为不动产登记一方的个人债务。双方婚后共同还贷支付的款项及其相对应财产增值部分，离婚时应根据中华人民共和国民法典第一千零八十七条第一款规定的原则，由不动产登记一方对另一方进行补偿。

第七十九条　婚姻关系存续期间，双方用夫妻共同财产出资购买以一方父母名义参加房改的房屋，登记在一方父母名下，离婚时另一方主张按照夫妻共同财产对该房屋进行分割的，人民法院不予支持。购买该房屋时的出资，可以作为债权处理。

《中华人民共和国民法典》

第一千零六十二条　夫妻在婚姻关系存续期间所得的下列财产，为夫妻的共同财产，归夫妻共同所有：

（一）工资、奖金、劳务报酬；

（二）生产、经营、投资的收益；

（三）知识产权的收益；

（四）继承或者受赠的财产，但是本法第一千零六十三条第三项规定的除外；

（五）其他应当归共同所有的财产。

夫妻对共同财产，有平等的处理权。

第一千零六十三条　下列财产为夫妻一方的个人财产：

（一）一方的婚前财产；

（二）一方因受到人身损害获得的赔偿或者补偿；

（三）遗嘱或者赠与合同中确定只归一方的财产；

（四）一方专用的生活用品；

（五）其他应当归一方的财产。

 案例 3　父母为子女出资所购房屋属于夫妻共同财产吗？

　　卫某与陶某经自由恋爱，即将进行结婚登记。卫某的父母考虑到要准备婚房，就出资全款购买了一套商品房 A，产权登记在卫某的名下。卫某与陶某进行结婚登记之后，该房屋产权进行了变更登记，由原来的卫某个人独有变更为卫某、陶某共同共有。

　　此后，卫某、陶某欲购买改善型住房，经过多次看房后选中一套商品房 B，并与开发商签订了购房合同。陶某的父母出于支持年轻夫妻考虑，代为支付了全部房款，房屋产权登记在陶某名下，由卫某、陶某共同居住使用。

　　后卫某、陶某因感情不和时常陷入争执，二人开始分居，卫某住在房屋 A，陶某住在房屋 B。分居一年后，卫某因临时需要回到房屋 B，却发现其持有的钥匙无法打开房门，敲门后来开门的竟是陌生人郑某。经询问得知，陶某在未告知卫某的情况下将房屋 B 出卖给了郑某，购房款由陶某的父母实际收取，现房屋 B 的产权已经登记至郑某的名下。卫某认为陶某的行为构成转移夫妻共同财产，要求陶某立即将购房款退给郑某、让郑某交还房屋，双方陷入争执，郑某也表示不堪其扰。

关注焦点

1. 婚前，父母为子女出资购买的房屋是否属于夫妻共同财产？

2. 婚后，父母为子女出资购买的房屋是否属于夫妻共同财产？

3. 一方将夫妻共有的房屋私自出售，该房屋是否可以追回？

法律点晴

（一）婚前，父母为双方出资购买的房屋系对自己子女个人的赠与，不当然地属于夫妻共同财产

根据《最高人民法院关于适用〈中华人民共和国民法典〉婚姻家庭编的解释（一）》第二十九条之规定，当事人结婚前，父母为双方购置房屋出资的，该出资应当认定为对自己子女个人的赠与，但父母明确表示赠与双方的除外。从法理上来说，在进行婚姻登记之前，未婚双方彼此财产独立，其个人接受的赠与自然也属于其个人财产；从常理上来说，在没有特别说明是资助双方的情况下，在自己的子女未成婚之前，父母一般也只会对自己的子女进行资助。

拓展 婚前父母出资购买的房屋，婚后将另一方的名字也加在了不动产登记簿上，此时该房屋是否属于夫妻共同财产？

属于，我国关于不动产的物权采用登记生效原则，不动产物权的设立、变更、转让和消灭，自不动产登记时发生效力。实践中要确定不动产的所有权，首先看的就是不动产登记。将登记在自己一人名下的产权进行变更登记这一行为的本身，就是对自己的财产的一种处分行为，相当于将自己对该不动产的部分产权赠与对方，双方对于房产都有产权份额。如果夫妻要进行离婚财产分割，双方都有权分得，但比例不一定是二分之一，而是有协议从协议，没有协议的，需要综合考虑各方对房产的贡献等因素。

（二）婚后，父母为双方出资购买的房屋，在没有特别约定的情况下，属于夫妻共同财产

根据《最高人民法院关于适用〈中华人民共和国民法典〉婚姻家庭编的解释（一）》第二十九条之规定，当事人结婚后，父母为双方购置房屋出资的，依照约定处理；没有约定或者约定不明确的，就按照《中华人民共和国民法典》第一千零六十二条第一款第四项规定的原则处理，视为受赠与的财产，在没有指明仅赠与其中一方的情况下，属于对夫妻双方的赠与，因而属于夫妻共同财产。

（三）一方将夫妻共同所有的房屋私自出售的，如果第三人系善意购买、支付了合理对价且已经办理不动产登记，则无法追回

根据《最高人民法院关于适用〈中华人民共和国民法典〉婚姻家庭编的解释（一）》第二十八条之规定，一方未经另一方同意出售夫妻共同所有的房屋，第三人善意购买、支付合理对价并已办理不动产登记，另一方主张追回该房屋的，人民法院不予支持。现实生活中，确实存在属于夫妻共有的房屋，但只登记在其中一方名下的情况，但前文已经说过，实践中，确认不动产权属主要看不动产登记，在第三人与夫妻中的一方进行交易时，要求其审查出卖人是否有配偶、处分的财产是否属于夫妻共同财产是不现实的，也无形中增加了购房者的义务，如果第三人已经通过查看不动产登记证明、前往不动产登记中心查询房屋产权情况等合理手段进行了审查的，则其已经尽到了必要的审查与注意义务，在此情况下出于保护善意第三人、维护交易秩序稳定的考虑，已经售出过户的房屋无法返还。

拓展 如何判断第三人是否善意？如果第三人和出售房屋的一方互相串通，该交易是否还有效？

1. 判断第三人是否善意，主要看其是否支付了合理的对价，另外，可以从其是否在明知出售方不具有或者不完全具有对待售房屋的处分权的情况下仍然进行了购买等因素综合判断。例如，李某找张某买房，明知张某已婚却没有提供其妻子同意卖房的证据，也没有带妻子参与房屋买卖的任何一个程序，或者市值 200 万的房屋，张某没有合理解释的情况下，以 130 万的价格出售给李某，这些情况都可能被认定为不是"善意"。

2. 如果第三人和出售房屋的一方互相串通、以不合理的低价交易了争议房屋，则涉及构成婚姻关系中的一方有隐藏、转移、变卖、毁损、挥霍夫妻共同财产的行为，根据《中华人民共和国民法典》第一千零六十六条"婚姻关系存续期间，有下列情形之一的，夫妻一方可以向人民法院请求分割共同财产：（一）一方有隐藏、转移、变卖、毁损、挥霍夫妻共同财产或者伪造夫妻共同债务等严重损害夫妻共同财产利益的行为；……"之规定，另一方可在婚内向法院请求分割财产，及时维护自己的利益；如果起诉离婚的，还可以根据《中华人民共和国民法典》第一千零九十二条之规定，在离婚分割夫妻共同财产时，让对方少分或者不分，如果在离婚后才发现对方有上述行为的，可以向人民法院提起诉讼，请求再次分割夫妻共同财产。如，张某背着妻子王某，与李某合谋，把夫妻婚后共同所有的房屋以明显低于市场价值的价格卖给了李某。王某可以在离婚时，以张某变卖婚后共同财产为由，要求法院少分或者不分给张某财产。离婚后才发现的，王某仍然可以向法院起诉，要求再次分割夫妻共同财产。

实务建议

对于夫妻双方来说，家庭房产和个人房产有时候确实容易混淆，且实践中也确实存在父母出资进行支援等情况，因此，在面临离婚财产分配时，建议双方先参考相关法律及司法解释中关于婚前个人房产的规定，在厘清家庭房产的权属情况后，通过友好协商的方式来进行财产分割，如双方实在难以达成一致，再考虑到法院进行诉讼。

法条链接

《最高人民法院关于适用〈中华人民共和国民法典〉婚姻家庭编的解释（一）》

第二十八条　一方未经另一方同意出售夫妻共同所有的房屋，第三人善意购买、支付合理对价并已办理不动产登记，另一方主张追回该房屋的，人民法院不予支持。

夫妻一方擅自处分共同所有的房屋造成另一方损失，离婚时另一方请求赔偿损失的，人民法院应予支持。

第二十九条　当事人结婚前，父母为双方购置房屋出资的，该出资应当认定为对自己子女个人的赠与，但父母明确表示赠与双方的除外。

当事人结婚后，父母为双方购置房屋出资的，依照约定处理；没有约定或者约定不明确的，按照中华人民共和国民法典第一千零六十二条第一款第四项规定的原则处理。

《中华人民共和国民法典》

第一千零六十六条　婚姻关系存续期间，有下列情形之一的，夫妻一方可以向人民法院请求分割共同财产：

（一）一方有隐藏、转移、变卖、毁损、挥霍夫妻共同财产或者伪造夫妻共同债务等严重损害夫妻共同财产利益的行为；

（二）一方负有法定扶养义务的人患重大疾病需要医治，另一方不同意支付相关医疗费用。

第一千零九十二条　夫妻一方隐藏、转移、变卖、毁损、挥霍夫妻共同财产，或者伪造夫妻共同债务企图侵占另一方财产的，在离婚分割夫妻共同财产时，对该方可以少分或者不分。离婚后，另一方发现有上述行为的，可以向人民法院提起诉讼，请求再次分割夫妻共同财产。

 案例 4　夫妻共同债务如何认定？

张某、施某经自由恋爱后进行了结婚登记，婚后某日，突然有不认识的人王某找到施某，声称张某欠了他们赌债尚未偿还，要求施某代为偿还。在施某的质问下，张某方才承认其一直有赌博的习惯，最近一次赌博是在结婚前，当日手气不佳故欠下了赌债。随后，张某、施某将家中收藏的古董字画变卖后偿还了对王某的欠款，但此后张某仍不时欠下赌债。

张某一直经营有一个小饭馆，通过记账的方式进货并于月底结算。婚后几日，施某来到饭馆帮忙，刚好遇到来收账的供货商冯某，由于张某暂时不在店中，冯某得知施某的身份后即要求施某结款，施某电话询问张某后方知是婚前欠下的货款，于是支付给了冯某。某日，为翻新店面，张某向银行申请了个人信用贷款，款项一部分用于支付装修费用，另一部分被张某用来购买了名家字画。后因店铺经营不善，收入不足以清偿债务，各家债权人常常来店要债，张某、施某亦常常陷入争执。某日债权人再次带人前来要债，现场气氛紧张，有邻居见状报警并通知了社区。

关注焦点

1. 赌债是否属于夫妻共同债务？
2. 婚前的欠款是否当然地不属于夫妻共同债务？
3. 婚后的欠款是否当然地属于夫妻共同债务？

法律点睛

（一）赌债不属于夫妻共同债务

根据《最高人民法院关于适用〈中华人民共和国民法典〉婚姻家庭编的解释（一）》第三十四条之规定，夫妻一方在从事赌博、吸毒等违法犯罪活动中所负债务，第三人主张该债务为夫妻共同债务的，人民法院不予支持。因此，无论是在婚前还是婚后，赌债都不属于夫妻共同债务。

（二）婚前的欠款，如果用于婚后家庭共同生活的，属于夫妻共同债务

一般来说，发生于婚前的欠款，只要不是经双方签名、以双方名义筹借的，应当属于借款人的个人债务，配偶没有义务帮其还款。但是，根据《最高人民法院关于适用〈中华人民共和国民法典〉婚姻家庭编的解释（一）》第三十三条"债权人就一方婚前所负个人债务向债务人的配偶主张权利的，人民法院不予支持。但债权人能够证明所负债务用于婚后家庭共同生活的除外。"之规定，如果一方在婚前产生的个人债务被用于婚后家庭共同生活的，该笔债务也可能会被认定为夫妻共同债务。在本案中，张某在婚前进货产生了债务，但该笔债务是用于经营饭馆所需，在张某、施某登记结婚后，张某的饭馆是家庭收入来源，因而该笔债务可以被认定为用于婚后家庭共同生活，属于夫妻共同债务。

（三）婚姻关系存续期间，一方以其个人名义筹借、超出家庭日常生活所需的债务，不属于夫妻共同债务

根据《中华人民共和国民法典》第一千零六十四条"夫妻一方在婚姻关系存续期间以个人名义超出家庭日常生活需要所负的债务，不属于夫妻共同债务；但是，债权人能够证明该债务用于夫妻共同生活、共同生产经营或者基于夫妻双方共同意思表示的除外。"之规定，婚姻关系存续期间，一方的对外债务不是用于家庭共同生活、生产经营，且另一方也没有意思表示认可的，就不属于夫妻共同债务。

其中的原理在于，《中华人民共和国民法典》第一千零六十条规定："夫妻一方因家庭日常生活需要而实施的民事法律行为，对夫妻双方发生效力，但是夫妻一方与相对人另有约定的除外。"夫妻之间互相拥有日常家事代理权限，任意一方基于家庭日常生活需要所进行的对外行为，自然也就代表了另一方的意志，其行为的后果也就及于另一方，比如常见的买菜、为家中添置必要电器等，即使购买者的丈夫/妻子并未露面，也没有就

购买行为表态，由此产生的债务也应当是夫妻共同债务。但是，上述代理权的前提是"代理家事"，在本案中，张某婚后申请的是个人信用贷款，借来的款项一部分用来翻新家中经营的店铺，是用于家庭生产经营，该部分属于夫妻共同债务，但借款的另一部分用来购买了名家字画，如果这个字画是私人收藏，那就很难说是属于家庭日常生活所需，该部分的债务就不属于夫妻共同债务。

实务建议

（一）婚姻关系当事人角度

对于发生在婚姻关系存续期间的债务，实践中一般都站在"夫妻财产混同""一荣俱荣，一损俱损"的角度，默认一方对外欠下的债务，其配偶也有偿还的义务；另一方想要摆脱债务人身份，不仅需要证明自己对此不知情、不认可，还需要举证证明前述债务与家庭生活无关，即包括自己在内的其他家庭成员都没有由于该笔债务而获利。

（二）债权人角度

在债权债务关系发生之前，应当要求对方提供真实身份信息，如对方已经结婚，且所借金额已经超过一般家庭日常生活所需，可要求对方明确借款目的或者提供其配偶表示知悉并同意借款的相关文书，或者要求其配偶同时到场、共同签署借款协议。

法条链接

《中华人民共和国民法典》

第一千零六十四条　夫妻双方共同签名或者夫妻一方事后追认等共同意思表示所负的债务，以及夫妻一方在婚姻关系存续期间以个人名义为家庭日常生活需要所负的债务，属于夫妻共同债务。

夫妻一方在婚姻关系存续期间以个人名义超出家庭日常生活需要所负的债务，不属于夫妻共同债务；但是，债权人能够证明该债务用于夫妻共同生活、共同生产经营或者基于夫妻双方共同意思表示的除外。

《最高人民法院关于适用〈中华人民共和国民法典〉婚姻家庭编的解释（一）》

第三十三条　债权人就一方婚前所负个人债务向债务人的配偶主张权利的，人民法院不予支持。但债权人能够证明所负债务用于婚后家庭共同生活的除外。

第三十四条　夫妻一方与第三人串通，虚构债务，第三人主张该债务为夫妻共同债务的，人民法院不予支持。夫妻一方在从事赌博、吸毒等违法犯罪活动中所负债务，第三人主张该债务为夫妻共同债务的，人民法院不予支持。

案例 5　夫妻一方擅自赠与财产，另一方怎么办？

> 蒋某与沈某于 2001 年结婚。2021 年 1 月沈某与韩某相识并发展为情人关系。在 2021 年 8 月 18 日至 2022 年 9 月 18 日期间，沈某通过银行、微信、支付宝转账的方式向韩某转账共计 1 353 879 元。
>
> 2022 年 10 月，蒋某发现沈某婚内出轨事实，要求沈某手写出轨经过及所有转账明细并签字按印。随后蒋某向法院提起诉讼，要求韩某向蒋某返还 1 353 879 元全部款项。

关注焦点

夫妻一方擅自赠与婚内财产，另一方可否直接撤销赠与？

法律点睛

《中华人民共和国民法典》第一千零六十条第一款规定："夫妻一方因家庭日常生活需要而实施的民事法律行为，对夫妻双方发生效力，但是夫妻一方与相对人另有约定的除外。"第一千零六十二条规定："夫妻在婚姻关系存续期间所得的下列财产，为夫妻的共同财产，归夫妻共同所有：（一）工资、奖金、劳务报酬；（二）生产、经营、投资的收益；（三）知识产权的收益；（四）继承或者受赠的财产，但是本法第一千零六十三条第三项规定的除外；（五）其他应当归共同所有的财产。　夫妻对共同财产，有平等的处理权。"

本案中，蒋某与沈某系夫妻，二人并未约定婚内财产分别所有，因此，在婚姻关系存续期间所得的财产，应当属于夫妻共同财产。沈某向韩某转账的 1 353 879 元为夫妻共同财产，且款项数额巨大，明显超出一般日常生活需要的范围；沈某与韩某非亲非友，亦不存在生意来往，韩某明知沈某已婚仍然接受转款也非善意。此外，根据《中华人民共和国民法典》第一千零四十三条之规定，夫妻应当互相忠实，互相尊重，互相关爱；家庭成员应当敬老爱幼，互相帮助，维护平等、和睦、文明的婚姻家庭关系。本案中，沈某违反夫妻应当互相忠实的义务，与韩某长期保持婚外情关系，有违社会公德与公序良俗，因此，沈某向韩某转款的行为违反了法律规定、社会公德以及公序良俗原则，应属于无效民事法律行为。韩某应当返还赠与款 1 353 879 元。

根据《中华人民共和国民法典》第一百五十七条规定，民事法律行为无效、被撤销或者确定不发生效力后，行为人因该行为取得的财产，应当予以返还；不能返还或者没有必要返还的，应当折价补偿。有过错的一方应当赔偿对方由此所受到的损失；各方都有过错的，应当各自承担相应的责任。法律另有规定的，依照其规定。

实务建议

我国普遍采用夫妻共同财产制，因此，在交易时，双方都不应当忽视婚姻关系中的另一方的意思，否则可能会导致交易被宣告无效。此外，夫妻之间具有忠实义务，一方基于婚外情的关系，将本属于夫妻共同财产的部分转予第三者的赠与行为，既不合法，也有违公序良俗，婚姻关系中的无过错方有权要求第三者退还受赠财物。

法条链接

《中华人民共和国民法典》

第一百五十三条　违反法律、行政法规的强制性规定的民事法律行为无效。但是，该强制性规定不导致该民事法律行为无效的除外。

违背公序良俗的民事法律行为无效。

第一千零六十二条　夫妻在婚姻关系存续期间所得的下列财产，为夫妻的共同财产，归夫妻共同所有：

（一）工资、奖金、劳务报酬；

（二）生产、经营、投资的收益；

（三）知识产权的收益；

（四）继承或者受赠的财产，但是本法第一千零六十三条第三项规定的除外；

（五）其他应当归共同所有的财产。

夫妻对共同财产，有平等的处理权。

 案例6　离婚协议具有法律效力吗？

苗某与孙某经自由恋爱后登记结婚，并育有一子小宝，婚后数年间二人争吵不断，后二人再次争吵后决定离婚，双方共同达成一份离婚协议，其中关于房产的分配方案是：（1）将现在双方共同居住的房屋A分给苗某所有；（2）将由苗某作为买受人、孙某为共有人的一套期房B分给孙某所有（由于此前苗某以自己名义办理了购房贷款，自双方登记离婚之日起，房屋B的月供由孙某每月支付给苗某）。此外，协议还约定孩子小宝跟随孙某一方生活，苗某每月支付抚养费直至小宝年满18周岁。双方均签字同意并将该份协议书进行了公证。

双方登记离婚后，期房B交房，孙某领取了房屋钥匙并开始装修，不久后，物业通知业主可办理不动产登记证书，由于此前购房和申请银行贷款都是以苗某的名义进行，故孙某通知苗某配合其办理不动产登记证书，苗某认为离婚协议中的财产分割显失公平，且其探望小宝多次受阻，故认为房屋B仍为共同财产，拒绝配合进行变更登记。孙某一气之下来到苗某的住处要求其立即随她前往不动产登记机构进行登记，苗某再次拒绝，二人陷入争执并伴有拉扯行为，邻居见状通知社区。

关注焦点

1. 离婚协议是否具有法律效力？

2. 离婚协议是否有必要进行公证？

3. 离婚后能否以显失公平为由变更或撤销离婚财产分割协议？

法律点睛

（一）依照《中华人民共和国民法典》第一千零七十六条签订的离婚协议，其中涉及财产以及债务处理的条款，对于双方具有法律约束力

离婚协议属于民事法律范畴，根据民事自决原则，除法律有硬性规定之外，我国公民对于自己的民事权益有自由处分的权利，离婚协议中涉及财产确认、分配、债务处理等的内容属于自决范围，但形成书面约定、双方又签字确认的行为构成意思表示，该约定即对双方都具有约束力，《最高人民法院关于适用〈中华人民共和国民法典〉婚姻家庭编的解释（一）》第六十九条也明确："当事人依照中华人民共和国民法典第一千零七十六条签订的离婚协议中关于财产以及债务处理的条款，对男女双方具有法律约束力。登记离婚后当事人因履行上述协议发生纠纷提起诉讼的，人民法院应当受理。"

但同时也应当注意，离婚协议是以"离婚"为生效条件的，如果双方达成了离婚协议、却并没有去登记离婚，或者发展成离婚诉讼、一方在诉讼中反悔的，则该离婚协议没有生效。《最高人民法院关于适用〈中华人民共和国民法典〉婚姻家庭编的解释（一）》第六十九条规定："当事人达成的以协议离婚或者到人民法院调解离婚为条件的财产以及债务处理协议，如果双方离婚未成，一方在离婚诉讼中反悔的，人民法院应当认定该财产以及债务处理协议没有生效，并根据实际情况依照中华人民共和国民法典第一千零八十七条和第一千零八十九条的规定判决。"

拓展 离婚协议中哪些约定是无效的？

比较常见的无效约定往往集中在人身权益方面，主要有：（1）侵犯婚姻自由的条款（比如禁止再婚）；（2）侵犯生育权的条款（离婚后禁止再生育）；（3）随意放大或限缩父母对子女的权利义务（比如一方以不支付抚养费为代价，放弃对子女的探望权）；（4）限定再婚后子女的继承权。

部分是关于财产权益方面的，主要有：（1）无权处分他人财产的条款（如约定将一方父母的房产分配给另一方）；（2）约定支付子女抚育费至子女 18 周岁以后的条款；（3）赠与子女房产的条款（主要在执行上有困难，因为我国不动产权属的取得是看登记，如果一方不配合进行登记，则该条款名存实亡）。

（二）公证不是协议离婚的必要程序，也不是离婚协议生效的必要条件

协议离婚是民事法律行为，经双方意思表示一致而成立，在双方都具备相应民事能力、意思表示真实、约定内容不违反法律的禁止性规定和公序良俗的前提下，该民事法律行为有效，对意思表示的双方都具有法律约束力。将离婚协议送去公证，本质上是利用公证的公信力来增强该份协议的合法有效性，从而避免在诉讼中一方对于该协议来源、内容真实性等进行质疑，也就是增加"离婚协议"这份证据的证明力，而不是为该协议本身的有效性做出任何背书。

（三）夫妻双方协议离婚后就财产分割问题反悔，可以请求法院撤销财产分割协议，但不一定会得到法院支持

根据《最高人民法院关于适用〈中华人民共和国民法典〉婚姻家庭编的解释（一）》第七十条，夫妻双方协议离婚后就财产分割问题反悔，请求撤销财产分割协议的，人民法院应当受理。人民法院审理后，未发现订立财产分割协议时存在欺诈、胁迫等情形的，应当依法驳回当事人的诉讼请求。也就是说，在离婚后，如果其中一方对于协议中关于财产分割的部分反悔，法律仅保障其诉权，但不保证其胜诉。前文已经提到，经双方签字确认、内容合法的离婚协议对双方都有约束力，如果想要撤销，则须根据《中华人民共和国民法典》中相关规定。《中华人民共和国民法典》第一百四十七条至第一百五十二条确认了可撤销的民事法律行为。主要有以下类型：基于重大误解实施的民事法律行为、因欺诈实施的民事法律行为、因受胁迫而实施的民事法律行为、显失公平的民事法律行为。因而，如果一方想要推翻此前的离婚协议的内容，就需要证明在签订过程中存在上述法定可撤销的情形，否则其主张不会得到法院支持。本案中，苗某有权提起诉讼，要求撤销财产分割协议、重新分割财产，但如果苗某没有相应的证据证明该协议如何显失公平、其如何受到了欺诈或者胁迫等，其诉讼请求也会被法院驳回。

实务建议

协议离婚和诉讼离婚是法定解除婚姻关系的两大途径，在当事人选择协议离婚时，须就子女抚养、夫妻共同财产的分割协商一致，由此形成一份离婚协议。然而在实践中，只有最终由双方遵照执行的离婚协议才有意义，为避免诉累，建议协议双方在拟定协议时能够尽量商讨出公平、合理、兼顾各方利益的权利义务分配方案，以免后续因反悔而前功尽弃；如对于协议中的部分内容始终无法达成一致，则再就该部分通过诉讼的方式由法院判决确定。

法条链接

《最高人民法院关于适用〈中华人民共和国民法典〉婚姻家庭编的解释（一）》

第六十九条　当事人达成的以协议离婚或者到人民法院调解离婚为条件的财产以及债务处理协议，如果双方离婚未成，一方在离婚诉讼中反悔的，人民法院应当认定该财产以及债务处理协议没有生效，并根据实际情况依照中华人民共和国民法典第一千零八十七条和第一千零八十九条的规定判决。

当事人依照中华人民共和国民法典第一千零七十六条签订的离婚协议中关于财产以及债务处理的条款，对男女双方具有法律约束力。登记离婚后当事人因履行上述协议发

生纠纷提起诉讼的，人民法院应当受理。

第七十条　夫妻双方协议离婚后就财产分割问题反悔，请求撤销财产分割协议的，人民法院应当受理。

人民法院审理后，未发现订立财产分割协议时存在欺诈、胁迫等情形的，应当依法驳回当事人的诉讼请求。

 案例 7 离婚冷静期是什么？

> 　　钱某与姜某经自由恋爱后登记结婚。婚后，二人由于生活习惯、思想观念等存在较大差别，常常产生争吵。后随着时间推移，二人矛盾逐渐加深，开始分居。分居期间二人约定财务分离，彼此不干涉对方的生活和消费。分居两年后，钱某觉得二人已经没有和好的可能，故跟姜某商量想要协议离婚。姜某同意离婚，但认为对于家庭财产分割的具体方案还有一定的商议空间。钱某说服姜某可以先进行离婚申请，反正还有 30 天的离婚冷静期，二人可在此期间商议好财产处理等事项，姜某一时被说服，便与钱某一同到当地民政部门申请了离婚。
>
> 　　申请离婚之后的 30 日内，二人继续进行关于离婚条件的谈判，但始终未能达成一致，某日，钱某为了尽快结束婚姻关系，到姜某的住处找到姜某，要求其配合办理离婚登记，被姜某拒绝，二人爆发争吵。

关注焦点

1. 离婚冷静期是否是离婚的必要程序？
2. 离婚冷静期施行后，登记离婚的流程是什么？

法律点睛

（一）离婚冷静期是协议离婚的必经程序，而非离婚的必要程序

离婚冷静期的规定，是《中华人民共和国民法典》对于原有婚姻制度的一项创新，是解决坚守离婚自由法律权利底线与抑制离婚率快速增长、维护社会稳定之间矛盾的折中办法。其设立的初衷主要是让夫妻双方在冷静期内进行情绪调整、婚姻救治和理性选择，从而有效避免冲动离婚情况的出现。但是，离婚冷静期并不等于限制离婚自由，《中华人民共和国民法典》第一千零七十七条关于离婚冷静期的规定，是适用于协议离婚的；而如果夫妻中的一方要求离婚的，还是可以通过向法院起诉的方式，请求法院判决离婚。在本案中，钱某与姜某如果要离婚，则面临两种选择：一种是双方都同意离婚，则要共同前往当地婚姻登记机关申请离婚，并适用离婚冷静期的规定；另一种是双方对于离婚

没有协商一致，那么其中任意一方可以提起离婚诉讼，请求法院判决离婚。

拓展 **诉讼离婚情形下，法院支持准予离婚的条件**

法院审理离婚案件，应当先进行调解，如果感情确已破裂，调解无效，且存在以下几种情况之一的，准予离婚：（1）重婚或者与他人同居；（2）实施家庭暴力或者虐待、遗弃家庭成员；（3）有赌博、吸毒等恶习屡教不改；（4）因感情不和分居满二年；（5）其他导致夫妻感情破裂的情形。

此外，如果一方被宣告失踪，另一方提起离婚诉讼的，法院应当准予离婚。而对于经人民法院判决不准离婚后，双方又分居满一年，一方再次提起离婚诉讼的，法院也应当准予离婚。

（二）离婚冷静期施行后，登记离婚要经历"申请离婚—冷静期—申请发离婚证"这三个步骤

根据《中华人民共和国民法典》第一千零七十七条"自婚姻登记机关收到离婚登记申请之日起三十日内，任何一方不愿意离婚的，可以向婚姻登记机关撤回离婚登记申请。前款规定期限届满后三十日内，双方应当亲自到婚姻登记机关申请发给离婚证；未申请的，视为撤回离婚登记申请。"和第一千零七十八条"婚姻登记机关查明双方确实是自愿离婚，并已经对子女抚养、财产以及债务处理等事项协商一致的，予以登记，发给离婚证。"之规定，如果要登记离婚的，首先需要在婚姻登记机关登记申请离婚，从申请当日起算三十日内，双方都没有撤回申请的，双方就可以在前述期限届满之后的三十日内，亲自到登记机关申请发给离婚证，登记机关在确认过双方确实是自愿离婚且已经形成了离婚协议后，就会进行离婚登记，正式发给离婚证。自此，双方的婚姻关系正式解除。简单来说，实行离婚冷静期之后，从申请离婚到最终拿到离婚证，在没有一方反悔的情况下，需要等待 30～60 日（即申请离婚到撤回申请时间届满的 30 日+届满后到申请发离婚证的 30 日）；而如果有人反悔，则上述期间就得重新计算。

拓展 **冷静期内如何保护自身人身、财产安全？**

冷静期内，婚姻关系仍在存续，但如果自身合法权益遭受对方侵害的，仍然可以通过合法途径维护自身权益。比如，在冷静期内存在家暴的，受害人可以向法院申请人身安全保护令，或者直接向法院起诉离婚；对于在冷静期内存在转移夫妻共同财产等行为的，可以依据《中华人民共和国民法典》第一千零六十六条"婚姻关系存续期间，有下列情形之一的，夫妻一方可以向人民法院请求分割共同财产：（一）一方有隐藏、转移、变卖、毁损、挥霍夫妻共同财产或者伪造夫妻共同债务等严重损害夫妻共同财产利益的行为；（二）一方负有法定抚养义务的人患重大疾病需要医治，另一方不同意支付相关医疗费用"、第一千零九十二条"夫妻一方隐藏、转移、变卖、毁损、挥霍夫妻共同财产，或者伪造夫妻共同债务企图侵占另一方财产的，在离婚分割夫妻共同财产时，对该方可

以少分或者不分。离婚后，另一方发现有上述行为的，可以向人民法院提起诉讼，请求再次分割夫妻共同财产"之规定，请求法院在婚内分割财产，或者在离婚财产分割时要求对方少分或者不分，对于在离婚后才发现存在转移、挥霍等行为的，还可以起诉要求再次分割夫妻共同财产。

实务建议

离婚冷静期仅适用于协议离婚，不适用于诉讼离婚，对于选择协议离婚的人来说，其首先应当关注离婚冷静期当中关于各个时间节点的规定，比如三十天的冷静期到期后的又三十天申请发证期，避免因为错过时间点导致重新开始流程。其次，应当把握好三十天的时间，及时全面地就家人生活、子女抚养、家庭财产分配等事项达成一致意见并形成书面协议，协议内容应尽量体现出各方的利益，避免中途有人反悔导致前功尽弃。如上述协议拟定十分艰难、双方确实无法达成一致，则可以选择诉讼离婚，由法院来判决确定各自的权利义务。

法条链接

《中华人民共和国民法典》

第一千零七十七条　自婚姻登记机关收到离婚登记申请之日起三十日内，任何一方不愿意离婚的，可以向婚姻登记机关撤回离婚登记申请。

前款规定期限届满后三十日内，双方应当亲自到婚姻登记机关申请发给离婚证；未申请的，视为撤回离婚登记申请。

第一千零七十八条　婚姻登记机关查明双方确实是自愿离婚，并已经对子女抚养、财产以及债务处理等事项协商一致的，予以登记，发给离婚证。

第一千零七十九条　夫妻一方要求离婚的，可以由有关组织进行调解或者直接向人民法院提起离婚诉讼。

人民法院审理离婚案件，应当进行调解；如果感情确已破裂，调解无效的，应当准予离婚。

有下列情形之一，调解无效的，应当准予离婚：

（一）重婚或者与他人同居；

（二）实施家庭暴力或者虐待、遗弃家庭成员；

（三）有赌博、吸毒等恶习屡教不改；

（四）因感情不和分居满二年；

（五）其他导致夫妻感情破裂的情形。

一方被宣告失踪，另一方提起离婚诉讼的，应当准予离婚。

经人民法院判决不准离婚后，双方又分居满一年，一方再次提起离婚诉讼的，应当准予离婚。

案例 8　离婚时出轨方是否应当对另一方进行赔偿?

　　张某与李某经自由恋爱后登记结婚, 婚后张某长期在外务工, 李某因怀孕留在老家料理家事和照顾双方老人。某日起, 张某突然失去音讯, 也不再向李某转入生活费, 李某欲寻找张某但因临近产期而放弃。后李某产下一女, 取名小宝。

　　两个月后, 由于家中开支困难, 李某前去张某工作地点寻找, 发现张某已经与一女子同居近一年, 且二人对外皆以夫妻相称。李某找到张某对峙并要求张某立即回家, 张某拒绝并表示要离婚, 李某一气之下表示自己也要去法院告张某, 还要让张某"净身出户", 同时要求张某立即支付 5 000 元家庭生活费, 张某拒绝, 二人当街陷入激烈争吵。

关注焦点

1. 男方能在女方生产后提出离婚吗?
2. 在何种情况下, 一方在离婚时可要求损害赔偿?
3. 在何种情况下, 一方在离婚时可要求经济补偿?

法律点睛

(一) 在女方分娩后的一年内, 男方不得提出离婚

　　为保护妇女权利、维护公序良俗, 我国法律对男方提出离婚设定了限制情形。《中华人民共和国民法典》第一千零八十二条明确规定: 女方在怀孕期间、分娩后一年内或者终止妊娠后六个月内, 男方不得提出离婚; 但是, 女方提出离婚或者人民法院认为确有必要受理男方离婚请求的除外。在实践中, 如果男方在上述期间起诉要求离婚的, 绝大多数情况下不会得到法院支持。此外, 值得注意的是, 法律仅仅限制了男方的权利, 对于女方提出离婚的权利则并未做限制, 也就是说, 如果女方想要离婚, 不论其当前身体状况是怀孕、流产还是已经分娩完成, 都可以提出离婚。在本案中, 李某分娩后尚未满一年, 张某作为男方不得提出离婚, 但如果女方李某愿意, 其有权提出离婚。

　　拓展　如果女方不在怀孕期间, 或者分娩后已经过一年, 或者终止妊娠已经过六个月, 而男方存在出轨等过错行为的, 此时男方是否有权提出离婚?

　　有权。根据《最高人民法院关于适用〈中华人民共和国民法典〉婚姻家庭编的解释(一)》第六十三条之规定, 人民法院审理离婚案件, 符合《中华人民共和国民法典》第一千零七十九条第三款规定 "应当准予离婚" 情形的, 不应当因当事人有过错而判决不准离婚。男方有权提出离婚, 如果符合法律规定的 "应当准予离婚" 情形的, 法院应当判决离婚。

（二）一方存在重婚、与他人同居、实施家庭暴力以及虐待、遗弃家庭成员等情形，导致离婚的，无过错方有权请求损害赔偿

根据《中华人民共和国民法典》第一千零九十一条之规定，婚姻关系中的一方有下列情形之一，导致离婚的，无过错方有权请求损害赔偿：（1）重婚；（2）与他人同居；（3）实施家庭暴力；（4）虐待、遗弃家庭成员；（5）有其他重大过错。值得注意的是，提出请求损害赔偿的主体一定是"无过错方"，如果双方都有过错，则不符合要求；同时，损害赔偿适用的条件是"双方离婚"，如果法院判决不准离婚，或者当事人不起诉离婚单单起诉要求损害赔偿的，法院不会支持其请求。在实践中，还存在一种情况，即当事人在离婚时没有提出损害赔偿请求，在办理离婚登记手续之后，再想要追究过错方的赔偿责任，此时，根据《最高人民法院关于适用〈中华人民共和国民法典〉婚姻家庭编的解释（一）》第八十九条之规定，其向人民法院提出损害赔偿请求的，人民法院应当受理，但如果当事人在协议离婚时已经明确表示放弃该项请求的，其诉求不会得到法院支持。

拓展 婚内，一方有转移夫妻共同财产或者恶意侵占另一方财产等行为的该如何处理？

根据《中华人民共和国民法典》第一千零九十二条之规定，夫妻一方如果存在隐藏、转移、变卖、毁损、挥霍夫妻共同财产，或者伪造夫妻共同债务企图侵占另一方财产行为的，在离婚分割夫妻共同财产时，另一方可据此要求该方少分或者不分。离婚后才发现对方有上述行为的，可以向人民法院提起诉讼，请求再次分割夫妻共同财产。如，夫妻一方婚内出轨，将夫妻共有的财产隐瞒另一方转移给"小三"，或者一方将共同财产用于赌博，或者串通其他人虚构夫妻共同债务的，另一方有权在离婚时，要求法院判决少分或者不分财产给对方；如果是在离婚后才发现的，仍然有权要求法院再次分割夫妻共同财产。

（三）夫妻一方因抚育子女、照料老年人、协助另一方工作等负担较多义务的，离婚时有权向另一方请求补偿

除了婚姻存续期间一方存在过错，还有一个会影响离婚财产分配的因素就是离婚经济补偿，即对于在婚姻关系存续期间牺牲、付出较多的一方进行的适当补偿。《中华人民共和国民法典》第一千零八十八条明确规定：夫妻一方因抚育子女、照料老年人、协助另一方工作等负担较多义务的，离婚时有权向另一方请求补偿，另一方应当给予补偿。具体办法由双方协议；协议不成的，由人民法院判决。在本案中，李某从怀孕前到生产后都承担了照料家庭、照顾双方老人的责任，同时要抚育不足周岁的婴儿，承担了家庭较多的义务，因此其应有权在离婚时要求张某给予补偿。此外，如果离婚时一方生活困难，还可以根据《中华人民共和国民法典》第一千零九十条请求有负担能力的另一方给予适当帮助。

拓展 离婚财产分配主要遵循哪些原则？

1. 双方自愿原则：对于离婚财产分配，夫妻双方有协议的，根据协议处理。

2. 照顾子女、女方、无过错方权益原则：协议不成的，由法院根据财产具体情况，按照照顾子女、女方、无过错方权益的原则判决。

3. 男女平等原则：依法保护夫或者妻在家庭土地承包经营中享有的权益。

4. 家庭劳动补偿原则：夫妻一方因抚育子女、照料老年人、协助另一方工作等负担较多义务的，离婚时有权向另一方请求补偿，另一方应当给予补偿。

5. 经济帮助原则：离婚时，如果一方生活困难，有负担能力的另一方应当给予适当帮助。

6. 离婚损害赔偿原则：存在以下情形的，无过错方有权要求另一方损害赔偿：（1）重婚；（2）与他人同居；（3）实施家庭暴力；（4）虐待、遗弃家庭成员；（5）有其他重大过错。

拓展 全职太太在离婚财产分配时是否会少分？

不一定。

1. 我国实行夫妻共同财产制，家庭财产的分配并不会因为一方在外工作、一方全职照顾家庭的分工不同或全职太太对家庭财产的贡献较少而产生绝对的偏差，但具体的分配比例可能因财产的具体情况而有所偏重。

2.《中华人民共和国民法典》第一千零八十八条规定了对家庭事务提供了更多劳动一方的家务劳动补偿，此举意在平衡夫妻之间的家庭付出，体现出法律对于家务劳动的认可和尊重。全职太太可以依据此条规定，与对方协商或者要求法院判决，适当多分得一些夫妻共同财产。

实务建议

我国实行夫妻共同财产制，一般来说，对于夫妻共同财产，离婚分割时夫妻双方分配的比例是相等的，但是根据相关法律规定，法院在审理离婚财产分配时，会根据财产的具体情况，按照照顾子女、女方和无过错方权益的原则判决，还会考虑对家庭付出更多劳动一方的补偿，由此导致最终的分配比例可能会有所不同。因而，如果选择协议离婚，双方在协商离婚财产分配时可以参考以上标准和原则进行，如果双方无法达成一致意见，可通过起诉，由法院最终判决各自的财产比例。

法条链接

《中华人民共和国民法典》

第一千零八十二条 女方在怀孕期间、分娩后一年内或者终止妊娠后六个月内，男方不得提出离婚；但是，女方提出离婚或者人民法院认为确有必要受理男方离婚请求的除外。

第一千零八十七条　离婚时，夫妻的共同财产由双方协议处理；协议不成的，由人民法院根据财产的具体情况，按照照顾子女、女方和无过错方权益的原则判决。

对夫或者妻在家庭土地承包经营中享有的权益等，应当依法予以保护。

第一千零八十八条　夫妻一方因抚育子女、照料老年人、协助另一方工作等负担较多义务的，离婚时有权向另一方请求补偿，另一方应当给予补偿。具体办法由双方协议；协议不成的，由人民法院判决。

第一千零九十条　离婚时，如果一方生活困难，有负担能力的另一方应当给予适当帮助。具体办法由双方协议；协议不成的，由人民法院判决。

第一千零九十一条　有下列情形之一，导致离婚的，无过错方有权请求损害赔偿：

（一）重婚；

（二）与他人同居；

（三）实施家庭暴力；

（四）虐待、遗弃家庭成员；

（五）有其他重大过错。

《最高人民法院关于适用〈中华人民共和国民法典〉婚姻家庭编的解释（一）》

第八十六条　中华人民共和国民法典第一千零九十一条规定的"损害赔偿"，包括物质损害赔偿和精神损害赔偿。涉及精神损害赔偿的，适用《最高人民法院关于确定民事侵权精神损害赔偿责任若干问题的解释》的有关规定。

第八十七条　承担中华人民共和国民法典第一千零九十一条规定的损害赔偿责任的主体，为离婚诉讼当事人中无过错方的配偶。人民法院判决不准离婚的案件，对于当事人基于中华人民共和国民法典第一千零九十一条提出的损害赔偿请求，不予支持。

在婚姻关系存续期间，当事人不起诉离婚而单独依据中华人民共和国民法典第一千零九十一条提起损害赔偿请求的，人民法院不予受理。

第八十八条　人民法院受理离婚案件时，应当将中华人民共和国民法典第一千零九十一条等规定中当事人的有关权利义务，书面告知当事人。在适用中华人民共和国民法典第一千零九十一条时，应当区分以下不同情况：

（一）符合中华人民共和国民法典第一千零九十一条规定的无过错方作为原告基于该条规定向人民法院提起损害赔偿请求的，必须在离婚诉讼的同时提出。

（二）符合中华人民共和国民法典第一千零九十一条规定的无过错方作为被告的离婚诉讼案件，如果被告不同意离婚也不基于该条规定提起损害赔偿请求的，可以就此单独提起诉讼。

（三）无过错方作为被告的离婚诉讼案件，一审时被告未基于中华人民共和国民法典第一千零九十一条规定提出损害赔偿请求，二审期间提出的，人民法院应当进行调解；调解不成的，告知当事人另行起诉。双方当事人同意由第二审人民法院一并审理的，第二审人民法院可以一并裁判。

第八十九条　当事人在婚姻登记机关办理离婚登记手续后，以中华人民共和国民法典第一千零九十一条规定为由向人民法院提出损害赔偿请求的，人民法院应当受理。但当事人在协议离婚时已经明确表示放弃该项请求的，人民法院不予支持。

第九十条　夫妻双方均有中华人民共和国民法典第一千零九十一条规定的过错情形，一方或者双方向对方提出离婚损害赔偿请求的，人民法院不予支持。

 案例9　离婚财产分割时，非货币财产如何分配？

　　军人李某与黄某经人介绍认识，相处数月后登记结婚。婚姻期间，李某驻训很少回家，黄某负责操持家庭，并与他人合伙开了一个按摩店（普通合伙企业），同时通过炒股和购买基金的方式进行财产保值和理财。数年后，李某复员回家；复员后，李某与朋友共同出资成立了一家快递公司（有限责任公司），经营状态良好，而黄某也利用经营按摩店赚来的分红单独投资、以个人名义开立了一家女性身体护理机构（个人独资企业）。

　　后李某、黄某因感情不和，决定协议离婚。在此期间，李某的复员费和自主择业费下发，李某将该部分费用单独存放。黄某认为该部分费用属于家庭财产，自己也有权分得，李某认为该部分系自己服役所得，与黄某无关。此外，双方在关于股份、基金和几个店铺、公司的财务分配上十分头疼，一时陷入僵局。

关注焦点

1. 军人的复员费、自主择业费是否属于夫妻共同财产？
2. 股票、基金等有价证券离婚时如何分配？
3. 合伙企业、有限责任公司和个人独资企业当中的份额如何分配？

法律点睛

（一）军人的复员费、自主择业费属于夫妻共同财产

《中华人民共和国民法典》规定的夫妻个人财产包括：（1）一方的婚前财产；（2）一方因受到人身损害获得的赔偿或者补偿；（3）遗嘱或者赠与合同中确定只归一方的财产；（4）一方专用的生活用品；（5）其他应当归一方的财产。而转业费、自主择业费并不在此列，同时，考虑到上述费用与参军年限有关，而当事人是在从军期间缔结的婚姻关系，因而该笔费用的一部分属于个人财产、一部分属于共同财产。至于如何计算共同财产的部分，《最高人民法院关于适用〈中华人民共和国民法典〉婚姻家庭编的解释（一）》第七十一条规定："人民法院审理离婚案件，涉及分割发放到军人名下的复员费、自主择业费等一次性费用的，以夫妻婚姻关系存续年限乘以年平均值，所得数额为夫妻共同财产。　前款所称年平均值，是指将发放到军人名下的上述费用总额按具体年限均分得出的数额。其具体年限为人均寿命七十岁与军人入伍时实际年龄的差额。"本案中，李某在服役期间与黄某缔结婚姻关系，则其复员后获得转业费和自主择业费当中有一部分属于共同财产，黄某有权分得。

拓展　现役军人配偶的离婚限制

为保护军婚，《中华人民共和国民法典》第一千零八十一条明确规定：现役军人的配偶要求离婚，应当征得军人同意，但是军人一方有重大过错的除外。

（二）有价证券在双方协商不成或者按市价分配有困难的情况下，由法院根据数量按比例分配

《最高人民法院关于适用〈中华人民共和国民法典〉婚姻家庭编的解释（一）》第七十二条规定：夫妻双方分割共同财产中的股票、债券、投资基金份额等有价证券以及未上市股份有限公司股份时，协商不成或者按市价分配有困难的，人民法院可以根据数量按比例分配。本案中，黄某认购的股票、基金属于《中华人民共和国民法典》第一千零六十二条中的投资收益，属于夫妻共同财产，可由双方协商分配，但双方协商不成的，可以通过司法途径、让法院来进行分配。

（三）合伙企业、有限责任公司不能直接分配份额，个人独资企业由有经营意愿的一方取得所有权，但要给另一方补偿

合伙企业、有限责任公司不同于一般的资产，其份额直接与合伙人（或股东）身份挂钩，享受份额的同时，合伙人（或股东）也要承担相应的义务；同时，由于合伙企业、有限责任公司具有很大的人合性，合伙人（或股东）个人的能力和信誉会成为该企业、公司能否顺利经营的影响因素，同时该企业、公司的其他合伙人与股东也往往是出于对互相能力的认可才会成为合作伙伴，如果由于一个合伙人（或股东）的婚变，直接导致合作伙伴换人，出现陌生人横插一脚的话，将不利于企业稳定。因此在实践中，如果涉及分割夫妻共同财产中以一方名义在合伙企业（或有限责任公司）的出资额，另一方不是该公司合伙人（或股东）的，即使双方就份额的转让达成了一致意见，还需要满足《中华人民共和国公司法》当中关于合伙企业、有限责任公司股份转让的规定，保障其他合伙人（或股东）的优先受让权，简单来说就是需要经过一定比例的合伙人（或股东）同意，如果不同意，则不同意的合伙人（或股东）有权在同等情况下出资购买该部分份额，不使用优先购买权的，视为同意该份额的转让。《最高人民法院关于适用〈中华人民共和国民法典〉婚姻家庭编的解释（一）》第七十三、七十四条对此有详细规定。而对于个人独资企业来说，由于不存在其他合作伙伴的掣肘，因此相对简单，但个人独资的特性决定了最终只能有一方获得该企业的所有权，所以也只能分情况讨论：（1）一方主张经营该企业的，对企业资产进行评估后，由取得企业资产所有权一方给予另一方相应的补偿；（2）双方均主张经营该企业的，在双方竞价基础上，由取得企业资产所有权的一方给予

另一方相应的补偿;(3)双方均不愿意经营该企业的,按照《中华人民共和国个人独资企业法》等有关规定办理。

本案中,由于李某、黄某分别在合伙企业、有限责任公司中拥有一定份额,黄某名下还有一个个人独资企业,因此不能直接进行份额分配,在李某、黄某达成一致意见后,可能还需要经在各企业中进行表决、形成书面决议等程序后才能最终落实分配。

实务建议

实践中,离婚纠纷有时候会涉及一些特殊的、难以直接处理的财产,比如有价证券、在合伙企业中的出资份额等,一方面存在估值变现的问题,一方面这类财产或者产业的权利变动往往都需要依照专门法律规定,因此,建议在处理这类离婚财产分割前先咨询专业人士的意见,避免财产分割在实际执行时产生困难。

法条链接

《最高人民法院关于适用〈中华人民共和国民法典〉婚姻家庭编的解释(一)》

第七十一条 人民法院审理离婚案件,涉及分割发放到军人名下的复员费、自主择业费等一次性费用的,以夫妻婚姻关系存续年限乘以年平均值,所得数额为夫妻共同财产。

前款所称年平均值,是指将发放到军人名下的上述费用总额按具体年限均分得出的数额。其具体年限为人均寿命七十岁与军人入伍时实际年龄的差额。

第七十二条 夫妻双方分割共同财产中的股票、债券、投资基金份额等有价证券以及未上市股份有限公司股份时,协商不成或者按市价分配有困难的,人民法院可以根据数量按比例分配。

第七十三条 人民法院审理离婚案件,涉及分割夫妻共同财产中以一方名义在有限责任公司的出资额,另一方不是该公司股东的,按以下情形分别处理:

(一)夫妻双方协商一致将出资额部分或者全部转让给该股东的配偶,其他股东过半数同意,并且其他股东均明确表示放弃优先购买权的,该股东的配偶可以成为该公司股东;

(二)夫妻双方就出资额转让份额和转让价格等事项协商一致后,其他股东半数以上不同意转让,但愿意以同等条件购买该出资额的,人民法院可以对转让出资所得财产进行分割。其他股东半数以上不同意转让,也不愿意以同等条件购买该出资额的,视为其同意转让,该股东的配偶可以成为该公司股东。

用于证明前款规定的股东同意的证据,可以是股东会议材料,也可以是当事人通过其他合法途径取得的股东的书面声明材料。

第七十四条 人民法院审理离婚案件,涉及分割夫妻共同财产中以一方名义在合伙企业中的出资,另一方不是该企业合伙人的,当夫妻双方协商一致,将其合伙企业中的财产份额全部或者部分转让给对方时,按以下情形分别处理:

(一)其他合伙人一致同意的,该配偶依法取得合伙人地位;

(二)其他合伙人不同意转让,在同等条件下行使优先购买权的,可以对转让所得的

财产进行分割;

（三）其他合伙人不同意转让，也不行使优先购买权，但同意该合伙人退伙或者削减部分财产份额的，可以对结算后的财产进行分割;

（四）其他合伙人既不同意转让，也不行使优先购买权，又不同意该合伙人退伙或者削减部分财产份额的，视为全体合伙人同意转让，该配偶依法取得合伙人地位。

第七十五条　夫妻以一方名义投资设立个人独资企业的，人民法院分割夫妻在该个人独资企业中的共同财产时，应当按照以下情形分别处理:

（一）一方主张经营该企业的，对企业资产进行评估后，由取得企业资产所有权一方给予另一方相应的补偿;

（二）双方均主张经营该企业的，在双方竞价基础上，由取得企业资产所有权的一方给予另一方相应的补偿;

（三）双方均不愿意经营该企业的，按照《中华人民共和国个人独资企业法》等有关规定办理。

 案例 10　未能成婚，彩礼退吗？

> 郑某与陈某经人介绍认识后开始交往并同居，同居期间的房租、家具电器添置费用均由郑某支付，郑某还为陈某购买了一条奢侈品手链作为礼物;后二人决定订婚，两家人按照当地习俗举行订婚宴。宴席上，郑某方将一套金饰、一枚钻戒和 66 000 元红包作为彩礼交给了陈某方。订婚宴之后，在筹备婚礼过程中，郑某预订酒店支付押金 1 000 元，拍摄婚纱照支付 8 000 元，联系婚庆公司并支付预付款 10 000 元。
>
> 此后，郑某、陈某由于其他原因发生纠纷，订婚关系随之解除，婚礼并未举办，双方也并未登记结婚。郑某要求陈某支付同居期间的房租、家电购置费，返还手链、金饰、钻戒和 66 000 元以及一半的酒店押金、婚纱照费用及婚庆公司预付款，陈某只同意返还金饰、钻戒和 66 000 元现金，双方发生争执。

关注焦点

1. 彩礼的定义和范围是什么？
2. 未能成婚，彩礼能否退还？

法律点睛

（一）彩礼是特定男女以结婚为目的、男方按照习俗向女方给付的财物

彩礼不是普通的赠与，其具有目的性、时间性、人身性和条件性等特征，判断某笔赠与是不是彩礼，需要结合上述特征和具体情况综合判断。总的来说，赠与彩礼的行为一定是特定的一对男女、为了缔结婚姻这个目的而产生的，在时间上来说赠与行为发生在缔结婚姻关系之前，隐含着"要成婚才会接受赠与"这个条件，因此，不能将交往期间发生的财物赠与或者筹备结婚的正常花销与彩礼混为一谈。本案例当中，金饰、钻戒和 66 000 元现金的赠与发生在双方的订婚宴上，由郑某方交付，双方亲属皆在场，从名义上、场合上和时间上都符合彩礼的特征，故属于彩礼。但郑某、陈某同居期间的房租、家电费用属于正常生活支出，郑某送给陈某的手链则属于交往当中一方对另一方的赠与，该赠与并没有附带"陈某接受后就要与郑某缔结婚姻关系"这个条件，因而也不属于彩礼范围；而在双方订婚后支出的酒店押金、婚纱照费用及婚庆公司预付款，属于"为准备结婚产生的相关费用损失"，并不是对陈某的赠与，陈某也没有获得上述财产权益，因此也不属于彩礼范畴。

（二）彩礼的给付是以结婚为目的的，在双方结婚目的无法实现时，接受彩礼的一方有义务将所接受的彩礼返还给对方

根据《最高人民法院关于适用〈中华人民共和国民法典〉婚姻家庭编的解释（一）》第五条之规定："当事人请求返还按照习俗给付的彩礼的，如果查明属于以下情形，人民法院应当予以支持：（一）双方未办理结婚登记手续……。"也就是说，以结婚为目的赠送的彩礼，如果结婚目的无法实现，那么接受赠与的一方就应当返还彩礼。在实践中，关于非现金形式彩礼的具体返还，原则上是原物返还，但双方同意折价返还的除外，因不可抗力导致物的损坏、灭失或返还一方下落不明等原因无法或不宜返还原物时可折价返还。本案例当中，郑某赠与陈某的彩礼包括现金（即 66 000 元红包）和实物（金饰和钻戒），陈丽丽应当返还现金和实物，当然，如果实物出现了折损，则郑某有权要求陈某折价返还。

拓展 返还彩礼的其他情形

根据《最高人民法院关于适用〈中华人民共和国民法典〉婚姻家庭编的解释（一）》第五条第二款之规定，在一方以结婚为目的赠送另一方彩礼后，双方虽办理结婚登记但未共同生活，或者婚前给付并导致给付人生活困难的，双方如果离婚，给付（赠送）的一方可要求对方返还彩礼。如周某与李某相亲认识，准备结婚，为了表达诚意，周某向李某家送出了价值 10 万元的彩礼。双方办理了婚姻登记后，李某以双方接触时间短、彼此间还不了解为由，拒绝和周某共同居住，此时周某就可以要求离婚并让李某返还彩礼。

但在具体的返还额度上，具体司法实践中法院可能会依据双方共同生活的时间、彩礼的数额、有无生育子女、财产情况、双方经济状况等酌定一个数额。

实务建议

在婚姻关系缔结之前、交往过程中，男女之间的财务往来性质并不是固定的，有的部分可能属于彩礼，而有的部分可能属于礼物或者情感花费，因此，如果由于各种原因

最终没能成婚，当事双方需要清理分配"交往期间财产"的，应参考相关法律规定，将彩礼与非彩礼分开，彩礼正常退还，非彩礼的部分可由双方协商处理。

法条链接

《最高人民法院关于适用〈中华人民共和国民法典〉婚姻家庭编的解释（一）》

第五条　当事人请求返还按照习俗给付的彩礼的，如果查明属于以下情形，人民法院应当予以支持：

（一）双方未办理结婚登记手续；

（二）双方办理结婚登记手续但确未共同生活；

（三）婚前给付并导致给付人生活困难。

适用前款第二项、第三项的规定，应当以双方离婚为条件。

 案例 11　恋爱过程中为对方花的钱可以要求返还吗？

　　张某长期单身，其家中亲戚见状认为其已到适婚年龄，主动为其介绍对象。后来，经亲戚介绍，张某与孔某互加微信认识，并偶尔通过微信交流；张某渐渐对孔某有好感，便约孔某见面吃饭，并表示地点由孔某来决定；孔某即指定了一家当地以良好氛围著名的西餐厅。后二人如约见面，一同就餐，餐费共计500 元，由张某买单；餐后二人又聊了几句便各自回家。此后，张某不时在精品花店订花并送到孔某工作地点，累计花费 2 000 余元。

　　不久后，张某、孔某正式建立恋爱关系，二人开始同居。同居期间，二人日常生活一般由孔某打点，张某通过微信向孔某转账。此外，孔某还曾向张某借款 4 万元用于支付某培训费，双方约定还款期限为 2 年，自孔某收到张某的借款之日起算。二人同居数月后，张某、孔某由于种种原因产生矛盾，常常陷入争吵。某次争吵后，孔某通过手机银行直接向张某转账 4 万元，并留言"这是还你的钱，我俩结清了"，随后便收拾行李搬离了二人住处，二人自此分手。

　　后张某气不过，联系孔某，表示自二人第一次见面以来餐费都是自己在付、自己也花费了大额金钱为其购买礼品，现在要求孔某返还一半的餐费和全部的礼品花费，同时，还要求孔某退还同居期间自己对其的微信转账所有金额，因为上述花费是建立在想要和孔某缔结婚姻关系这一条件之上的，如今条件无法达成，孔某取得上述财物没有法律依据，自己也因此遭受了巨大财产损失，孔某构成不当得利，自己有权要求孔某返还。孔某表示不可理喻，认为自己不存在所谓不当得利；并反过来要求张某将自己此前转账的 4 万元返还，理由是该笔借款还没到还款时间，张某在当前时间点就接收款项也不存在法律依据，张某构成了不当得利。

关注焦点

1. 不当得利的构成要件是哪些？

2. 相亲或者交往期间为对方支付了各种费用，分手后是否有权基于不当得利要求对方退还？

3. 双方之间的债务尚未到还款期，债务人提前将款项支付给了债权人，是否有权基于不当得利要求债权人返还款项？

法律点睛

（一）判断不当得利，应满足一方获得利益、一方获益无法律根据、获利与损失之间存在因果关系这三项条件

不当得利，指一方在没有法律依据的情况下取得的不当利益，根据《中华人民共和国民法典》第九百八十五条之规定，得利人没有法律根据取得不当利益的，受损失的人可以请求得利人返还取得的利益。也就是说依照法律文本来看，构成不当得利需要满足三项条件：（1）得利人获得了利益；（2）这个获得的利益没有任何法律依据；（3）有人权利受损，且这个损失与得利人的获利存在因果关系。在这个关系中，必有一方受损、一方获利，且往往是因为一方的受损才导致了另一方的获利，有点类似于"损人利己"。常见例子有：甲本想往自己的账户存钱，结果错将钱存进了乙的账户，在这个情境下，甲蒙受损失（钱没了），乙无故天降馅饼（没有任何法律基础，账户里却多了钱），但乙多得到的钱是以甲损失钱为代价的，则乙就构成了不当得利，甲有权要求乙返还。

在本案例中，张某、孔某二人不是彼此的家庭成员、不构成夫妻关系，也不适用共同财产制，因此，对于彼此间单纯的转账（借款关系除外）和为对方购置物品行为，严格意义上确实可以理解成类似不当得利的关系，因为客观上这个"为对方花钱"和"给对方财物"的给付行为没有法律意义上的基础，且从结果上来看也确实是花钱的一方财务受损，被花钱的一方无故获益。但是，这也仅仅是从物质世界的角度来进行的分析，如果要考虑到恋爱关系当中各方当事人在精神领域获得的感情慰藉等抽象因素的话，则是否可以定义成不当得利还难以确定。

（二）相亲、交往期间为对方的花费属于为履行道德义务进行的给付，无权要求返还

根据《中华人民共和国民法典》第九百八十五条"得利人没有法律根据取得不当利益的，受损失的人可以请求得利人返还取得的利益，但是有下列情形之一的除外：（一）为履行道德义务进行的给付；……"之规定，在不当得利中，受损失的人出于履行道德义务而进行的给付，其无权就其部分要求获利人返还，所谓"为履行道德义务进行的给付"，一般指获利人享受到的付出符合社会道德观念，比如家族中没有抚养义务的长辈请小辈吃饭，为贺亲友结婚送的礼金，等等。在一般的社会道德观念中，相亲、交往过程

中，一方为追求另一方而为其支付餐费、赠送礼物都是正常行为；此外，在同居的情景下，如果双方存在一定上的财务混同，一方向另一方转款用于彼此共同生活的，此种转款可看作"情有可原"，一方事后要求另一方返还缺少依据。

在本案例中，张某为孔某支付的各类费用，都是张某基于一个追求者的身份所采取的"正常"行为，其在同居期间给孔某的转账，也都被孔某用于双方日常生活所需，皆为合理开支，故极有可能被看作一方为履行道德义务的给付，因而张某无权要求孔某返还。

（三）债务到期之前的清偿，债务人无权基于不当得利要求债权人返还

根据《中华人民共和国民法典》第九百八十五条 "得利人没有法律根据取得不当利益的，受损失的人可以请求得利人返还取得的利益，但是有下列情形之一的除外：……（二）债务到期之前的清偿；……"之规定，提前清偿债务的行为也不能适用不当得利返还。根据《中华人民共和国民法典》第六百七十七条 "借款人提前返还借款的，除当事人另有约定外，应当按照实际借款的期间计算利息"之规定，提前还款行为是被法律所允许的，在双方本来就具有债权债务关系的情况下，哪怕按照约定还没有到还款时间，但给付义务总是存在的，况且，债务人将债务清偿了，原债权债务消灭，对于债务人本人来说甚至都没有损失，因而也就不符合不当得利的构成要件。

本案例中，张某、孔某之间存在债权债务关系，孔某在约定的还款时间之前就把欠款打给了张某，属于提前清偿债务的行为，孔某无权基于不当得利要求张某返还款项。

拓展 其他不当得利的受益人不承担返还义务的情形

1. 受损人明知无给付义务而进行的债务清偿。（《中华人民共和国民法典》第九百八十五条）如，张三为好友李四向债权人王五还了钱，就不得再向王五要回钱，因为前后的行为明显矛盾，如果允许张三向王五要回钱，有悖于诚实信用原则。

2. 得利人不知道且不应当知道取得的利益没有法律根据，取得的利益已经不存在的，不承担返还该利益的义务。（《中华人民共和国民法典》第九百八十六条）如，辛某骗刘某签订了假的合同，刘某依据合同向 A 公司转款 600 万元。A 公司收到转款 600 万元后，次日即转给辛某，辛某将这笔款项用于归还个人借款和其他支出。对于 A 公司而言，它主观上是不知情的，而且收到钱后次日就将钱转出，所受利益已不存在，因此不负有向刘某返还的义务。

3. 得利人已经将取得的利益无偿转让给第三人的，受损失的人可以请求第三人在相应范围内承担返还义务。（《中华人民共和国民法典》第九百八十八条）如，上述案例中，A 公司已将所得利益转给辛某，刘某应向辛某索要得利，A 公司不负有返还义务。

实务建议

交往期间，双方财务应独立，但"为对方花钱"或者"存在金钱往来"的事实并不能直接转化为法律上的债权债务关系。如果此种花销属于"彩礼"的性质，则在最终没

能成婚的情况下，支付方有权要求接收方退还；但如果不属于"彩礼"，而仅仅是交往过程中为表心意而赠送的"礼物"，则无权要求退还。因此，当事人应注意辨别交往过程中财务往来的性质，如最终阴差阳错未能走到一起，也能做到将感情与金钱分开、妥善处理好各项事宜，避免陷入进一步争执。

法条链接

《中华人民共和国民法典》

第九百八十五条　得利人没有法律根据取得不当利益的，受损失的人可以请求得利人返还取得的利益，但是有下列情形之一的除外：

（一）为履行道德义务进行的给付；

（二）债务到期之前的清偿；

（三）明知无给付义务而进行的债务清偿。

第九百八十六条　得利人不知道且不应当知道取得的利益没有法律根据，取得的利益已经不存在的，不承担返还该利益的义务

第九百八十八条　得利人已经将取得的利益无偿转让给第三人的，受损失的人可以请求第三人在相应范围内承担返还义务。

家庭关系

 案例 12　离婚后，一方不支付孩子的抚养费怎么办？

　　程某与褚某进行婚姻登记后育有一子程小宝，五年后，程某与褚某因感情破裂诉讼离婚，法院判决程小宝跟随母亲褚某生活，同时判决程某每月支付两千元作为程小宝的抚养费。

　　离婚后，程某并未按照判决定期支付抚养费，每次支付的金额也从一千元到两千元不等。程小宝在十岁时不幸患上慢性疾病，需要定期接受治疗并长期服药，所需花费颇高，褚某一人难以支撑，要求程某也出一份力、共同承担治疗费用。程某以自己也是普通职工、收入不高，且其仅需支付法院判决的金额为由拒绝了褚某。某日，程某到达褚某的住所想探望程小宝，褚某以程某未尽到做父亲的责任为由，拒绝让程某进门，双方由此产生争执并要求社区出面。

关注焦点

1. 离婚后，一方不履行法院判决的支付抚养费义务的，是否可以强制其承担责任？
2. 离婚后，法院判决的抚养费金额是否可以增加？
3. 一方未完全履行支付抚养费的义务，另一方是否有权禁止其探望孩子？

法律点睛

（一）离婚后，一方不履行法院判决的支付抚养费义务的，另一方可以向法院申请强制执行

根据《中华人民共和国民事诉讼法》第二百四十三条"发生法律效力的民事判决、裁定，当事人必须履行。一方拒绝履行的，对方当事人可以向人民法院申请执行，也可以由审判员移送执行员执行。"之规定，一方当事人不履行生效民事判决的，对方当事人可以向法院申请执行。同时根据《中华人民共和国民事诉讼法》中关于执行方式的相关规定，进入执行程序后，人民法院有权向有关单位查询被执行人的存款、债券、股票、基金份额等财产情况，并根据不同情形扣押、冻结、划拨、变价被执行人的财产，亦可以扣留、提取被执行人应当履行义务部分的收入。因此，在本案中，程某未按照法院判决的要求，按时、足额地支付抚养费，褚某可以直接向法院申请执行。

拓展 申请强制执行，是否受申请时效的限制？

不受申请执行时效的限制。《中华人民共和国民事诉讼法》第二百四十六条第一款规定："申请执行的期间为二年。申请执行时效的中止、中断，适用法律有关诉讼时效中止、中断的规定。"《中华人民共和国民法典》第一百九十六条则规定"下列请求权不适用诉讼时效的规定：……（三）请求支付抚养费、赡养费或者扶养费……"，因此，请求支付抚养费、赡养费或扶养费的案件，不适用诉讼时效的规定，也不受申请执行时效的限制。

（二）离婚后，法院判决的抚养费金额可以增加

离婚时确定的抚养费金额，其费用考量的基础受制于当时的客观情形，但事物总是不断发展变化的，在实践中，通货膨胀或子女患病、上学等客观因素的影响常常导致在离婚时确定的抚养费金额可能已经无法满足现实的需要，考虑到此种情况，我国法律是允许对抚养费金额进行变更的。《中华人民共和国民法典》第一千零八十五条明确规定："离婚后，子女由一方直接抚养的，另一方应当负担部分或者全部抚养费。负担费用的多少和期限的长短，由双方协议；协议不成的，由人民法院判决。　　前款规定的协议或者判决，不妨碍子女在必要时向父母任何一方提出超过协议或者判决原定数额的合理要求。"此外，《最高人民法院关于适用〈中华人民共和国民法典〉婚姻家庭编的解释（一）》第五十八条亦规定："具有下列情形之一，子女要求有负担能力的父或者母增加抚养费的，人民法院应予支持：（一）原定抚养费数额不足以维持当地实际生活水平；（二）因子女患病、上学，实际需要已超过原定数额；（三）有其他正当理由应当增加。"因此，在本案中，虽然在离婚时，法院判决程某只需每个月支付二千元的抚养费用，但如今由于程小宝患病，用于治疗的合理费用支出有所增加，褚某、程小宝中又只有褚某一人有收入来源，则原来的金额已经无法满足治疗需要，则程小宝作为子女，有权要求程某增加抚养费。

（三）一方未完全履行支付抚养费的义务，并不影响其行使对子女的探望权

父母对子女的探望权是一项法定权利，除非满足法律明确规定的情形，否则任何个人都不能否定其探望权。根据《中华人民共和国民法典》第一千零八十六条"离婚后，不直接抚养子女的父或者母，有探望子女的权利，另一方有协助的义务。行使探望权利的方式、时间由当事人协议；协议不成的，由人民法院判决。父或者母探望子女，不利于子女身心健康的，由人民法院依法中止探望；中止的事由消失后，应当恢复探望。"之规定，离婚后，不直接抚养子女的一方有权探望子女，只有在其探望不利于子女身心健康、由法院依法中止的情况下，其才会暂时性地被剥夺这项权利。因此，本案中程某虽然没有完全依照法院判决履行支付抚养费，但并不构成对其探望权的否定，褚某无权单方面禁止程某行使其权利，但在具体如何行使探望权的问题上，可由双方进行协商，协商不成的可交由法院判决。

拓展 "不利于子女身心健康"具体指哪些情形？

法律并没有明文规定。在一般实践中，主要体现为探望会给子女的人身安全带来损害或者影响子女的心理发育、世界观的形成等，常见的有：父、母是无民事行为能力人或限制民事行为能力人，可能危及子女人身安全；父、母患有严重传染性疾病等重病，可能危及子女身体健康；父、母吸毒或对子女有暴力倾向，可能危及子女生命健康；探望期间有教唆、胁迫、引诱未成年子女打架斗殴、参与赌博、观看色情淫秽音像制品等行为，可能影响子女身心健康；父、母频繁探望，违反规定探望子女，干扰了子女的正常生活，或对子女有侵权行为、犯罪行为，严重损害子女利益，危害子女生命健康。抚养子女的一方如果认为另一方存在上述行为或者其他危害子女身心健康的行为的，可以向法院申请中止对方的探望权。

实务建议

婚姻关系虽然已经终结，但父母子女关系始终存续，为最大程度维护子女利益，父母双方可通过友好协商和征求子女意见的方式，就支付抚养费的时间、金额、方式，以及对方探望小孩的频次、每次的时间等问题达成协议，如无法达成协议，则可以通过法律途径解决争议问题，但应注意保护小孩的身心健康、避免在小孩面前做出过激的举动。

法条链接

《中华人民共和国民法典》

第一千零六十七条　父母不履行抚养义务的，未成年子女或者不能独立生活的成年子女，有要求父母给付抚养费的权利。

第一千零八十五条　离婚后，子女由一方直接抚养的，另一方应当负担部分或者全

部抚养费。负担费用的多少和期限的长短，由双方协议；协议不成的，由人民法院判决。

前款规定的协议或者判决，不妨碍子女在必要时向父母任何一方提出超过协议或者判决原定数额的合理要求。

第一千零八十六条　离婚后，不直接抚养子女的父或者母，有探望子女的权利，另一方有协助的义务。

行使探望权利的方式、时间由当事人协议；协议不成的，由人民法院判决。

父或者母探望子女，不利于子女身心健康的，由人民法院依法中止探望；中止的事由消失后，应当恢复探望。

《最高人民法院关于适用〈中华人民共和国民法典〉婚姻家庭编的解释（一）》

第五十八条　具有下列情形之一，子女要求有负担能力的父或者母增加抚养费的，人民法院应予支持：

（一）原定抚养费数额不足以维持当地实际生活水平；

（二）因子女患病、上学，实际需要已超过原定数额；

（三）有其他正当理由应当增加。

 案例 13　支付非婚生子女抚养费是法定义务吗？

　　蒋某与沈某因打工相识，后确定恋爱关系，按农村习俗举行结婚仪式，并以夫妻名义开始同居生活，但并未进行婚姻登记。举行结婚仪式后一年，其女蒋小宝出生。后蒋某前往城里打工，沈某、蒋小宝留在村中。蒋某进城打工数年，其间从未回家看望过沈某和蒋小宝，也并未支付过蒋小宝的抚育费。沈某通过电话、视频等方式要求蒋某回家或寄回生活费，但蒋某都拒绝。

　　此后，蒋小宝突发疾病，沈某因老家治疗条件不足、缺乏治疗费用，带着蒋小宝前往蒋某在城中的住处，要求蒋某立即支付 5 000 元生活费并帮忙照顾蒋小宝。蒋某以自己打工收入微薄、沈某要求的金额过高为由拒绝，被沈某堵住去路，双方陷入争执。

关注焦点

1. 未进行婚姻登记，是否属于合法婚姻关系？
2. 在双方并未进行婚姻登记的情况下所生育的子女，是否有义务支付其抚养费？
3. 如何判断抚养费的数额是否合理？

法律点睛

（一）未进行婚姻登记的，不视为合法婚姻关系

根据我国《中华人民共和国民法典》第一千零四十九条之规定，确立婚姻关系的条

件是要到婚姻登记机关完成结婚登记。需注意，关于所谓"事实婚姻"（即一对男女未办理结婚登记而以夫妻名义共同生活）的问题属于受时代所限的历史遗留问题，法律上需要分为两种情况区别看待：一种是上述同居发生于 1994 年 2 月 1 日民政部《婚姻登记管理条例》公布实施以前，且目前该对男女符合《中华人民共和国民法典》规定的结婚实质要件的，可以承认为事实婚姻关系；另一种是同居发生于《婚姻登记管理条例》公布实施之后的，即使此时该对男女已经符合了结婚实质要件，在没有补办结婚登记之前，其婚姻关系仍然无法被法律所承认。

> **拓展**　《中华人民共和国民法典》规定的结婚实质要件是哪些？

1. 结婚自愿；
2. 达到法定婚龄（男 22 周岁，女 20 周岁）；
3. 一夫一妻；
4. 结婚双方不是直系血亲或者三代以内的旁系血亲。

（二）应当支付非婚生子女抚养费

根据《中华人民共和国民法典》第一千零七十一条"非婚生子女享有与婚生子女同等的权利，任何组织或者个人不得加以危害和歧视。　不直接抚养非婚生子女的生父或者生母，应当负担未成年子女或者不能独立生活的成年子女的抚养费。"之规定，非婚生子女也享有和婚生子女同等的权利，其生父、生母应当对其承担相应的抚养义务，其中自然也就包括支付抚养费。本案中，蒋某是蒋小宝的生父，且蒋某不直接抚养蒋小宝，则根据法律规定，蒋某应当负担蒋小宝抚养费，直到其成为一个能够独立生活的成年人。

> **拓展**　子女成年以后，就不用再支付抚养费了吗？

不一定，《中华人民共和国民法典》第一千零六十七条规定：父母不履行抚养义务的，未成年子女或者不能独立生活的成年子女，有要求父母给付抚养费的权利。也就是说，如果子女已经成年，但由于患病等其他原因尚在校接受高中及以下学历教育，或者丧失、部分丧失劳动能力等非因主观原因而无法维持正常生活的，其父母仍然有支付抚养费的义务。

（三）抚养费用应根据子女的实际需要、父母双方的负担能力和当地的实际生活水平确定

法律上对于抚养费用的具体金额目前没有一个具体的标准，如果需要法院判决的，则一般法院都会综合子女实际需求、父母的收入水平、当地实际生活水平等因素认定，目前，《最高人民法院关于适用〈中华人民共和国民法典〉婚姻家庭编的解释（一）》第四十九条给到的参考标准是：（1）有固定收入的，可以按其月总收入的百分之二十至三十的比例给付（负担两个子女以上的，可适当提高但不超过月总收入的百分之五十）；

（2）无固定收入的，抚养费的数额可以依据当年总收入或者同行业平均收入，参照上述比例确定；（3）有特殊情况的，可以适当提高或者降低上述比例。因此，在本案中，沈某提出的 5 000 元抚养费用是否合理，首先要看是否符合蒋某的收入水平和负担能力，其次，要考虑蒋小宝实际治病所需，最后，还要结合蒋小宝在病愈后是回到农村还是留在城市生活等因素，才能够做出一个相对合理的判断。

实务建议

无论婚姻关系是否成立、是否存续，父母对于未成年子女都具有抚养义务，如果由于工作等客观原因无法亲自教养、照顾，也应当支付抚养费；对于因各种原因未能缔结合法婚姻关系的父母来说，其背负的抚养义务并不会因此而免去。因此，对于本案这类尚未进行婚姻登记、但已经以夫妻名义共同生活并育有子女的情况，从更好地保证双方及孩子的相关权益角度，双方应尽快补办结婚登记，避免此后由于各类身份、权属问题导致更大的争议；如果双方不愿意继续共同生活，可再行进入离婚程序，双方协议离婚或者向法院起诉离婚。

法条链接

《中华人民共和国民法典》

第一千零四十九条　要求结婚的男女双方应当亲自到婚姻登记机关申请结婚登记。符合本法规定的，予以登记，发给结婚证。完成结婚登记，即确立婚姻关系。未办理结婚登记的，应当补办登记。

第一千零七十一条　非婚生子女享有与婚生子女同等的权利，任何组织或者个人不得加以危害和歧视。不直接抚养非婚生子女的生父或者生母，应当负担未成年子女或者不能独立生活的成年子女的抚养费。

《最高人民法院关于适用〈中华人民共和国民法典〉婚姻家庭编的解释（一）》

第七条　未依据中华人民共和国民法典第一千零四十九条规定办理结婚登记而以夫妻名义共同生活的男女，提起诉讼要求离婚的，应当区别对待：

（一）1994 年 2 月 1 日民政部《婚姻登记管理条例》公布实施以前，男女双方已经符合结婚实质要件的，按事实婚姻处理。

（二）1994 年 2 月 1 日民政部《婚姻登记管理条例》公布实施以后，男女双方符合结婚实质要件的，人民法院应当告知其补办结婚登记。未补办结婚登记的，依据本解释第三条规定处理。

第四十九条　抚养费的数额，可以根据子女的实际需要、父母双方的负担能力和当地的实际生活水平确定。

有固定收入的，抚养费一般可以按其月总收入的百分之二十至三十的比例给付。负担两个以上子女抚养费的，比例可以适当提高，但一般不得超过月总收入的百分之五十。

无固定收入的，抚养费的数额可以依据当年总收入或者同行业平均收入，参照上述比例确定。

有特殊情况的，可以适当提高或者降低上述比例。

 案例 14　一方拒绝进行鉴定，亲子关系该如何认定？

> 韩某与李某系情侣，经共同好友介绍认识，平日里常常和其他好友一同外出玩耍。某日，韩某与李某及双方好友到其中一人租住的公寓中玩耍并留宿，其间韩某、李某发生关系。此后不久，李某通过相亲认识何某，并于数月后与何某登记结婚，婚后又经过数月，李某诞下一子小宝。在为小宝申报户口时，应派出所要求进行了亲子鉴定，发现何某并非小宝生理学上的父亲。
>
> 李某随后便到韩某的住处找到韩某进行谈话（其间全程用手机进行了录音），声称小宝是韩某的孩子，要求与韩某协商抚养事宜。韩某并未否认其与小宝之间存在亲子关系，但拒绝进行亲子鉴定，双方不欢而散。双方交涉过程中，韩某打开一瓶矿泉水饮用并将瓶子放在一旁，李某离开前趁韩某不注意将瓶子放进随身携带的包里带走并交给某鉴定机构（具有相应资质），鉴定机构通过提取前述韩某饮用过的水瓶口的唾液斑，经与小宝的血样进行 DNA 比对，结果显示所检瓶口的唾液斑身源者的基因型符合作为小宝亲生父亲的遗传基因条件。鉴定结果出具后，李某再次携带该鉴定报告找到了韩某，声称韩某就是小宝的亲生父亲，要求韩某每月支付 2 000 元作为小宝的抚养费（从小宝出生之日起算，到小宝满 18 周岁为止），韩某再次拒绝并质疑鉴定结果真实性，双方陷入争议并情绪激动，韩某的父母随即报警并通知了社区。

关注焦点

1. 在双方并非夫妻关系的情况下，一方拒绝进行亲子鉴定，另一方是否有权强制其进行鉴定？

2. 私下获得对方的身体组织并送检，得到的鉴定结果是否具有证明力？

3. 如果起诉对方并要求法院确认存在亲子关系，被起诉方坚持不做亲子鉴定的，是否能推定亲子关系存在？

法律点睛

（一）一方拒绝进行亲子鉴定，另一方无权强制其进行鉴定

根据《中华人民共和国民法典》规定，自然人享有身体权，自然人的身体完整和行动自由受法律保护，任何组织或者个人不得侵害他人的身体权。未经他人同意，强制将其带往鉴定机构并取得其身体组织的，涉嫌以非法拘禁等方式剥夺、限制他人的行动自由或者非法搜查他人身体，将承担民事甚至刑事责任。

（二）未按照法定程序获得的鉴定材料，其鉴定的结果不具有证明力

根据《最高人民法院关于适用〈中华人民共和国民事诉讼法〉的解释（2022修正）》第一百零四条"人民法院应当组织当事人围绕证据的真实性、合法性以及与待证事实的关联性进行质证，并针对证据有无证明力和证明力大小进行说明和辩论。 能够反映案件真实情况、与待证事实相关联、来源和形式符合法律规定的证据，应当作为认定案件事实的根据。"之规定，在进入诉讼程序后，证据是否具有证明力、证明力的大小，必须经过双方的质证之后，由法院结合该证据的真实性、合法性、关联性几个要素来综合认定。在实践中，涉及将鉴定结果作为证据的情况最重要的考量因素就是"真实性"，如果鉴定所依据的原始样本真实性存疑，那么整个鉴定结论的真实性就会受到质疑，尤其是涉及生物、化学类的检测与鉴定的，对于样本的提取和保存程序都具有一定的要求。在本案中，李某是趁韩某不注意时将含有韩某唾液斑的水瓶放入自己随身携带的包中，再自行拿到检验机构检测的，在样本的获得和运送阶段并没有采取任何专业的保全措施，再加上李某是自行带走、转移的水瓶，在缺少见证的情况下，无法保证鉴定机构提取出来的鉴定材料与样本最初的状态还保持一致。因此，通过私人途径获取的鉴定材料，在没有其他证据可以证明其真实性的情况下，得出的鉴定结果很难作为证据使用。

（三）一方起诉要求确认亲子关系，并提供了必要证据予以证明的，另一方没有相反证据又拒绝做亲子鉴定的，法院可以推定存在亲子关系

根据《最高人民法院关于适用〈中华人民共和国民事诉讼法〉的解释（2022修正）》第九十条之规定，当事人对自己提出的诉讼请求所依据的事实或者反驳对方诉讼请求所依据的事实，应当提供证据加以证明，未能提供证据或者证据不足以证明其事实主张的，由负有举证证明责任的当事人承担不利的后果。在亲子关系确认之诉里，一方诉讼请求确认亲子关系存在并提供相应证据，另一方如果要反驳，则也需要提出相应的证据，否则将承担举证不力的后果。《最高人民法院关于适用〈中华人民共和国民法典〉婚姻家庭编的解释（一）》第三十九条也明确规定："……父或者母以及成年子女起诉请求确认亲子关系，并提供必要证据予以证明，另一方没有相反证据又拒绝做亲子鉴定的，人民法院可以认定确认亲子关系一方的主张成立。"因此在一方主张确认另一方与孩子存在亲子关系，又提供有一定证据时，另一方既没有证据证明"不存在亲子关系"，又拒绝进行亲子鉴定的，其应承担举证不利的后果，法院可以推定对其不利的事实成立。在本案中，通过出生日期和出生孕周期等医疗报告，可基本反推出李某的受孕时间，如果该时间段与韩某、李某发生关系的时间吻合，再结合李某录音中的双方就支付抚养费等事项的商谈过程等材料，可以基本指向同一事实，便可以算作李某已经就其主张提供了初步证据。因此，如果李某起诉要求确认韩某与小宝存在亲子关系，韩某既拿不出证据又不同意鉴定的话，法院很可能会推定亲子关系存在。

拓展 兄弟姐妹之间是否适用上述推定？

不适用。现实中，确实可能存在婚生子女和非婚生子女由于遗产分配问题而产生对于非婚生子女与被继承者之间是否存在亲子关系这类的争议，但实践中，法院并不支持兄弟姐妹之间适用亲子关系不利推定原则。在江苏省高级人民法院发布的《2019 年度江苏法院婚姻家庭十大典型案例》中，法院亦明确表示：随意扩大亲子关系推定规则适用主体的范围不符合法律及司法解释的精神。婚生子女并无配合非婚生子女进行亲子鉴定的义务，更不适用亲子关系推定规则。

实务建议

从维护未成年子女合法权益，以及查清事实、避免诉累的角度来看，当事人应当主动配合、到具有资质的专业鉴定机构进行亲子鉴定，勇敢承担责任。如果一方始终拒绝进行鉴定，则另一方可以通过起诉，请求法院确认亲子关系。

法条链接

《中华人民共和国民法典》

第一千零七十三条　对亲子关系有异议且有正当理由的，父或者母可以向人民法院提起诉讼，请求确认或者否认亲子关系。

对亲子关系有异议且有正当理由的，成年子女可以向人民法院提起诉讼，请求确认亲子关系。

《最高人民法院关于适用〈中华人民共和国民法典〉婚姻家庭编的解释（一）》

第三十九条　父或者母向人民法院起诉请求否认亲子关系，并已提供必要证据予以证明，另一方没有相反证据又拒绝做亲子鉴定的，人民法院可以认定否认亲子关系一方的主张成立。

父或者母以及成年子女起诉请求确认亲子关系，并提供必要证据予以证明，另一方没有相反证据又拒绝做亲子鉴定的，人民法院可以认定确认亲子关系一方的主张成立。

《最高人民法院关于适用〈中华人民共和国民事诉讼法〉的解释（2022 修正）》

第九十条　当事人对自己提出的诉讼请求所依据的事实或者反驳对方诉讼请求所依据的事实，应当提供证据加以证明，但法律另有规定的除外。在作出判决前，当事人未能提供证据或者证据不足以证明其事实主张的，由负有举证证明责任的当事人承担不利的后果。

第一百零四条　人民法院应当组织当事人围绕证据的真实性、合法性以及与待证事实的关联性进行质证，并针对证据有无证明力和证明力大小进行说明和辩论。

能够反映案件真实情况、与待证事实相关联、来源和形式符合法律规定的证据，应当作为认定案件事实的根据。

案例 15 发现养育的孩子不是亲生的，怎么办？

柏某与章某经熟人介绍后相识相恋，二人交往期间，章某与第三人发生关系且诞下一子柏小宝，并告知柏某柏小宝为其亲生子，三人遂共同生活。不久后，柏某、章某登记结婚。婚后一年，因感情不和，双方协议离婚，约定柏小宝由柏某抚养，章某每月支付生活费直至柏小宝成年。离婚后，柏小宝由柏某直接抚养，章某未按约支付抚养费。

由于一次柏小宝体检的血型检测结果，柏某怀疑柏小宝并非其亲生，遂向当地某司法鉴定中心申请鉴定"柏某是否为柏小宝的生物学父亲"。随后，司法鉴定中心出具了鉴定意见书，鉴定意见为：依据现有资料和DNA分析结果，排除柏某是柏小宝的生物学父亲。柏某得知后认为自己受到了章某的欺骗，自己在不知情的情况下抚养了与自己没有血缘关系的孩子，不仅财产权遭受了侵犯，自己的人格尊严、人格利益也受到了侵犯，故找到章某，要求章某将柏小宝接走，并偿还抚养费、支付精神损害赔偿。

关注焦点

1. 章某的行为是否构成欺诈性抚养侵权？
2. 如构成欺诈性抚养，柏某是否有权获得赔偿？赔偿范围是？

法律点睛

（一）如果章某明知柏小宝并非柏某的亲生子女，则章某的行为构成欺诈性抚养侵权

我国对于"欺诈性抚养侵权"并没有专门的法律条款进行定义和解释，但由于该类案件在司法实践中较为多发，故部分学者将其定义为："在婚姻关系存续期间乃至离婚以后，妻明知其在婚姻关系存续期间所生子女系非婚生子女，而采取欺诈手段，称其为婚生子女，使夫承担该子女的抚养义务的，可称之为欺诈性抚养关系。"另外，由婚前性行为而诞生的非婚生子女，也有可能会产生欺诈性抚养。本案中，章某在与柏某交往期间与第三人发生关系，并诞下一子柏小宝，章某在明知柏小宝与柏某没有血缘关系的情况下，仍告诉柏某柏小宝乃其亲生子女，已经构成了欺骗；而柏某由于受骗，错将柏小宝当作自己的亲生子女，在与章某婚前同居、婚后甚至离婚后都花费了大量时间、精力及财力来抚养柏小宝，其权益受到了严重侵害。因此，虽然欺骗发生的时间提前到了"婚前交往期间"，但章某的行为确实满足学界对于欺诈性抚养侵权的定义。

（二）遭遇欺诈性抚养侵权，男方有权就其支付的抚养费和遭受的精神损失获得赔偿

首先，就抚养费赔偿来看，首先需要辨析的概念是"对于实为非亲生因受欺骗而当

作自己亲身的子女，是否具有抚养的义务"？因为如果本身就具有抚养的义务，那也就无所谓赔偿。《中华人民共和国民法典》及其司法解释目前并未对该问题进行规定，但我们可以从司法实践中找到法院对该问题的态度，《最高人民法院关于夫妻关系存续期间男方受欺骗抚养非亲生子女离婚后可否向女方追索抚养费的复函》[（1991）民他字第 63 号]认为："在夫妻关系存续期间，一方与他人通奸生育了子女，隐瞒真情，另一方受欺骗而抚养了非亲生子女，其中离婚后给付的抚育费，受欺骗方要求返还的，可酌情返还；至于在夫妻关系存续期间受欺骗方支出的抚育费用应否返还，因涉及的问题比较复杂，尚需进一步研究。"从近几年的案例来看，法院在面对此类纠纷时，往往支持了男方要求"返还婚姻存续期间以及离婚后支出抚育费"的诉讼请求。

其次，关于精神损失赔偿的问题，《中华人民共和国民法典》第一千一百八十三条规定："侵害自然人人身权益造成严重精神损害的，被侵权人有权请求精神损害赔偿。"而同时《中华人民共和国民法典》第一百零九条、第一百一十二条亦规定：自然人拥有人格权，其人身自由、人格尊严受到法律保护；自然人因婚姻家庭关系等产生的人身权利也受法律保护。而在欺诈性抚养情境下，由于欺诈方的故意隐瞒，导致被欺诈方在不知情的情况下将非亲生子女当作亲生子女来抚养，然后猛然获知其付出巨大心血、悉心照顾多年的孩子竟然不是自己的孩子，一方面其作为婚姻关系中的一方，亲权、生育权、知情权等人身权利受到了损害，另一方面其精神上确实会遭受巨大冲击，人格尊严也严重受辱，因此，被欺诈方有权向对方要求精神损害赔偿。

拓展 **精神损害赔偿的数额如何确定？**

根据《最高人民法院关于确定民事侵权精神损害赔偿责任若干问题的解释（2020 修正）》第五条，精神损害的赔偿数额根据以下因素确定：（1）侵权人的过错程度，但是法律另有规定的除外；（2）侵权行为的目的、方式、场合等具体情节；（3）侵权行为所造成的后果；（4）侵权人的获利情况；（5）侵权人承担责任的经济能力；（6）受理诉讼法院所在地的平均生活水平。

实务建议

欺诈性抚养较普通的侵权略有不同，被侵权人是基于错误的身份认知而付出了感情、时间和财产，因此，如果欺诈性抚养成立，被侵权人有权就自己所受的财产及精神损失向侵权人索赔。

法条链接

《中华人民共和国民法典》

第一百零九条　自然人的人身自由、人格尊严受法律保护。

第一百一十二条　自然人因婚姻家庭关系等产生的人身权利受法律保护。

第一千一百八十三条　侵害自然人人身权益造成严重精神损害的，被侵权人有权请求精神损害赔偿。

因故意或者重大过失侵害自然人具有人身意义的特定物造成严重精神损害的，被侵权人有权请求精神损害赔偿。

《最高人民法院关于确定民事侵权精神损害赔偿责任若干问题的解释（2020 修正）》

第五条　精神损害的赔偿数额根据以下因素确定：

（一）侵权人的过错程度，但是法律另有规定的除外；

（二）侵权行为的目的、方式、场合等具体情节；

（三）侵权行为所造成的后果；

（四）侵权人的获利情况；

（五）侵权人承担责任的经济能力；

（六）受理诉讼法院所在地的平均生活水平。

 案例 16　离婚后是否可以更改探望子女时间？

> 苏某与范某在婚姻关系存续期间育有一子小宝，苏某与范某因感情不和通过诉讼的方式离婚。法院判决小宝跟随母亲范某一同生活，苏某每月支付一定金额的抚养费，但并未就子女探望权的问题作出处理，苏某、范某自行商议了探望时间和方式。
>
> 双方离婚后，苏某常常前来探望小宝，并数次向范某提出要增加探望的次数。时正值小宝上小学 5 年级，面临小升初的升学压力，范某以其探望过于频繁、影响小宝正常学习生活为由要求苏某控制探望频率。苏某拒绝并对小宝跟随范某生活一事发表不满，同时表示要再次起诉到法院争取对小宝的探望权。范某一气之下将小宝送到其外公外婆家居住，拒绝让苏某再见到孩子。苏某认为范某的行为剥夺了其对小孩的探望权，来到范某的住处要求见小孩，双方陷入争执，争执中范某报了警，同时楼长也通知了社区。

关注焦点

1. 探望权利主体是否可以更改探望时间？

2. 在法院离婚判决中没有提及探望权的，是否可以再行起诉？

法律点睛

（一）探望主体在不影响子女身心健康的情况下，可以协议更改探望时间

《中华人民共和国民法典》第一千零八十六条对于探望权有如下规定："离婚后，不直接抚养子女的父或者母，有探望子女的权利，另一方有协助的义务。　行使探望权利的方式、时间由当事人协议；协议不成的，由人民法院判决。　父或者母探望子女，

不利于子女身心健康的，由人民法院依法中止探望；中止的事由消失后，应当恢复探望。"根据上述规定，探望权是法律赋予的实体性权力，父母有权行使该权利并受到保护，行使该项权利的方式、时间可以自行商议，也可以由法院判决，而法律也并未禁止父母双方通过商议再次更改此种权利行使的方式和时间，因此，从法理上来看，离婚后更改探望时间是可能的。此外，从实践来看，也确实存在不直接抚养子女的一方向法院起诉、要求变更探望子女的时间的案例，而在这些案例中，法院除了考虑父母的探望权，更多地还是要保障子女的权利，考虑如何更有利于子女健康成长，同时也要适当征求子女本人的意见。在本案中，首先，苏某作为不直接抚养孩子的一方，享有对小宝的探望权，范某有义务进行协助，因此范某不让苏某见小宝是不符合法律规定的；其次，苏某如果想更改探望时间，要么和范某达成一致，要么诉至法院，同时还应当举证证明现有的探望时间不利于其行使探望权，而如果范某不同意增加苏某的探望时间，也应当举证证明这个变更不利于小宝的成长，最终在再由法院找到各方利益的共同点。

（二）离婚时，法院判决对于探望权没有进行处理的，离婚后可就探望权问题另行起诉

根据《最高人民法院关于适用〈中华人民共和国民法典〉婚姻家庭编的解释（一）》第六十五条"人民法院作出的生效的离婚判决中未涉及探望权，当事人就探望权问题单独提起诉讼的，人民法院应予受理。"之规定，在原离婚诉讼中，法院判决未对探望权作出判项的，出于保障不直接抚养子女一方的另行起诉的权利，在符合诉讼条件的情况下，法院应当受理。需提示的是，和上一个问题一样，一旦进入诉讼程序，双方就不可避免地要承担举证义务，且结果也可能并不如预期。在本案中，如果范某提供了证据证明小宝正值升学季、需要全神贯注学习，而苏某多频次的探望会分散孩子的注意力、影响孩子升学等情形的，可能法院也不会支持苏某的诉求。

拓展 直接抚养子女的一方是否可以请求中止另一方的探望？

可以，根据《中华人民共和国民法典》第一千零八十六条、《最高人民法院关于适用〈中华人民共和国民法典〉婚姻家庭编的解释（一）》第六十七条之规定，未成年子女、直接抚养子女的父或者母以及其他对未成年子女负担抚养、教育、保护义务的法定监护人，如果认为父或母的探望行为不利于子女身心健康，有权向人民法院提出中止探望的请求，法院经审查认定其提出的理由合理的，依法中止探望，直到中止的事由消失后方可恢复探望。故抚养子女一方有合理理由的，可以请求法院中止另一方对子女的探望。

实务建议

对子女的探望，一方面是为人父母的法定权利，另一方面也要以维护子女身心健康为出发点。建议父母双方通过友好协商的方式，在充分考虑子女意愿的情况下，根据实际情况和子女成长、生活的需要，制定出合理的探望时间表，而不是采取激烈对抗甚至

强行藏匿、带走孩子的方式；如确实无法达成一致，届时再通过司法途径解决。

法条链接

《中华人民共和国民法典》

第一千零八十六条　离婚后，不直接抚养子女的父或者母，有探望子女的权利，另一方有协助的义务。

行使探望权利的方式、时间由当事人协议；协议不成的，由人民法院判决。

父或者母探望子女，不利于子女身心健康的，由人民法院依法中止探望；中止的事由消失后，应当恢复探望。

《最高人民法院关于适用〈中华人民共和国民法典〉婚姻家庭编的解释（一）》

第六十五条　人民法院作出的生效的离婚判决中未涉及探望权，当事人就探望权问题单独提起诉讼的，人民法院应予受理。

第六十七条　未成年子女、直接抚养子女的父或者母以及其他对未成年子女负担抚养、教育、保护义务的法定监护人，有权向人民法院提出中止探望的请求。

 案例 17　可以撤销不合格监护人的监护权吗？

> 小明 4 岁时父亲不幸去世，母亲张某离家出走。小明只能与年迈的爷爷奶奶相依为命。不久后，爷爷奶奶也身患疾病，家庭条件十分困难。小明的叔叔赵某见状便主动帮忙照顾小明，在生活教育等各个方面承担起了监护职责。在小明成长过程中，赵某发现因为自己不具有法律上的监护人身份，在为小明办理转户口、学籍，带其体检就医等事务时多有不便，于是多次联系张某变更监护权。张某每次都予以拒绝，并表示自己离开已逾九年，如今自己早已另行组建家庭并结婚生子，没有空闲再为小明的事费心。于是，在至今长达九年的时间里，小明一直处于事实监护人与法定监护人不统一的状态。
>
> 为更好承担对小明的监护职责，赵某将情况告知了小明户籍所在地的村民委员会，村民委员会便指定由赵某担任小明的监护人；同时赵某决定诉至法院，请求撤销张某的监护权。

关注焦点

小明母亲张某的监护权可以撤销吗？

法律点睛

张某作为小明的母亲，应依法对其进行抚养、教育、保护，并承担监护职责。但张某自小明父亲去世后就独自外出，未履行对小明的监护职责，小明长期随其叔叔李某生活学习，处于母爱缺失的不利成长环境。目前，张某已另行组建家庭并结婚生子，又拒绝委托他人对小明履行监护职责，导致小明处于在法律上应由张某监护，但现实中张某又不履行监护职责的危困状态。根据《中华人民共和国民法典》第三十六条之规定，基于张某怠于履行和无法履行监护职责且拒绝将监护职责部分或者全部委托给他人，已导致小明处于危困状态，应当撤销张某对小明的监护资格。小明自幼便随叔叔李某生活且表示自愿随叔叔李某继续生活，为不改变小明生活、成长、教育环境之考虑，结合小明户籍所在地的村民委员会指定由叔叔李某为其监护人的意见，由叔叔李某履行监护职责对小明最为有利，因此，叔叔李某应为小明的监护人。

实务建议

要妥善解决监护纠纷，关键在于符合监护条件的人员能否协商解决监护问题。在多人争做监护人时，应该充分考虑被监护人的合法利益，选择最有利于被监护人的人作监护人，也可以经协商由多人共同监护。

撤销父母监护权是国家保护未成年人合法权益的一项重要制度。通常情况下，父母是未成年子女当然的监护人，但若父母不履行监护职责，甚至对子女实施虐待、伤害或者其他侵害行为，再让其担任监护人将严重危害子女的成长。在这种情况下，依照《中华人民共和国民法典》《中华人民共和国未成年人保护法》等的规定，未成年子女的祖父母、外祖父母、兄、姐、关系密切的其他亲属、朋友，以及未成年父母所在单位、未成年人住所地的村（居）民委员会或者民政部门，均有权向人民法院申请撤销实施侵害行为的监护人的监护权。

法条链接

《中华人民共和国民法典》

第三十六条　监护人有下列情形之一的，人民法院根据有关个人或者组织的申请，撤销其监护人资格，安排必要的临时监护措施，并按照最有利于被监护人的原则依法指定监护人：

（一）实施严重损害被监护人身心健康的行为；

（二）怠于履行监护职责，或者无法履行监护职责且拒绝将监护职责部分或者全部委托给他人，导致被监护人处于危困状态；

（三）实施严重侵害被监护人合法权益的其他行为。

本条规定的有关个人、组织包括：其他依法具有监护资格的人，居民委员会、村民委员会、学校、医疗机构、妇女联合会、残疾人联合会、未成年人保护组织、依法设立的老年人组织、民政部门等。

前款规定的个人和民政部门以外的组织未及时向人民法院申请撤销监护人资格的，民政部门应当向人民法院申请。

《中华人民共和国未成年人保护法（2020 修订）》

第一百零八条　未成年人的父母或者其他监护人不依法履行监护职责或者严重侵犯

被监护的未成年人合法权益的，人民法院可以根据有关人员或者单位的申请，依法作出人身安全保护令或者撤销监护人资格。

被撤销监护人资格的父母或者其他监护人应当依法继续负担抚养费用。

 案例 18　精神病人的配偶不履行抚养义务，怎么办？

闻某与华某经自由恋爱后登记结婚，婚后两年，华某经当地有资质的医疗机构诊断患有精神分裂症，此后，当地法院判决认定华某为无民事行为能力人，同时指定闻某为华某的监护人。判决生效后，闻某并未履行法定监护义务，常常出门游荡、对华某的生活漠不关心，华某由于饮食起居无人照顾，长期营养不良，还曾数次出门走失。闻某还曾以双方已经没有感情基础为由向法院提起诉讼要求离婚，被法院驳回了诉讼请求。

某日，华某突然出现在社区，声称自己已经三天没有吃饭了，询问下得知闻某已经离家数日有余，工作人员拨打闻某的手机，手机接通后闻某表示自己临时找到一份外地兼职（为期一周），为挣生活费不得不去，自己已经在家中为华某留有口粮，同时拒绝立即赶回。

关注焦点

1. 是否能够以无民事行为能力人为被告提起离婚诉讼？
2. 构成遗弃家庭成员的，会导致何种法律后果？

法律点睛

（一）无民事行为能力人并无诉讼能力，如要提起离婚诉讼，应当以该无民事能力行为人的代理人为被告

诉讼能力是公民民事能力的一部分，无民事行为能力人自然没有诉讼能力，《中华人民共和国民事诉讼法》第六十条明确规定，无诉讼行为能力人由他的监护人作为法定代理人代为诉讼。但是在涉及无民事行为能力人的离婚诉讼中，可能会存在如下矛盾：离婚诉讼发生在配偶之间，而无民事行为能力人的配偶有很大的概率被指定为其监护人，根据《中华人民共和国民事诉讼法》的上述规定，其监护人作为代理人应诉，那么理论上就会出现诉讼中原被告都是同一人的奇怪情景（即配偶起诉离婚，同时其又作为被告的代理人应诉），把原被告颠倒一下亦然。因此，如果要通过诉讼的方式离婚，那么无论提起离婚的一方是无民事行为能力人还是其配偶，都应当先经过变更监护权的程序，才能让诉讼程序进行下去。而对于是否被准许离婚的问题，我国法律并没有就"一方在婚姻存续期间成为无民事行为能力人"这一情况作为准许离婚的或者不准许离婚的条件。在司法实践中，离婚诉讼属于身份关系的诉讼，必须由离婚当事人表明是否愿意离婚，

诉讼代理人无权表示离与不离这种意见，而无民事行为能力人又无诉讼行为能力，因此往往需要法院在考虑中既保障离婚自由及合法权益，又最大限度地保护无民事行为能力人的利益，如果经审查认定夫妻感情确已破裂，一方坚决要求离婚，经调解无效，在安排好无民事行为能力人的生活、医疗、监护的问题后，还是存在准予离婚的可能性的。在本案例当中，无论最终闻某的离婚诉求是否能被法院所采纳，如果要起诉离婚，则先应当完成变更监护人程序，并由新的监护人担任华某的诉讼代理人。

（二）遗弃家庭成员为法律所禁止的行为，构成遗弃的，除了要承担赔偿责任外，还可能会被剥夺继承权，遗弃情节严重的，还可能触犯刑法

所谓遗弃，指负有抚养义务且具有抚养能力的人，不履行其抚养义务，拒绝扶养年幼、年老、患病或者其他没有独立生活能力的家庭成员的行为，也就是说，遗弃行为可以发生在夫妻之间、父母子女之间，以及其他具有抚养权利义务关系的主体之间。遗弃行为为我国法律明令禁止，《中华人民共和国民法典》第一千零四十二条明确规定："禁止家庭成员间的虐待和遗弃。"而根据《中华人民共和国民法典》第一千零七十九条、第一千零九十一条、第一千一百一十四条、第一千一百一十八条、第一千一百二十五条等相关规定，遗弃家庭成员的，一方面将成为身份关系解除的条件（比如离婚和解除收养关系），另一方面也要承担民事责任，比如在离婚和收养关系解除时承担损害赔偿责任，以及，如果遗弃被继承人的，行为人还会丧失继承权。此外，《中华人民共和国刑法（2020修正）》也对遗弃罪有着相应的规定，其第二百六十一条明确规定："对于年老、年幼、患病或者其他没有独立生活能力的人，负有扶养义务而拒绝扶养，情节恶劣的，处五年以下有期徒刑、拘役或者管制。"《最高人民法院、最高人民检察院、公安部、司法部关于依法办理家庭暴力犯罪案件的意见》中也提道："根据司法实践，具有对被害人长期不予照顾、不提供生活来源；驱赶、逼迫被害人离家，致使被害人流离失所或者生存困难；遗弃患严重疾病或者生活不能自理的被害人；遗弃致使被害人身体严重损害或者造成其他严重后果等情形，属于刑法第二百六十一条规定的遗弃'情节恶劣'，应当依法以遗弃罪定罪处罚。"

在本案例中，闻某在明知华某具有精神疾病、没有独立生活能力的情况下，数次不予照顾，更将华某单独留在家中，不安排他人临时照看，自己前往外地数日不归，客观上存在遗弃行为；基于此，其应当承担相应的民事责任，而如果闻某的遗弃行为造成华某身体严重损害的，则闻某还可能承担刑事责任。

实务建议

对于虐待、遗弃家庭成员的行为，无法是道德上还是法律上都应予以否定和批判。年老体弱或者患有疾病的家庭成员，如果遭遇虐待、遗弃，应当及时向当地妇联、法律援助中心、公安机关等报告，还可以通过诉诸司法程序维护自身合法利益；如果遭遇虐待、遗弃的是限制民事行为能力人或者无民事行为人，则应当由其监护人行使上述权利，如果其监护人就是做出虐待、遗弃行为的人，则其他依法具有监护资格的人，居民委员会、村民委员会、学校、医疗机构、妇女联合会、残疾人联合会、未成年人保护组织、依法设立的老年人组织、民政部门等可以先向法院申请撤销原监护人的监护资格并指定新的监护人。

法条链接

《中华人民共和国民法典》

第一千零四十二条　禁止包办、买卖婚姻和其他干涉婚姻自由的行为。禁止借婚姻索取财物。

禁止重婚。禁止有配偶者与他人同居。

禁止家庭暴力。禁止家庭成员间的虐待和遗弃。

第一千零七十九条　夫妻一方要求离婚的，可以由有关组织进行调解或者直接向人民法院提起离婚诉讼。

人民法院审理离婚案件，应当进行调解；如果感情确已破裂，调解无效的，应当准予离婚。有下列情形之一，调解无效的，应当准予离婚：

……

（二）实施家庭暴力或者虐待、遗弃家庭成员；

……

第一千零九十一条　有下列情形之一，导致离婚的，无过错方有权请求损害赔偿：

……

（四）虐待、遗弃家庭成员；

……

第一千一百一十四条　……

收养人不履行抚养义务，有虐待、遗弃等侵害未成年养子女合法权益行为的，送养人有权要求解除养父母与养子女间的收养关系。送养人、收养人不能达成解除收养关系协议的，可以向人民法院提起诉讼。

第一千一百一十八条　收养关系解除后，经养父母抚养的成年养子女，对缺乏劳动能力又缺乏生活来源的养父母，应当给付生活费。因养子女成年后虐待、遗弃养父母而解除收养关系的，养父母可以要求养子女补偿收养期间支出的抚养费。

生父母要求解除收养关系的，养父母可以要求生父母适当补偿收养期间支出的抚养费；但是，因养父母虐待、遗弃养子女而解除收养关系的除外。

第一千一百二十五条　继承人有下列行为之一的，丧失继承权：

……

（三）遗弃被继承人，或者虐待被继承人情节严重；

……

《中华人民共和国刑法（2020 修正）》

第二百六十一条　对于年老、年幼、患病或者其他没有独立生活能力的人，负有扶养义务而拒绝扶养，情节恶劣的，处五年以下有期徒刑、拘役或者管制。

案例 19　家庭成员之间互负扶养义务吗？

　　王大爷与妻子（已去世多年）育有三个子女：大儿子王大宝、二儿子王二宝、小儿子王小宝。王大爷与王大宝共同生活，王二宝结婚成家搬出，王小宝未婚独居。某年，70 岁的王大爷自理能力减弱，还曾数次发生出门遛弯迷路的事件，后被确诊患有阿兹海默病，确诊后，王大爷被当地法院宣告为无民事行为能力人。随后，王大宝提出让两个弟弟和自己一起轮换照顾王大爷。

　　过了一段时间后，王大宝、王二宝发现，王小宝在轮到自己照顾王大爷时常常"溜号"：在将王大爷接到家中后自己就出门娱乐，短则数小时、长则一天多，王大爷被独自留在家中，还曾因为长时间未进食而低血糖昏迷。此事发生后，经王大宝、王二宝申请，法院判决撤销了王小宝对于王大爷的监护权。此后王小宝与王大宝、王二宝再无任何交往，也从未看望过王大爷或者支付过赡养费用。数年后，王二宝一家不幸遭遇车祸，王二宝及其妻子都落下残疾，生活不便，但所幸还有一个已经成年的儿子定期来照顾。

　　不久，王二宝的儿子要到外地读书，王二宝想到王小宝在读书期间曾受到王大宝和自己的资助，王二宝便提出让弟弟王小宝定期来照顾下自己，但王小宝以工作繁忙为由拒绝。王大宝、王二宝认为王小宝本来就逃避赡养父亲的责任，现在又对残疾的兄长如此冷漠，一怒之下将王大爷带到王小宝的家门口、要求王小宝承担对王大爷的赡养义务和对王二宝夫妇的扶养义务。王小宝认为自己已经不是王大爷的监护人了，对其没有任何义务，而自己对于王二宝也不存在任何责任，他们的行为扰乱了自己的正常生活，双方陷入激烈争执。

关注焦点

1. 王小宝是否应当承担对王大爷的赡养义务？
2. 王小宝是否应当承担对王二宝的扶养义务？

法律点睛

（一）王小宝应当承担对王大爷的赡养义务

　　根据《中华人民共和国民法典》第一千零六十七条之规定，父母子女之间互相负有抚养、赡养义务，父母对于未成年子女或者不能独立生活的成年子女（根据相关司法解释，此处的"不能独立生活的成年子女"指尚在校接受高中及其以下学历教育，或者丧失、部分丧失劳动能力等非因主观原因而无法维持正常生活的成年子女）具有抚养义务，而成年子女也具有赡养父母的义务，一方不履行相应义务的，另一方有权要求对方支付抚养/赡养费用。同时，根据《中华人民共和国民法典》第三十七条"依法负担被监护人抚养费、赡养费、扶养费的父母、子女、配偶等，被人民法院撤销监护人资格后，应当继续履行负担的义务。"之规定，无论是否具备监护人资格，都不影响父母、子女配偶等对彼此的抚养、赡养、扶养义务。

在本案中，王大爷年事已高、患有疾病，而王小宝作为其儿子业已成年，其应当对王大爷履行相关赡养义务，如果王大爷的日常开销和医疗保健支出能够由其自身养老金和社保涵盖，那么王小宝应尽到定时探望和照顾的义务；如果王大爷存在入不敷出、生活困难等情形，包括王小宝在内的三个儿子都应在力所能及的范围内承担相应赡养费用。同时，王小宝作为无民事行为能力人王大爷的监护人，因怠于履行监护职责被撤销了监护人的资格，但却并不能免除其作为成年子女对于父母的赡养义务。

拓展 哪些主体能够担任无民事行为能力人的监护人？在什么情况下会被撤销监护人资格？

1. 对于未成年人，其监护人是父母，父母死亡或没有监护能力的，则由下列有监护能力的人按顺序担任监护人：（1）祖父母、外祖父母；（2）兄、姐；（3）其他愿意担任监护人的个人或者组织，但是须经未成年人住所地的居民委员会、村民委员会或者民政部门同意。

2. 对于无民事行为能力或者限制民事行为能力的成年人，则由下列有监护能力的人按顺序担任监护人：（1）配偶；（2）父母、子女；（3）其他近亲属；（4）其他愿意担任监护人的个人或者组织，但是须经被监护人住所地的居民委员会、村民委员会或者民政部门同意。

3. 存在以下情形之一，且经其他依法具有监护资格的人、居民委员会、村民委员会、学校、医疗机构、妇女联合会、残疾人联合会、未成年人保护组织、依法设立的老年人组织、民政部门等向法院申请，可能会被法院撤销其监护人资格：（1）实施严重损害被监护人身心健康的行为；（2）怠于履行监护职责，或者无法履行监护职责且拒绝将监护职责部分或者全部委托给他人，导致被监护人处于危困状态；（3）实施严重侵害被监护人合法权益的其他行为。

（二）王小宝不应当承担对王二宝的扶养义务

根据《中华人民共和国民法典》第一千零七十五条"有负担能力的兄、姐，对于父母已经死亡或者父母无力抚养的未成年弟、妹，有扶养的义务。 由兄、姐扶养长大的有负担能力的弟、妹，对于缺乏劳动能力又缺乏生活来源的兄、姐，有扶养的义务。"之规定，兄弟姐妹之间的扶养义务，要么存在于年长的兄、姐对其未成年弟、妹，要么存在弟、妹对扶养自己长大且生活困难的兄、姐。"扶养"发生在同辈之间，形成兄、姐对弟、妹的扶养关系需具备三个条件：（1）弟、妹为未成年人；（2）父母已经死亡或父母无力抚养；（3）兄、姐具备负担能力。本案中，王二宝夫妇虽然在王小宝读书时对其有过资助行为，但当时他们兄弟的父亲王大爷并未死亡、也不存在无力抚养的情况，王二宝也没有举证证明所谓"扶养"的事实以及支付扶养费用的持续时间及金额，因此难以被认定为法律意义上的"扶养"。反过来看，弟、妹作为曾经的被扶养人要对扶养人尽扶养义务，必须具备三个条件：（1）兄、姐缺乏劳动能力又缺乏生活来源；（2）兄、姐无第一顺序的扶养义务人，或者第一顺位的义务人缺乏扶养能力；（3）弟、妹由兄、姐扶养长大且具有负担能力。而在本案中，如前所述，王二宝对王小宝并未形成扶养关系；此外，王二宝尚有一位身体健康且成年的儿子，且目前王二宝也没有证据可以证明其儿子缺乏扶养能力和自己缺乏生活来源。综上所述，王小宝对王二宝没有扶养义务。

实务建议

尊老爱幼是中华民族的传统美德，保护老年人权益、让其安享晚年既是子女应尽的义务，也是法律明确要求的责任。作为王大爷的儿子，王大宝、王二宝、王小宝理应承担子女对父母的赡养义务，同时，鉴于王大爷患有阿尔茨海默病，更需要精心的照料，三人应做好分工，协商好各自支出赡养费的比例和照看老人的时间表，如果决定老人平时固定跟随某一家共同生活，另外两家应定时前来看望并相应支出赡养费，对于确有困难、自己生活都不便的，则尽量在自己能力范围内做出表示即可。王二宝夫妇可在条件允许的情况下聘请小时工来照料自身生活，其他两位兄弟出于亲情，也可适时提供必要帮助。

法条链接

《中华人民共和国民法典》

第二十六条　父母对未成年子女负有抚养、教育和保护的义务。

成年子女对父母负有赡养、扶助和保护的义务。

第二十七条　父母是未成年子女的监护人。

未成年人的父母已经死亡或者没有监护能力的，由下列有监护能力的人按顺序担任监护人：

（一）祖父母、外祖父母；

（二）兄、姐；

（三）其他愿意担任监护人的个人或者组织，但是须经未成年人住所地的居民委员会、村民委员会或者民政部门同意。

第二十八条　无民事行为能力或者限制民事行为能力的成年人，由下列有监护能力的人按顺序担任监护人：

（一）配偶；

（二）父母、子女；

（三）其他近亲属；

（四）其他愿意担任监护人的个人或者组织，但是须经被监护人住所地的居民委员会、村民委员会或者民政部门同意。

第三十六条　监护人有下列情形之一的，人民法院根据有关个人或者组织的申请，撤销其监护人资格，安排必要的临时监护措施，并按照最有利于被监护人的原则依法指定监护人：

（一）实施严重损害被监护人身心健康的行为；

（二）怠于履行监护职责，或者无法履行监护职责且拒绝将监护职责部分或者全部委托给他人，导致被监护人处于危困状态；

（三）实施严重侵害被监护人合法权益的其他行为。

本条规定的有关个人、组织包括：其他依法具有监护资格的人，居民委员会、村民委员会、学校、医疗机构、妇女联合会、残疾人联合会、未成年人保护组织、依法设立的老年人组织、民政部门等。

前款规定的个人和民政部门以外的组织未及时向人民法院申请撤销监护人资格的，民政部门应当向人民法院申请。

第三十七条　依法负担被监护人抚养费、赡养费、扶养费的父母、子女、配偶等，被人民法院撤销监护人资格后，应当继续履行负担的义务。

第一千零六十七条　父母不履行抚养义务的，未成年子女或者不能独立生活的成年子女，有要求父母给付抚养费的权利。

成年子女不履行赡养义务的，缺乏劳动能力或者生活困难的父母，有要求成年子女给付赡养费的权利。

第一千零七十五条　有负担能力的兄、姐，对于父母已经死亡或者父母无力抚养的未成年弟、妹，有扶养的义务。

由兄、姐扶养长大的有负担能力的弟、妹，对于缺乏劳动能力又缺乏生活来源的兄、姐，有扶养的义务。

《最高人民法院关于适用〈中华人民共和国民法典〉婚姻家庭编的解释（一）》

第四十一条　尚在校接受高中及其以下学历教育，或者丧失、部分丧失劳动能力等非因主观原因而无法维持正常生活的成年子女，可以认定为中华人民共和国民法典第一千零六十七条规定的"不能独立生活的成年子女"。

 案例 20　子女不履行赡养义务，老人怎么办？

　　老人费大爷与费甲系亲兄弟，二人少年时期便父母双亡。兄弟二人的生活以及费甲读书所需学费全靠费大爷一人赚取。费甲长大成人后进入一家大型企业工作，生活稳定无忧。费大爷与一女黄某结婚，并育有一子费乙。

　　如今，费大爷已75岁，为低保户，患有糖尿病，需长期服药和复诊，而其配偶黄某已去世6年，费大爷一直都处于独居状态，生活清贫，多有不便。此时其弟费甲60岁，已退休，每月领取退休金6 000元左右；其子费乙46岁，常年生活在省会城市，有稳定职业。由于各有家庭以及工作忙碌等原因，费甲、费乙平均数周看望费大爷一次。

一日，费大爷欲出门买菜，在上下楼梯时体力不支并产生眩晕，瘫倒在楼道内，被邻居及时发现并送回家中；邻居同时通知了社区，社区赶到后帮忙通知了费甲、费乙，但费乙表示自己工作繁忙目前走不开，而费甲则表示自己目前不在本地，同时认为费大爷有亲生儿子费乙的赡养，自己也是退休人士，没有义务照看费大爷，现场一时陷入僵局。

关注焦点

1. 老年人的成年子女不履行赡养义务的该怎么办？
2. 成年的兄弟姐妹之间是否有扶养义务？
3. 赡养人对老人的赡养义务是否仅限于支付赡养费用？

法律点睛

（一）成年子女不履行赡养义务的，老人可以申请人民调解委员会或者其他有关组织进行调解，也可以直接向人民法院提起诉讼

《中华人民共和国民法典》第一千零六十七条第二款规定："成年子女不履行赡养义务的，缺乏劳动能力或者生活困难的父母，有要求成年子女给付赡养费的权利。"而《中华人民共和国老年人权益保障法（2018 修正）》第七十五条又明确规定："老年人与家庭成员因赡养、扶养或者住房、财产等发生纠纷，可以申请人民调解委员会或者其他有关组织进行调解，也可以直接向人民法院提起诉讼。"也就是说，根据法律规定，成年子女对父母负有赡养义务，如果其拒不履行该义务，老人可以选择通过人民调解委员会来进行居中调解，或者直接向人民法院提起诉讼，要求法院判决其子女履行相应赡养义务。在本案例中，费乙作为有稳定收入的成年子女，对收入微薄、体弱患病的费大爷负有赡养义务，但其既没有从经济上给予费大爷支持，也疏于对费大爷日常的关心和照料，其怠于履行赡养义务的行为如果不能及时纠正，则费大爷可以通过要求人民调解委员会介入或者直接起诉的方式督促其履行义务。

（二）由兄、姐扶养长大的有负担能力的弟、妹，对于缺乏劳动能力又缺乏生活来源的兄、姐，有扶养的义务

根据《中华人民共和国民法典》第一千零七十五条之规定，有负担能力的兄、姐，对于父母已经死亡或者父母无力抚养的未成年弟、妹，有扶养的义务。由兄、姐扶养长大的有负担能力的弟、妹，对于缺乏劳动能力又缺乏生活来源的兄、姐，有扶养的义务。该种义务产生的情形有两种：一种是父母死亡或无力抚养+兄、姐有负担能力+弟、妹未成年；另一种是兄、姐将弟、妹扶养长大+兄、姐缺乏劳动能力和生活来源+弟、妹有负担能力。同时，还应注意"抚养""赡养"和"扶养"的区别，"抚养"和"赡养"发生在亲子关系或者祖孙关系之间，而"扶养"则发生在同辈之间。此外，我国法律并没有

为上述几种义务设定先后顺序或者彼此替代关系，也就是说，子女对长辈赡养义务的履行并不能免除同辈之间的扶养义务，因为赡养是子女或者孙子女的义务，扶养是兄弟姐妹的义务，属于两种不同的法律关系，不可混为一谈。

在本案例中，费甲是由其兄费大爷扶养长大的，且目前费大爷年事已高又身患疾病、收入微薄，符合"缺乏劳动能力和生活来源"的条件，费甲虽然已经退休，但每月有固定的退休金收入，就数额来看也具有一定的负担能力，因此费甲负有对费大爷的扶养义务。至于费乙是否履行其赡养义务，则与费甲履行其扶养义务无关。当然，如果费甲本身的退休金收入就只够满足自己的基本生活，则不可能强求其去扶养他人；如果费乙已经妥善履行了其赡养义务，同时费大爷已经受到了良好照顾、具有可以满足自身生活、医疗的经济能力的，费甲也不承担对费大爷的扶养义务。

（三）对于患病、生活不能自理的老人，赡养人还应当承担照料老人的义务

《中华人民共和国老年人权益保障法（2018 修正）》第十五条规定："赡养人应当使患病的老年人及时得到治疗和护理；对经济困难的老年人，应当提供医疗费用。 对生活不能自理的老年人，赡养人应当承担照料责任；不能亲自照料的，可以按照老年人的意愿委托他人或者养老机构等照料。"根据上述规定，对于患病、生活不能自理的老人，赡养义务人除了提供经济支持外，还应当承担照料老人的义务，使其得到妥善治疗和护理，保障其正常生活；如果亲力亲为有困难的，也应当为其找到合适的照料人或者机构，做到妥善安置。在本案例中，费乙工作繁忙并生活在其他城市，且业已组成家庭，要求其对费大爷进行日常照顾客观上确实存在困难，在无法将费大爷接到身边照料的情况下，费乙至少可以委托他人或者养老机构等对费大爷进行照料，而非直接不管不顾。

实务建议

成年子女未能依法履行对父母的赡养义务，且经提醒仍不改正的，被赡养人可以考虑向当地老年人权益保护中心、社区街道办事处或者人民调解委员会报告，在第三方主持下与子女或者其他家庭成员协商解决方案；如对方拒绝协商或者协商失败，则可以通过起诉的方式，让法院判决子女履行赡养义务。

法条链接

《中华人民共和国民法典》

第一千零六十七条 ……

成年子女不履行赡养义务的，缺乏劳动能力或者生活困难的父母，有要求成年子女给付赡养费的权利。

第一千零七十五条 有负担能力的兄、姐，对于父母已经死亡或者父母无力抚养的未成年弟、妹，有扶养的义务。

由兄、姐扶养长大的有负担能力的弟、妹，对于缺乏劳动能力又缺乏生活来源的兄、

姐，有扶养的义务。

《中华人民共和国老年人权益保障法（2018 修正）》

第七条　保障老年人合法权益是全社会的共同责任。

国家机关、社会团体、企业事业单位和其他组织应当按照各自职责，做好老年人权益保障工作。

基层群众性自治组织和依法设立的老年人组织应当反映老年人的要求，维护老年人合法权益，为老年人服务。

提倡、鼓励义务为老年人服务。

第十五条　赡养人应当使患病的老年人及时得到治疗和护理；对经济困难的老年人，应当提供医疗费用。

对生活不能自理的老年人，赡养人应当承担照料责任；不能亲自照料的，可以按照老年人的意愿委托他人或者养老机构等照料。

第二十条　经老年人同意，赡养人之间可以就履行赡养义务签订协议。赡养协议的内容不得违反法律的规定和老年人的意愿。

基层群众性自治组织、老年人组织或者赡养人所在单位监督协议的履行。

第七十五条　老年人与家庭成员因赡养、扶养或者住房、财产等发生纠纷，可以申请人民调解委员会或者其他有关组织进行调解，也可以直接向人民法院提起诉讼。

……

案例 21　《赡养协议》有效吗？

赵大妈丧偶后，独自抚育与前夫孙某所生二子孙大宝、孙小宝，直至二人成年并各自成家。赵大妈因与二子生活习惯不同，无法一起生活。后赵大妈在老年大学结识钱大爷，钱大爷亦系丧偶，有一个儿子小钱，有固定收入。后二人结为夫妻，共同居住在赵大妈名下的房子内（该房屋为赵大妈婚前财产），赵大妈照顾钱大爷的生活起居，钱大爷支付一切生活开支。

现二人年老多病，不能彼此照顾，故与小钱签订《赡养协议》，约定：二老目前居住的房屋属于被赡养人的私人财产，小钱负责赡养二人，待二人过世后，则该房屋归小钱所有。三年后，双方因家庭琐事发生矛盾，钱大爷离家独自一人在外租房居住，后赵、钱二人因感情破裂、无法继续共同生活登记离婚。登记离婚后，赵、钱二人及其子女就财产问题产生争议：小钱认为自己一直细致照料二老，依照《赡养协议》，自己理应享有对于案涉房屋的相关权益；而孙大宝、孙小宝则认为该房屋是其母亲赵大妈的私人财产，与钱家无关。钱大爷认为在婚姻关系存续期间，二人的日常生活开支都由自己的养老金负担，离婚时，赵大妈应当将该部分款项退还。双方各执己见、争论不休。

关注焦点

1.《赡养协议》效力如何？小钱是否有权主张对案涉房屋的权益？

2. 如果《赡养协议》有效，孙大宝、孙小宝是否还能继承赵大妈的遗产？

3. 赵大妈是否应当退还钱大爷的日常支出费用？

法律点睛

（一）《赡养协议》有效，但小钱目前无权主张对案涉房屋的权益

首先，从效力上看，根据《中华人民共和国民法典》第一千一百三十三条，自然人可以立遗嘱处分个人财产，并将个人财产指定由法定继承人中的个人继承或者继承人之外的集体、组织、个人受遗赠。本案的案涉房屋是赵大妈的婚前个人财产，赵大妈自然有权处分该房屋，其签订的《赡养协议》是真实意思表示，合法有效。

其次，从性质来看，在赵大妈与钱大爷婚姻关系存续期间，二人与小钱签订《赡养协议》，其内容是将自己死后的部分财产指定由小钱接收，而此时小钱又是二人的法定继承人（根据《中华人民共和国民法典》的规定，继父母子女关系与亲生父母子女关系权利义务相同），该协议又设立了被继承人获得指定遗产所需要履行的义务，因而从性质上说是一份附义务的遗嘱。根据《中华人民共和国民法典》第一千一百四十二条之规定："遗嘱人可以撤回、变更自己所立的遗嘱。　　立遗嘱后，遗嘱人实施与遗嘱内容相反的民事法律行为的，视为对遗嘱相关内容的撤回。"赵大妈作为遗嘱人，有权撤回或者变更遗嘱。

而在赵大妈与钱大爷离婚之后，小钱与赵大妈已经不是继父母子女关系了（即小钱不再是赵大妈的法定继承人），那么《赡养协议》的性质就变成了类似"遗赠扶养协议"。（《中华人民共和国民法典》第一千一百五十八条："自然人可以与继承人以外的组织或者个人签订遗赠扶养协议。按照协议，该组织或者个人承担该自然人生养死葬的义务，享有受遗赠的权利。"）考虑到该份《赡养协议》的设立背景是"赵大妈和钱大爷作为夫妻一同生活，由钱大爷之子小钱为二人养老送终"，而如今赵大妈已经和钱大爷离婚、二人不再共同生活，协议的基础已经动摇，赵大妈是否还需要小钱为其养老送终尚不得知。如果二人仍然同意依照原协议继续履行，那么小钱在切实承担起为赵大妈生养死葬的义务后，可享有接受案涉房屋作为遗赠的权利；但如果双方有一方不愿意，那么该协议解除，届时小钱无权获得案涉房产。

拓展　遗嘱、遗赠和遗赠扶养协议有何区别？

1. 设立遗嘱是一种行为，即某人在生前就对自己遗产的预先处分，且这些处分行为仅在其死后才发生效力，遗嘱的对象是法定继承人，也可以是法定继承人以外的人（即遗赠行为）；

2. 遗赠可以是遗嘱的内容，自然人可以通过立遗嘱的形式，将个人财产赠与国家、

集体或者法定继承人以外的组织、个人，遗赠的对象只能是法定继承人以外的组织或个人；

3. 遗赠扶养协议是一种特殊的双务合同，接受遗赠的人必须要承担遗赠人生养死葬的义务，作为对价，其可以获得遗赠。

（二）如果《赡养协议》有效，对于赡养协议涉及财产之外的遗产，孙大宝、孙小宝具有继承权

根据《中华人民共和国民法典》第一千一百二十三条"继承开始后，按照法定继承办理；有遗嘱的，按照遗嘱继承或者遗赠办理；有遗赠扶养协议的，按照协议办理。"和第一千一百五十四条"有下列情形之一的，遗产中的有关部分按照法定继承办理：……（五）遗嘱未处分的遗产。"之规定，在继承开始后，遗嘱和遗赠扶养协议的优先级要高于法定继承，但对于遗嘱或者遗赠扶养协议没有处分到的遗产，还是按照法定继承办理。本案中，赵大妈通过签订《赡养协议》，处分了自己名下的房产，对于该部分财产不适用法定继承，但如果赵大妈除了案涉房产之外还有其他财产，在其去世前也没有就该部分财产立下遗嘱或者其他处分的，那么孙大宝、孙小宝作为赵大妈的亲生儿子，有权作为第一顺序继承人，就该部分遗产享受相应的继承份额。

（三）赵大妈无需退还钱大爷的日常支出费用

根据相关法律规定，我国普遍采用夫妻共同财产制，夫妻之间就日常家庭生活所需的支出一向视为由夫妻共同财产支出，并不会由于财产主要来自哪一方就认定双方生活由哪方以其个人财产支出，实践中出现的对于家庭生活谁的贡献较大等争论，往往是用于决定离婚财产分配比例，而非倒转回婚姻关系存续期间计较"谁亏欠了谁的生活费"。而对于一方的养老金是否属于夫妻共同财产的问题，《最高人民法院关于适用〈中华人民共和国民法典〉婚姻家庭编的解释（一）》第二十五条有明确规定："婚姻关系存续期间，下列财产属于中华人民共和国民法典第一千零六十二条规定的'其他应当归共同所有的财产'：……（三）男女双方实际取得或者应当取得的基本养老金、破产安置补偿费。"因此，对于本案来说，在赵大妈与钱大爷婚姻关系存续期间，钱大爷取得的养老金属于夫妻共同财产，被用于二人共同日常生活支出，属于对夫妻家庭财产正常支配，在法律上不存在"一方花自己的钱养对方"的情况，夫妻之间也没有债权债务关系，因此，离婚后赵大妈也无须退还赵大爷日常支出费用。

实务建议

赵大妈和钱大爷相识再婚，彼此相携相伴度过老年生活实属不易，虽然由于感情破裂最终分开，但曾经的情谊不似作假。在夫妻共同财产制的基础上，财产共享、支出共担本就平常，而且在婚姻关系存续期间，钱大爷虽然以其养老金负担了家庭开销，但赵大妈也在家庭生活中承担了提供住房、照顾生活起居等责任，为维持家庭付出了劳动，

因此钱大爷不宜就"偿还生活费"等过多纠结，转而和对方一同厘清哪些是双方婚前个人财产、哪些属于夫妻共同财产，做好离婚财产分配才更有意义。此外，关于《赡养协议》的效力问题，还需要赵大妈和小钱之间就是否解除该协议达成一致，明确双方权利义务，从而避免之后在遗产继承时各继承人和受遗赠人之间产生进一步的争议。

法条链接

《中华人民共和国民法典》

第一千零七十二条　继父母与继子女间，不得虐待或者歧视。

继父或者继母和受其抚养教育的继子女间的权利义务关系，适用本法关于父母子女关系的规定。

第一千一百二十三条　继承开始后，按照法定继承办理；有遗嘱的，按照遗嘱继承或者遗赠办理；有遗赠扶养协议的，按照协议办理。

第一千一百四十二条　遗嘱人可以撤回、变更自己所立的遗嘱。

立遗嘱后，遗嘱人实施与遗嘱内容相反的民事法律行为的，视为对遗嘱相关内容的撤回。

……

第一千一百五十四条　有下列情形之一的，遗产中的有关部分按照法定继承办理：

（一）遗嘱继承人放弃继承或者受遗赠人放弃受遗赠；

（二）遗嘱继承人丧失继承权或者受遗赠人丧失受遗赠权；

（三）遗嘱继承人、受遗赠人先于遗嘱人死亡或者终止；

（四）遗嘱无效部分所涉及的遗产；

（五）遗嘱未处分的遗产。

第一千一百五十八条　自然人可以与继承人以外的组织或者个人签订遗赠扶养协议。按照协议，该组织或者个人承担该自然人生养死葬的义务，享有受遗赠的权利。

《最高人民法院关于适用〈中华人民共和国民法典〉婚姻家庭编的解释（一）》

第二十五条　婚姻关系存续期间，下列财产属于中华人民共和国民法典第一千零六十二条规定的"其他应当归共同所有的财产"：

（一）一方以个人财产投资取得的收益；

（二）男女双方实际取得或者应当取得的住房补贴、住房公积金；

（三）男女双方实际取得或者应当取得的基本养老金、破产安置补偿费。

《最高人民法院关于适用〈中华人民共和国民法典〉继承编的解释（一）》

第四十条　继承人以外的组织或者个人与自然人签订遗赠扶养协议后，无正当理由不履行，导致协议解除的，不能享有受遗赠的权利，其支付的供养费用一般不予补偿；遗赠人无正当理由不履行，导致协议解除的，则应当偿还继承人以外的组织或者个人已支付的供养费用。

案例 22　如何合法收养孩子？

> 范某时年 45 周岁，未婚无子，经人介绍认识了程某，得知程某生育有一女小宝（6 周岁），且家庭困难无力抚养，范某向程某表达了想要收养的想法，程某欣然同意，在未与其在外打工的配偶刘某商议的情况下，将小宝送到了范某处，自此，范某与小宝一同生活。刘某在得知程某将孩子送养后一度表示反对，但在范某承诺会为小宝提供最好的生活条件和教育资源后不再反对。
>
> 为了满足办理收养登记的条件，程某通过关系将小宝的出生年月推迟了 2 年，范某得以在当地民政部门办理了收养登记，并为小宝办理了户口转移登记。此后数年，范某、小宝之间由于各种原因关系逐渐恶化、常常争吵，小宝欲解除与范某之间的收养关系（此时小宝已年满 18 周岁），范某不同意。后小宝在社交网络平台上发帖，声称范某在收养期间对其存在猥亵行为，该帖迅速成为舆论热点，警方亦迅速关注。

关注焦点

1. 收养关系何时成立？
2. 合法收养的条件有哪些？
3. 收养在什么情况下会被解除？

法律点睛

（一）收养关系自向当地民政部门登记之日成立

养父母与养子女之间属于法律拟制血亲，因此，此种身份关系的成立也应当依照法律规定。《中华人民共和国民法典》第一千一百零五条规定："收养应当向县级以上人民政府民政部门登记。收养关系自登记之日起成立。收养查找不到生父母的未成年人的，办理登记的民政部门应当在登记前予以公告。 ……县级以上人民政府民政部门应当依法进行收养评估。"在本案例中，范某收养小宝时确实办理了收养登记，则表面上来看，范某与小宝的收养关系自登记当日成立；但是，由于小宝的登记资料有虚假内容且该内容（即小宝的实际年龄）对于是否满足收养条件存在决定性的影响，根据《中国公民收养子女登记办法（2019 修订）》第十二条"收养关系当事人弄虚作假骗取收养登记的，收养关系无效，由收养登记机关撤销登记，收缴收养登记证。"之规定，其收养关系无效。

> **拓展　收养关系无效的后果**
>
> 无效的收养行为自始没有法律约束力，视为从来没有存在过收养关系。在本案中，自程某将小宝送到范某处生活开始，范某与小宝就不存在收养关系，但可以看成作为母

亲的程某委托范某来监护小宝，则范某对于小宝还是存在一定的监护责任。

（二）合法收养中，被收养人、送养人、收养人都应当满足法定条件

对于被收养人来说，其在被收养之时应当是未成年，同时应满足以下任一条件：（1）丧失父母的孤儿；（2）查找不到生父母；（3）生父母有特殊困难无力照顾。

对送养人来说，其应当具有以下任一身份：（1）孤儿的监护人；（2）儿童福利机构；（3）有特殊困难无力抚养子女的生父母。此外，如果是生父母送养孩子的，应当夫妻共同送养，当夫妻一方不明或者查找不到的，父或妻可以单方送养。

对收养人来说，其应当同时具备以下条件：（1）无子女或者只有一名子女；（2）有抚养、教育和保护被收养人的能力；（3）未患有在医学上认为不应当收养子女的疾病；（4）无不利于被收养人健康成长的违法犯罪记录；（5）年满三十周岁。此外，无配偶者收养异性子女的，收养人与被收养人的年龄应当相差四十周岁以上。

同时，根据收养自愿原则，收养人收养与送养人送养，应当双方自愿。收养八周岁以上未成年人的，应当征得被收养人的同意。并且，在收养的数量上，无子女的收养人可以收养两名子女，有子女的收养人只能收养一名子女。

在本案例中，首先，送养人程某在未经其配偶刘某同意的情况下将生女小宝送养，且刘某不存在身份不明、失踪等情形，则程某的送养行为不符合法律规定；其次，收养之时，收养人范某为单身男性、被收养人小宝为女性，范某为45周岁、小宝为6周岁，两人年龄相差不足四十周岁，不符合法定收养条件。

拓展 **法定条件的例外**

1. 收养三代以内旁系同辈血亲的子女，可以不受《中华人民共和国民法典》第一千零九十三条第三项（被收养人生父母有特殊困难无力照顾）、第一千零九十四条第三项（送养人是有特殊困难无力抚养子女的生父母）和第一千一百零二条（无配偶者收养异性子女的，二者年龄应相差四十周岁以上）规定的限制。

2. 华侨收养三代以内旁系同辈血亲的子女，还可以不受《中华人民共和国民法典》第一千零九十八条第一项规定（收养人应无子女或者只有一名子女）的限制。

3. 继父或者继母经继子女的生父母同意，可以收养继子女，并可以不受《中华人民共和国民法典》第一千零九十三条第三项（被收养人生父母有特殊困难无力照顾）、第一千零九十四条第三项（送养人是有特殊困难无力抚养子女的生父母）、第一千零九十八条（收养人应无子女或者只有一名子女；有抚养、教育和保护被收养人的能力；未患有在医学上认为不应当收养子女的疾病；无不利于被收养人健康成长的违法犯罪记录；年满三十周岁）和第一千一百条第一款规定（无子女的收养人可以收养两名子女；有子女的收养人只能收养一名子女）的限制。

拓展　外国人在我国收养子女的特别规定

1. 经其所在国主管机关依照该国法律审查同意。

2. 收养人提供由其所在国有权机构出具的有关其年龄、婚姻、职业、财产、健康、有无受过刑事处罚等状况的证明材料，并与送养人签订书面协议，亲自向省、自治区、直辖市人民政府民政部门登记。

3. 前述证明材料应当经收养人所在国外交机关或者外交机关授权的机构认证，并经中华人民共和国驻该国使领馆认证，但是国家另有规定的除外。

（三）被收养人成年之前，收养人存在不履行抚养义务，有虐待、遗弃等侵害未成年养子女合法权益行为的，送养人有权要求解除收养关系；被收养人成年之后，养父母与成年养子女关系恶化、无法共同生活的，可以协议解除收养关系

收养关系并非不可解除，但从保护被收养人的利益出发，一般应尽量保障收养关系稳定，《中华人民共和国民法典》第一千一百一十四条第一款规定："收养人在被收养人成年以前，不得解除收养关系，但是收养人、送养人双方协议解除的除外。养子女八周岁以上的，还应当征得本人同意。"当然，上述规定仅针对收养人与被收养人之间相处正常的情况，如果收养人存在不履行抚养义务，有虐待、遗弃等侵害未成年养子女合法权益行为的，则根据《中华人民共和国民法典》第一千一百一十四条第二款之规定，送养人有权要求解除收养关系，送养人、收养人不能达成解除收养关系协议的，可以向人民法院提起诉讼。但应当注意，该条款仅赋予了送养人解除收养关系的权利，但送养人在完成送养后并不与被收养人一同生活，尤其在送养人年龄较小、表达能力欠缺的情况下，如果被送养人遭受侵害，送养人往往不能及时获知，同时，现实中也确实存在送养人与收养人互相串通、不积极行使权利的情况（比如以收养之名贩卖），因而在实践中可能还要依靠社会力量和司法、行政主管机构共同协作，及时发现、纠正，从而保护好未成年的合法权益。

对于成年的养子女来说，由于其已经具备完全民事行为能力，因此如果其与养父母的关系已经恶化、无法共同生活，双方矛盾已经到了"恩断义绝"的地步，则其可以与养父母协议解除收养关系。如果不能达成协议的，可以向人民法院提起诉讼。

本案例中，仅从民事法律关系的角度来看，假设小宝所述的"范某对其有猥亵行为属实"，且该行为发生在其成年之前，则范某存在侵害未成年养子女合法权益的行为，小宝的父母（即送养人）有权解除收养关系；如果该行为发生在其成年之后，则小宝作为成年人，自己就可以与范某协商解除收养关系，不能协商的，也可以向法院提起诉讼。当然，前述收养法律关系的变化，并不影响对于范某的行为是否触犯了《中华人民共和国治安管理处罚法》甚至《中华人民共和国刑法》的法律评价，如果小宝对范某的指控属实，则范某应当承担相应的责任并接受法律的严惩。

实务建议

收养人申请办理收养手续，应提供真实有效的申请材料，且必须满足法律对于收养人、被收养人的要求。在进行收养登记后，收养人应妥善履行抚养和监护义务，保障被收养人健康成长。如果在被收养人成年之前要解除收养关系的，应由收养人与送养人协议解除。如果发现收养人存在侵害未成年养子女合法权益行为的，送养人有权要求解除养父母与养子女间的收养关系，各方无法达成一致意见的，可通过司法途径解决。此外，送养人如发现收养人对养子女还存在猥亵、故意伤害等严重违法行为的，应当及时向当地公安机关报告。

法条链接

《中华人民共和国民法典》

第一千零九十三条　下列未成年人，可以被收养：

（一）丧失父母的孤儿；

（二）查找不到生父母的未成年人；

（三）生父母有特殊困难无力抚养的子女。

第一千零九十四条　下列个人、组织可以作送养人：

（一）孤儿的监护人；

（二）儿童福利机构；

（三）有特殊困难无力抚养子女的生父母。

第一千零九十七条　生父母送养子女，应当双方共同送养。生父母一方不明或者查找不到的，可以单方送养。

第一千零九十八条　收养人应当同时具备下列条件：

（一）无子女或者只有一名子女；

（二）有抚养、教育和保护被收养人的能力；

（三）未患有在医学上认为不应当收养子女的疾病；

（四）无不利于被收养人健康成长的违法犯罪记录；

（五）年满三十周岁。

第一千零九十九条　收养三代以内旁系同辈血亲的子女，可以不受本法第一千零九十三条第三项、第一千零九十四条第三项和第一千一百零二条规定的限制。

华侨收养三代以内旁系同辈血亲的子女，还可以不受本法第一千零九十八条第一项规定的限制。

第一千一百条　无子女的收养人可以收养两名子女；有子女的收养人只能收养一名子女。

收养孤儿、残疾未成年人或者儿童福利机构抚养的查找不到生父母的未成年人，可以不受前款和本法第一千零九十八条第一项规定的限制。

第一千一百零二条　无配偶者收养异性子女的，收养人与被收养人的年龄应当相差四十周岁以上。

第一千一百零五条　收养应当向县级以上人民政府民政部门登记。收养关系自登记之日起成立。

第一千一百一十四条　收养人在被收养人成年以前，不得解除收养关系，但是收养人、送养人双方协议解除的除外。养子女八周岁以上的，应当征得本人同意。

收养人不履行抚养义务，有虐待、遗弃等侵害未成年养子女合法权益行为的，送养人有权要求解除养父母与养子女间的收养关系。送养人、收养人不能达成解除收养关系协议的，可以向人民法院提起诉讼。

第一千一百一十五条　养父母与成年养子女关系恶化、无法共同生活的，可以协议解除收养关系。不能达成协议的，可以向人民法院提起诉讼。

继承与遗赠

 案例 23　继承时如何认定是否尽到赡养义务？

老人梁某丧偶多年，一直独自居住，依靠其每月 4 000 元的退休金生活。梁某有三个子女梁甲、梁乙、梁丙，且三人均已成年、工作稳定。其中，梁某在梁丙小的时候就将其过继给了一直膝下无子的兄弟。

在一次体检后，梁某被查出肺癌早期，梁甲提出要将梁某接过来照顾，但梁某认为自己有固定收入且病情较轻，拒绝了梁甲并坚持独居。梁甲此后由于工作需要长期生活在国外，其间曾致电梁某关心情况，梁某均以自己过得很好为由不让梁甲操心，梁甲便不再经常问候。后梁乙由于离婚，房子被分给了前配偶，便搬来和梁某一同居住，但忙于工作和个人社交，在屋中仅限晚上回来睡觉，两人开销也是各管各的。而梁丙虽然已经被过继，但常常前来看望梁某，也经常带梁某到医院复诊并负责接送，还常常为梁某购买保健品和支付医疗费。

某日，梁某在家中突发中风，此时梁乙在单位上班，梁某通过手机紧急联系人功能拨通了梁丙的电话后晕倒，梁丙立即拨打 120 并与救护车同时赶到梁某处，并一直陪同到医院。抢救过程中，梁乙接到通知赶到医院，梁甲由于在国外无法赶到，但一直通过电话与梁乙、梁丙保持联系。后梁某经抢救无效死亡，梁甲、梁乙、梁丙均第一时间得知。后梁甲回国，协助为梁某办理好后事，但梁甲、梁乙、梁丙就遗产分配发生争议，梁乙认为梁甲常年居住国外、没有对梁某尽到任何赡养义务，应当少分，而梁丙已经被过继给别人家，与梁某没有亲子关系，无权继承梁某的遗产；自己与梁某长期一同生活，承担了主要赡养义务，应当多分。梁甲、梁丙认为梁乙太过贪心，且认为正是由于梁乙疏于照顾才导致梁某的中风没有得到及时救治，梁乙对于梁某的死亡有不可推卸的责任，因此不应该多分。三人在梁某生前居所发生激烈争吵，并伴有肢体冲突，邻居见状通知社区。

关注焦点

1. 法定继承中，子女未对父母进行赡养的，是否会导致其继承遗产份额减少？
2. 养子女有权继承亲生父母的遗产吗？
3. 法定继承中，子女与父母住在一起是否可以视为尽到了主要赡养义务？

法律点睛

（一）法定继承中，子女应父母的要求、未对父母进行赡养的，不影响其继承遗产份额

根据《中华人民共和国民法典》第一千一百三十条规定的遗产分配原则，同一顺序继承人继承遗产的份额，一般应当均等。而其中，对于有扶养能力和有扶养条件的继承人，不尽扶养义务的，分配遗产时，应当不分或者少分。按照此种逻辑，在多子女家庭中，对父母未能尽到赡养义务的兄弟姐妹，在分配父母的遗产时应当不分或者少分。但是，此种判断仅仅是根据外在表现而来，家庭成员关系本就复杂，每个家庭各自的情况不一样，如果仅凭外在表现就认定继承人未能尽到赡养义务、减损其继承份额，存在损害其合法利益的可能性。现实中也确实存在被继承人经济、身体状态良好，明确表示不靠儿女、自由享受生活的情况，此种情况下就不能仅仅以其子女是否为其提供经济支持、日常生活照顾等外在行为来判断其子女是否尽到了赡养义务。《最高人民法院关于适用〈中华人民共和国民法典〉继承编的解释（一）》第二十二条已明确规定："继承人有扶养能力和扶养条件，愿意尽扶养义务，但被继承人因有固定收入和劳动能力，明确表示不要求其扶养的，分配遗产时，一般不应因此而影响其继承份额。"因此，如果子女是应父母的要求、才没有对其进行赡养的，则不影响其继承父母的遗产份额。在本案例中，梁甲作为子女，虽然有义务、有能力赡养梁某，但梁某明确表示自己有稳定收入、身体状况良好，多次拒绝梁甲的照顾，因此，梁甲虽然长期居住国外、未实际赡养梁某，也不影响其继承份额。

（二）养子女除赡养养父母外，对亲生父母抚养较多的，可以适当分得亲生父母的遗产

按照法律规定，养子女被收养的，其与生父母之间的权利义务关系因收养关系的成立而消除，也就是说，在一般情况下，法定继承中，即使亲生父母死亡，养子女也不具有继承人资格、无权继承遗产。但是，上述情况也存在例外规定，《最高人民法院关于适用〈中华人民共和国民法典〉继承编的解释（一）》第十条规定："被收养人对养父母尽

了赡养义务，同时又对生父母扶养较多的，除可以依照中华人民共和国民法典第一千一百二十七条的规定继承养父母的遗产外，还可以依照中华人民共和国民法典第一千一百三十一条的规定分得生父母适当的遗产。"因此，哪怕是已经被外人收养的子女，如果其既尽到了赡养养父母的义务，又对亲生父母进行了抚养，则可以按照《中华人民共和国民法典》第一千一百三十一条"对继承人以外的依靠被继承人扶养的人，或者继承人以外的对被继承人扶养较多的人，可以分给适当的遗产。"之规定，酌情被分给适当的遗产。本案例中，梁丙虽然已经被他人收养，但其一直对生父梁某多有照顾，常常探望、侍奉其看病并提供经济帮助等，梁某甚至把自己的紧急联系人都设为了梁丙，结合《最高人民法院关于适用〈中华人民共和国民法典〉继承编的解释（一）》第十九条"对被继承人生活提供了主要经济来源，或者在劳务等方面给予了主要扶助的，应当认定其尽了主要赡养义务或主要扶养义务。"之规定，可以基本确定梁丙在一定程度上对梁某有扶养之实，则其可以适当分得梁某的遗产。

（三）法定继承中，不能直接将"与被继承人住在一起"等同于"尽到了主要赡养义务"

如前文所述，继承人"是否对被继承人尽到了赡养义务"不能仅仅以外部表现来判断，同理，不能单纯以"住在一起"这种空间上的关系直接认定继承人对被继承人尽到了主要赡养义务，因为赡养的含义既包含了经济上的供养，又包含了生活上的照顾、情感上的交流等多个维度。现实中也确实存在虽与父母住在一起，但反过来"啃老"、对父母不管不问，甚至对父母有虐待、遗弃等行为的，此种情况自然不能认定行为人尽到了赡养义务。《最高人民法院关于适用〈中华人民共和国民法典〉继承编的解释（一）》第二十三条也规定："有扶养能力和扶养条件的继承人虽然与被继承人共同生活，但对需要扶养的被继承人不尽扶养义务，分配遗产时，可以少分或者不分。"因此，在本案例中，梁乙虽然与被继承人梁某长期共居一室，但梁乙在经济、日常生活等方面并没有对梁某进行关怀照顾，二者关系近似于共享房屋的"室友"，因此，不能仅凭此认定梁乙对梁某尽到了主要赡养义务，其要求多分遗产的诉求缺乏法律依据。

实务建议

关于继承人中谁对被继承人履行了更多的赡养义务或者某继承人是否未能履行赡养义务等导致遗产继承份额的增减问题，由于每一个家庭的具体情况不同，外部很难直接判断。因此，最好由家庭成员或者继承人之间自行协商确认，如各方实在无法达成一致，则可以起诉至法院，举证证明自己所主张的事实。

法条链接

《中华人民共和国民法典》
第一千一百三十条　同一顺序继承人继承遗产的份额，一般应当均等。

对生活有特殊困难又缺乏劳动能力的继承人，分配遗产时，应当予以照顾。

对被继承人尽了主要扶养义务或者与被继承人共同生活的继承人，分配遗产时，可以多分。

有扶养能力和有扶养条件的继承人，不尽扶养义务的，分配遗产时，应当不分或者少分。

继承人协商同意的，也可以不均等。

《最高人民法院关于适用〈中华人民共和国民法典〉继承编的解释（一）》

第十条　被收养人对养父母尽了赡养义务，同时又对生父母扶养较多的，除可以依照中华人民共和国民法典第一千一百二十七条的规定继承养父母的遗产外，还可以依照中华人民共和国民法典第一千一百三十一条的规定分得生父母适当的遗产。

第十九条　对被继承人生活提供了主要经济来源，或者在劳务等方面给予了主要扶助的，应当认定其尽了主要赡养义务或主要扶养义务。

第二十二条　继承人有扶养能力和扶养条件，愿意尽扶养义务，但被继承人因有固定收入和劳动能力，明确表示不要求其扶养的，分配遗产时，一般不应因此而影响其继承份额。

第二十三条　有扶养能力和扶养条件的继承人虽然与被继承人共同生活，但对需要扶养的被继承人不尽扶养义务，分配遗产时，可以少分或者不分。

 案例 24　法定继承怎么分配遗产？

李某与陈某系夫妻，二人生有一子李大宝、一女李小宝。李大宝成年后与一女子张某结婚，二人一直与老人共同居住生活。李小宝与一男子郑某结婚，在外另行购房居住。

后李大宝不幸因病去世，遗产由李某、陈某、张某分得。李小宝认为自己身为亲妹妹没有遗产份额不公平，便减少了与二老的往来。李大宝去世后其遗孀张某并未搬离而是继续与二老共同居住、照料二老。三人日常花销由李某、陈某的部分退休工资和张某的工资共同支付。

后李某去世。李小宝、张某共同为李某料理了后事，但在关于李某的遗产继承问题上产生争议。李小宝认为张某并非家庭成员，不是遗产继承人，就算能分得遗产，也应当排在自己这个亲女儿之后。张某认为自己为照料李某付出了许多，其承担的赡养义务比李小宝这个亲生女儿都还要多，理应有权分得遗产。

关注焦点

1. 法定继承的顺序具体如何实现？对于继承的份额有何影响？
2. 法定继承的继承人是否仅限于有血缘关系的人？

法律点睛

(一) 法定继承的继承顺序只有两种顺位，第二顺位不一定能够继承，各相同顺位的继承人之间原则上份额均等

根据《中华人民共和国民法典》第一千一百二十七条"遗产按照下列顺序继承：（一）第一顺序：配偶、子女、父母；（二）第二顺序：兄弟姐妹、祖父母、外祖父母。　继承开始后，由第一顺序继承人继承，第二顺序继承人不继承；没有第一顺序继承人继承的，由第二顺序继承人继承。"之规定，遗产继承的顺序是按照身份关系来确定，并分为了两种顺位：第一顺位是被继承人的配偶、子女、父母；第二顺位是被继承人的兄弟姐妹、祖父母、外祖父母。需注意的是，顺位只有两种，每种里面的成员彼此间不再排位、没有先后关系。同时，根据《中华人民共和国民法典》第一千一百三十条规定的遗产分配原则，同一顺序继承人继承遗产的份额，一般应当均等（继承人协商同意的，也可以不均等）。因此，假设被继承人死亡，而其配偶、子女、父母和兄弟姐妹都在世且不存在被剥夺继承权的情形的，则其遗产应当由其配偶、子女、父母平均分得，其兄弟姐妹由于是第二顺位，不继承其遗产。

在本案例中，李大宝去世时，其父母、配偶皆在世，其遗产由前述三人均分；在第一顺序继承人存在并继承的情况下，妹妹李小宝作为第二顺序继承人，不继承其遗产。

(二) 丧偶儿媳对公婆（或丧偶女婿对岳父母），尽了主要赡养义务的，也能作为第一顺序继承人参与遗产继承

《中华人民共和国民法典》第一千一百二十九条明确规定：丧偶儿媳对公婆，丧偶女婿对岳父母，尽了主要赡养义务的，作为第一顺序继承人。这条规定突破了法定继承中对于血缘关系的限制，有效保障了妇女、老人的权益。在实践中，是否尽了主要赡养义务需要结合案情具体分析，包括行为人是否对老年人有经济上的供养、生活上的照料和精神上的慰藉，也就是说，并不是只要"住在一起"就能称为尽到赡养义务。比如，虽与老人生活在一起，但生活支出都依靠老人的财产，或者家中聘有保姆专门负责照顾老人、行为人忙于自己的事务缺乏与老人交流的，就不能认定其尽了主要赡养义务，也就不能认定为继承人。在本案例中，李某去世时，其配偶陈某、女儿李小宝在世，本来张某作为儿子李大宝的遗媳，确实不属于继承人范围，但在女儿李小宝没有尽到赡养义务的情况下，张某不仅与二老共同生活，还通过自己的收入供养老人，亦有照料二老生活起居，确实尽到了主要赡养义务，因此，张某应当作为第一顺序继承人，与陈某、李小宝共同分得李某的遗产。

实务建议

法定继承的继承顺序是法律明确规定而非自由拟定的，因此采用法定继承方式的，各方当事人应根据法律规定进行遗产的继承。如某一方认为分配不公平或者某个继承人存在过错应当少分或者不分，则可以先尝试就相关问题进行各方协商，如协商无效，则通过诉讼的方式解决。此外，如果家庭或者家族内成员常常发生矛盾、纠纷，则被继承人可考虑通过提前立下遗嘱的方式避免之后各方由于不满法定继承的分配原则而产生进一步的纠纷。

法条链接

《中华人民共和国民法典》

第一千一百二十七条　遗产按照下列顺序继承：

（一）第一顺序：配偶、子女、父母；

（二）第二顺序：兄弟姐妹、祖父母、外祖父母。

继承开始后，由第一顺序继承人继承，第二顺序继承人不继承；没有第一顺序继承人继承的，由第二顺序继承人继承。

本编所称子女，包括婚生子女、非婚生子女、养子女和有扶养关系的继子女。

本编所称父母，包括生父母、养父母和有扶养关系的继父母。

本编所称兄弟姐妹，包括同父母的兄弟姐妹、同父异母或者同母异父的兄弟姐妹、养兄弟姐妹、有扶养关系的继兄弟姐妹。

第一千一百二十九条　丧偶儿媳对公婆，丧偶女婿对岳父母，尽了主要赡养义务的，作为第一顺序继承人。

第一千一百三十条　同一顺序继承人继承遗产的份额，一般应当均等。

对生活有特殊困难又缺乏劳动能力的继承人，分配遗产时，应当予以照顾。

对被继承人尽了主要扶养义务或者与被继承人共同生活的继承人，分配遗产时，可以多分。

有扶养能力和有扶养条件的继承人，不尽扶养义务的，分配遗产时，应当不分或者少分。

继承人协商同意的，也可以不均等。

 案例 25　继承人先死亡，遗产怎么分配？

　　赵大爷、张大娘系夫妻，二人育有三子：赵大宝、赵二宝和赵三宝。赵大宝生有一子赵小小，赵二宝有一女赵小妹，老三赵三宝已婚未育。

　　某日，赵大宝不幸意外去世。不久后，赵大爷也因病离世。张大娘欲将与赵大爷共有的房屋出售，以所售款项进行遗产分割。赵三宝表示自己喜欢该房屋，想让张大娘将房屋转让给自己，自己再按市场价（扣除自己应当继承的份额）补偿给大家。张大娘、赵二宝同意，赵小小未发表意见。赵三宝先给张大娘、赵二宝、赵小小各自转了 1 万元作为保证金。在众人配合下，张大娘、赵三宝办理了不动产变更登记，正式将房屋过户到了赵三宝的名下。

此后同月，赵二宝不幸因交通事故意外过世。赵三宝便将剩余房款支付给张大娘和赵小小，赵二宝的女儿赵小妹向赵三宝讨要赵二宝份额内的房款，赵三宝拒绝并表示赵小妹应该继承赵二宝的遗产，不在本次分割赵大爷的遗产的范围之内。赵小妹反驳为何赵小小就可以继承。某日，在一次家庭聚会上，赵小妹再次就房款问题同赵三宝展开交涉，双方互不退让，最终演变为激烈争吵。

关注焦点

1. 在继承发生之前，继承人死亡的，继承人的子女是否有权获得其继承的份额？
2. 在继承发生之后，继承人死亡的，继承人的子女是否有权获得其继承的份额？
3. 代位继承和转继承有何区别？

法律点睛

（一）继承发生之前，被继承人的子女先于被继承人死亡的，由被继承人的子女的直系晚辈血亲代位继承

根据《中华人民共和国民法典》继承编的相关规定，一般而言，在法定继承的情况下，继承人的范围仅限于第一顺序继承人（配偶、子女、父母）和第二顺序继承人（兄弟姐妹、祖父母、外祖父母），顶多还可以加上对公婆或者岳父母尽了主要赡养义务的丧偶儿媳、女婿，但不管怎样，继承的范围一般不会向下突破两代。但如果被继承人的子女先于被继承人死亡的，该子女作为第一顺序继承人，其应当继承的份额并不会消失，而是由其直系晚辈血亲代位继承——对于多子女家庭来说，就会出现自己父母的遗产份额由自己的侄子或者侄女代位继承的情况。在本案例中，赵大宝先于赵大爷过世，同时赵大宝又是赵大爷的子女，因此，赵大宝应当继承的赵大爷的遗产份额就由赵大宝的儿子赵小小（直系晚辈血亲）代位继承了，站在赵大爷的其他子女赵二宝、赵三宝的角度来看，就是自己的侄子赵小小也继承了父亲赵大爷的遗产。

拓展 代位继承的限制

1. 仅适用于法定继承中，不适用遗嘱或遗赠情形，如果被继承人存在有效的遗嘱或遗赠抚养协议的，按遗嘱或遗赠抚养协议分配遗产；
2. 仅适用于子女先于父母死亡的情况，其他继承人（如配偶、兄弟姐妹等）先于被继承人死亡的不适用代位继承；
3. 代位继承人的身份是继承人的直系晚辈血亲（从自身往下数的亲生子女、孙子女、外孙子女）。

（二）继承开始后，继承人于遗产分割前死亡，并没有放弃继承的，该继承人应当继承的遗产转给其继承人

除了继承人先于被继承人过世，现实中还存在一种情形：被继承人死亡，继承开始但还没有正式分割遗产，其中一个继承人还没有拿到遗产份额就过世了。这种情形的特殊性就在于，死者（即继承人）是确认有继承份额的，不可能由于其去世就取消，但其本人已经不可能再获得这笔遗产了，那么就只能让这个继承人的继承人来继承遗产，此种连环套般的继承，法律上称之为"转继承"。通俗来说，就是短时间内发生了两次继承：第一次是被继承人死亡、继承人继承遗产；第二次是继承人死亡，继承人的继承人再继承遗产；同一笔遗产，转手了两次。同时值得注意的是，转继承既可以适用于法定继承，也可以适用于遗嘱继承和遗赠，同时也没有对继承人身份的限制，因此转继承涉及的范围会比代位继承更大。在本案例中，赵二宝是赵大爷的子女，在赵大爷死亡后，继承开始，此时可以确定赵二宝具有继承权，此时各方经协商同意将遗产变现后再行分割，但在房屋变现后、实际分割开始之前，赵二宝因意外去世，此时其应得的遗产份额就应当作为赵二宝的遗产，由其继承人赵小妹转继承。

拓展 转继承当中比较常见的侄子侄女可能继承的情况

1. 父母是被继承人，兄弟姐妹当中有人在遗产分割之前去世，则侄子侄女转继承（本应当由其父母继承的）父母的遗产份额，这种情况下，实质是兄弟姐妹继承父母的遗产，只是由其子女（即侄子女）享有实际的继承财产。

2. 兄弟姐妹中有人是被继承人，且其没有配偶、子女，父母、祖父母和外祖父母也已经去世，其他的兄弟姐妹是继承人，但兄弟姐妹当中有人在遗产分割之前去世，则侄子侄女转继承（本应当由其父母继承的）伯叔姨舅姑等长辈的遗产份额，这种情况，实质是兄弟姐妹继承其他兄弟姐妹的遗产，而由子女（即侄子女）获得遗产。

（三）代位继承与转继承的区别

1. 效力不同。转继承是被继承人的遗产连续发生两次继承，转继承人享有的是对继承人的继承权；而代位继承人行使的是对被继承人遗产的继承权，而不是对被代位人的遗产继承权。

2. 发生时间、成立条件不同。转继承发生在继承开始后遗产分割前，且可因任一继承人的死亡而发生；而代位继承只因被继承人的子女死亡而发生。

3. 权利主体不同。转继承人是被转继承人死亡时生存的所有法定继承人；而代位继承人只限于被代位人的晚辈直系血亲。

4. 适用范围不同。转继承可发生在法定继承、遗嘱继承及遗赠中，而代位继承只适用于法定继承。

实务建议

　　近年来，由侄子、侄女继承遗产是否会导致其他继承人的继承份额被稀释的问题引发了一定的社会关注，但实际上这是一个伪命题，因为无论是代位继承还是转继承，本质上都是将一份本就注定要分配出去的遗产换了个人接收：遗产的份额从一开始就已经固定，如果是法定继承，那么就按照法定继承顺序，在同一顺位的继承人之间分配，如果是遗嘱继承，那么就按照遗嘱分配，在此情况下假设有继承人不幸去世，本应分配给他（她）的那一份遗产就分到了他（她）的子女或者继承人头上，也就是说，这种"换人"会维持原有分配份额不变而不是减少。综上所述，我们应对于上述法律规则有一个正确的认识，客观、清醒地看待代位继承与转继承。

法条链接

《中华人民共和国民法典》

　　第一千一百二十八条　被继承人的子女先于被继承人死亡的，由被继承人的子女的直系晚辈血亲代位继承。

　　被继承人的兄弟姐妹先于被继承人死亡的，由被继承人的兄弟姐妹的子女代位继承。

　　代位继承人一般只能继承被代位继承人有权继承的遗产份额。

　　第一千一百五十二条　继承开始后，继承人于遗产分割前死亡，并没有放弃继承的，该继承人应当继承的遗产转给其继承人，但是遗嘱另有安排的除外。

 ## 案例26　胎儿有继承权吗？

　　田某系何某丈夫，家中还有亲人父亲田大爷和弟弟田小宝。其父田大爷为下岗工人，现每月领取2 000元左右的养老保险金，长期与弟弟田小宝一起生活。在何某怀孕8个月时，田某出差途中发生了交通事故，经医院抢救后田某暂时恢复了意识，但由于伤势过重仍需手术。术前田某请医生拿来纸笔写下遗嘱一篇，并同时用自己的手机开启自拍录像进行了全程记录，该遗嘱内容为：如本人去世，田某所有个人财产都由妻子何某和未出生的孩子继承，继承份额均等；因自小未与父亲一同生活，且父亲也从未履行过抚养义务，二人早已断绝父子关系，故田大爷没有遗产份额。

　　田某手术失败死亡，何某、田大爷、田小宝得知噩耗的同时亦收到了医院转交的田某的遗嘱。田大爷得知遗嘱内容后怒斥田某不孝，认为一个未出生的胎儿还不能算是民事主体，无权作为继承人来继承遗产，而自己是一个没有生活来源和劳动能力的老人，于情于理都应该有一定的继承份额。何某、田大爷、田小宝遂陷入争执。

关注焦点

1. 胎儿是否有继承权？
2. 在遗嘱没有分配遗产份额的情况下，生活困难的继承人是否也能分到遗产？

法律点睛

（一）遗产分割时，应当保留胎儿的继承份额

关于胎儿的人权问题，不同国家有不同的规定，我国学界也对此颇有争议，目前在法律上亦没有明确规定。但是，在涉及遗产继承、接受赠与等与胎儿利益保护相关的情景时，胎儿视为具有民事权利能力，也就是说，胎儿具有继承遗产的权利。《中华人民共和国民法典》第一千一百五十五条明确规定："遗产分割时，应当保留胎儿的继承份额。胎儿娩出时是死体的，保留的份额按照法定继承办理。"同时，根据胎儿出生的状态，还可能会发生第二次继承，根据《最高人民法院关于适用〈中华人民共和国民法典〉继承编的解释（一）》第三十一条之规定，为胎儿保留的遗产份额，如胎儿出生后死亡的，由其继承人继承；如胎儿娩出时是死体的，由被继承人的继承人继承。在本案例中，田某是被继承人，是胎儿的生父，则其遗产应当为胎儿保留份额；如果胎儿顺利出生并未夭折，则其正常获得田某的遗产份额；如果胎儿出生时存活、随后又夭折的，此时发生第二次继承，胎儿是被继承人，其分得的田某的遗产份额作为胎儿的遗产再次由胎儿的法定继承人（即其母何某）继承；如果胎儿一出生就是死胎的，则本来为其保留的遗产份额就按照法定继承的规则，由田某的继承人继承（即配偶何某、父亲田大爷）。

（二）遗嘱人未保留缺乏劳动能力又没有生活来源的继承人的遗产份额，遗产处理时，应当为该继承人留下必要的遗产

根据《中华人民共和国民法典》第一千一百四十一条"遗嘱应当为缺乏劳动能力又没有生活来源的继承人保留必要的遗产份额。"和《最高人民法院关于适用〈中华人民共和国民法典〉继承编的解释（一）》第二十五条"遗嘱人未保留缺乏劳动能力又没有生活来源的继承人的遗产份额，遗产处理时，应当为该继承人留下必要的遗产，所剩余的部分，才可参照遗嘱确定的分配原则处理。　继承人是否缺乏劳动能力又没有生活来源，应当按遗嘱生效时该继承人的具体情况确定。"之规定，遗嘱人虽然有权决定其死后个人财产归属，但法律仍然对其存在一定的干预，即无论最终遗产如何分配，都必须保证生活困难的继承人能够获得一定的份额，如果其本来就是遗产分配对象则不论，但如果遗嘱没有将其列为遗产分配对象，那么在遗产处理时，就要先为其单独留出一定的遗产份额，再将剩下的遗产部分按照遗嘱来进行分配。但需注意，强制性保留份额需要满足两个条件：一是身份条件，即被保留份额的人必须是"继承人"（即满足法定继承人的条件）；二是生活条件，即被保留份额的人在遗嘱生效的时候确实处于"缺乏劳动能力又没有生活来源"状态，二者缺一不可。本案例中，田大爷是被继承人田某的生父，属于第一顺

序继承人；田某立下遗嘱时，田大爷自己虽然患病，但每月有固定 2 000 元的收入，同时还和儿子田小宝同住、日常生活有人照顾，因而，在没有其他可以证明其生活极度困难的证据的情况下，田大爷不满足"缺乏劳动能力又没有生活来源"这一条件，不属于强制预留遗产份额的对象。

实务建议

遗嘱虽然是处分自己的财产，但并非完全自由，为胎儿和缺乏劳动能力又没有生活来源的继承人预留一定遗产份额是法律明确规定的。因此被继承人在生前立遗嘱时就应当注意：如果被继承人中存在上述情况，应适当保留一定的遗产份额；如果被继承人生前未立下遗嘱，则利益相关方（比如胎儿的法定监护人、缺乏劳动能力又没有生活来源的继承人）可要求在遗产份额中保留他们的份额；如各方就是否应当保留份额无法达成一致，则可以通过诉讼解决。

法条链接

《中华人民共和国民法典》

第十六条　涉及遗产继承、接受赠与等胎儿利益保护的，胎儿视为具有民事权利能力。但是，胎儿娩出时为死体的，其民事权利能力自始不存在。

第一千一百四十一条　遗嘱应当为缺乏劳动能力又没有生活来源的继承人保留必要的遗产份额。

第一千一百五十五条　遗产分割时，应当保留胎儿的继承份额。胎儿娩出时是死体的，保留的份额按照法定继承办理。

《最高人民法院关于适用〈中华人民共和国民法典〉继承编的解释（一）》

第二十五条　遗嘱人未保留缺乏劳动能力又没有生活来源的继承人的遗产份额，遗产处理时，应当为该继承人留下必要的遗产，所剩余的部分，才可参照遗嘱确定的分配原则处理。

继承人是否缺乏劳动能力又没有生活来源，应当按遗嘱生效时该继承人的具体情况确定。

第三十一条　应当为胎儿保留的遗产份额没有保留的，应从继承人所继承的遗产中扣回。

为胎儿保留的遗产份额，如胎儿出生后死亡的，由其继承人继承；如胎儿娩出时是死体的，由被继承人的继承人继承。

 案例 27　非本人亲笔书写的遗嘱有效吗？

魏大娘早年丧偶，独自抚养三个孩子——大宝、二宝和小宝，后与陈大爷相识，以夫妻名义共同生活，但未办理结婚登记。魏大娘名下有一套房子，平日出租给张某，租金用于魏大娘、陈大爷日常生活。

某日，魏大娘查出重病，自觉将不久于人世，想留下遗嘱。但由于视力不好，便让陈大爷代为书写，内容为：魏大娘死后，其所有的不动产交由大宝、二宝、小宝、陈大爷继承，继承份额每人均等。拟写过程中，魏大娘又叫来张某见证，拟好之后，张某作为见证人与魏大娘、陈大爷一同在遗嘱上签名并注明了年月日。经医院治疗数日，魏大娘的病情逐渐减轻，正常生活了十数年，其间从未再提及遗嘱的事。

后魏大娘、陈大爷由于感情不和，两人分开，再未共同居住。某日，魏大娘突发高血压倒地，被紧急送往医院，经抢救后恢复意识，大宝、二宝、小宝赶到医院看望，在病床上，魏大娘当着主治医生、护士的面指示大宝拿出电脑，表示自己要订立遗嘱，让大宝记录下自己口述的内容后打印出来，大宝依言照做，记录内容大致为：魏大娘死后，其个人所有的不动产交由大宝、二宝、小宝继承，继承份额每人均等。记录完成后，大宝拿着存有遗嘱电子档的U盘去楼下打印店打印了4份，魏大娘、大宝、二宝、小宝均在打印文本上签字，签字期间医生、护士亦在场。后魏大娘去世，大宝、二宝、小宝前去整理房屋时陈大爷出现，陈大爷表示按照第一份遗嘱内容，其拥有该房屋的部分产权，未经其允许，大宝、二宝、小宝不得擅自处分，大宝、二宝、小宝也拿出第二份遗嘱予以反驳，两方互不认可遗嘱真实性，一时陷入激烈争执。陈大爷还叫来了自己的儿子欲阻止大宝、二宝、小宝将屋内物品搬走，双方产生肢体冲突，一方报警并通知了社区。

关注焦点

1. 代书遗嘱有效需满足什么条件？
2. 打印遗嘱有效需满足什么条件？
3. 同时存在多份遗嘱的情况下，以哪一份为准？

法律点睛

（一）代书遗嘱需要两个以上的见证人并由各方签名并注明日期

所谓代书遗嘱，就是指遗嘱人自己并不书写、让他人代为书写的遗嘱。虽然实际动笔的不是遗嘱人，但书写的内容一定是依照遗嘱人的意思表示而来的，代表的是遗嘱人自由处分其死后财产的意志。但他人代书确实存在违背遗嘱人意志的可能，故代书遗嘱必须要满足一定条件才能成立。《中华人民共和国民法典》第一千一百三十五条明确规定："代书遗嘱应当有两个以上见证人在场见证，由其中一人代书，并由遗嘱人、代书人和其他见证人签名，注明年、月、日。"此处的"见证人"必须具有客观的立场，法律也对其身份进行了一定的限制，即：（1）不能是无民事行为能力人、限制民事行为能力人以及其他不具有见证能力的人；（2）不能是继承人、受遗赠人；（3）不能是与继承人、受遗赠人有利害关系的人，此处的"有利害关系"，根据《最高人民法院关于适用〈中华人民共和国民法典〉继承编的解释（一）》第二十四条之规定，包括了"继承人、受遗赠人的债权人、债务人，共同经营的合伙人"。同时，见证的过程应当满足时空一致性的要求，即时、现场、全程见证代书遗嘱从开始动笔到最后各方签字的全部过程。也就是说，如果想要制作一份合法有效的代书遗嘱，需要两个以上具有客观立场、满足法律要求的见证人在场全程见证，由其中一个见证人代为书写遗嘱，书写完成后，再由遗嘱人、见证人在遗嘱上签名，注明年、月、日。

本案例中，在制作第一份遗嘱时，代为书写遗嘱的是陈大爷，而陈大爷又是遗嘱人的同居者、遗产的受遗赠人，不符合法律对于见证人身份的要求；魏大娘找来的另一位见证人张某是在代书开始之后赶到的，实际并未全程见证代书过程，仅是在最后签了字，也不符合法律对于见证过程的要求。因而，第一份遗嘱不符合法律对于代书遗嘱的规定，无效。

（二）打印遗嘱需要两个以上的见证人并由各方在每一页上签名并注明日期

所谓打印遗嘱，指的是在电子设备上键入遗嘱内容的电子文档，再将该电子文档原样打印出来的遗嘱形式。由于打印遗嘱由电子文档而来，而电子文档又很容易被替换和篡改，因此法律对打印遗嘱的要求要比代书遗嘱更高。《中华人民共和国民法典》第一千一百三十六条明确规定："打印遗嘱应当有两个以上见证人在场见证。遗嘱人和见证人应当在遗嘱每一页签名，注明年、月、日"。之所以要求"每一页"，就是因为打印的字体统一、纸面统一，如果只在部分页面签名，则没有签名页数的就存在被另行打印的页面所替换的风险，每页签字就相当于盖"骑缝章"，从而保证文件内容不被替换。此外，打印遗嘱的见证人也应适用代书遗嘱中关于订立代书遗嘱的时空一致性的要求：见证人应全程参与订立遗嘱的过程，见证遗嘱的全套制作程序。打印遗嘱实际上是通过两个步骤形成的，一是在电脑上书写遗嘱，二是在打印机上将遗嘱打印出来。因此，司法实践中，一般要求见证人全程参与这两个步骤，即在书写遗嘱时见证人应在场，全程见证遗嘱人在电脑上书写遗嘱，在打印遗嘱时其也应该在场，全程见证电脑中的遗嘱被打印机打印出来。

本案例中，在制作第二份遗嘱时，大宝、二宝、小宝是继承人，因而不能作为见证人，在场的医生、护士虽然满足法律对于见证人身份的要求，但他们只旁观了在电脑上书写遗嘱和众人在打印出来的遗嘱上签字的过程，没有见证遗嘱打印的过程，而且也没有以见证人的名义在遗嘱上签字，因此，第二份遗嘱由于缺乏见证人，不满足打印遗嘱的形式要件，无效。

（三）存在数份遗嘱，在假设全部有效的情况下，以最后的遗嘱为准

根据《中华人民共和国民法典》第一千一百四十二条"遗嘱人可以撤回、变更自己所立的遗嘱。   立遗嘱后，遗嘱人实施与遗嘱内容相反的民事法律行为的，视为对遗

嘱相关内容的撤回。 立有数份遗嘱，内容相抵触的，以最后的遗嘱为准。"之规定，遗嘱人有权撤回、变更自己此前立下的遗嘱，而这个撤回、变更并不以专门的声明为必要条件，遗嘱人可以仅通过再次立下一个遗嘱来"覆盖"前一个遗嘱。本案例中，如果两份遗嘱都是合法有效的，那么就应当以在时间上成立在后的第二份遗嘱为准，由大宝、二宝、小宝继承遗产。

> **拓展** 两份遗嘱都无效，遗产继承如何进行？

《中华人民共和国民法典》第一千一百二十三条规定："继承开始后，按照法定继承办理；有遗嘱的，按照遗嘱继承或者遗赠办理；有遗赠扶养协议的，按照协议办理。"如果遗嘱无效，又没有遗赠扶养协议，则按照法定继承办理。

实务建议

订立遗嘱系对自己的财产的处分，因此需要被继承人本人的真实意思表示；非本人书写的遗嘱必须要能够证明"代笔者是完全按照被继承人的意思书写"。因此，如果被继承人确实无法自书遗嘱、需要他人代劳的，应当严格按照法律规定的程序进行，即：应当有两个以上见证人在场见证，由其中一人代书，并由遗嘱人、代书人和其他见证人签名，注明年、月、日，其中无民事行为能力人、限制民事行为能力人以及其他不具有见证能力的人，继承人、受遗赠人，与继承人、受遗赠人有利害关系的人不能作为见证人。

法条链接

《中华人民共和国民法典》

第一千一百三十五条 代书遗嘱应当有两个以上见证人在场见证，由其中一人代书，并由遗嘱人、代书人和其他见证人签名，注明年、月、日。

第一千一百三十六条 打印遗嘱应当有两个以上见证人在场见证。遗嘱人和见证人应当在遗嘱每一页签名，注明年、月、日。

第一千一百四十条 下列人员不能作为遗嘱见证人：

（一）无民事行为能力人、限制民事行为能力人以及其他不具有见证能力的人；

（二）继承人、受遗赠人；

（三）与继承人、受遗赠人有利害关系的人。

第一千一百四十二条 遗嘱人可以撤回、变更自己所立的遗嘱。

立遗嘱后，遗嘱人实施与遗嘱内容相反的民事法律行为的，视为对遗嘱相关内容的撤回。

立有数份遗嘱，内容相抵触的，以最后的遗嘱为准。

《最高人民法院关于适用〈中华人民共和国民法典〉继承编的解释（一）》

第二十四条 继承人、受遗赠人的债权人、债务人，共同经营的合伙人，也应当视为与继承人、受遗赠人有利害关系，不能作为遗嘱的见证人。

案例 28　口头遗嘱有效吗？

黄大爷中年丧妻，与亡妻育有一子黄小宝，黄小宝大学毕业后即到国外定居生活，数年才回国看望黄大爷一次。黄大爷退休后与同为退休人员的贾大娘交往并登记结婚，二人从此共同生活。此后不久，黄大爷与贾大娘登记离婚，黄大爷欲和儿子黄小宝一同生活，但黄小宝已经在国外组建了家庭，黄大爷仅在黄小宝家中住了 2 个月便因为生活习惯无法相容、文化差异以及黄小宝疏于关心照顾而回国。

回国后，黄大爷、贾大娘和好，二人再次共同生活，但并未办理复婚。黄大爷长期患有哮喘、糖尿病，贾大娘虽也身体不好但一直尽心照顾黄大爷。某日，黄大爷突发中风，被紧急送往医院，经过抢救恢复意识之后，黄大爷示意护士帮忙拨通给黄小宝的视频电话，并在医生、护士的见证下口述遗嘱，内容大致是其全部个人财产由贾大娘、黄小宝共同继承，二人继承份额相等（上述过程全程直播给了黄小宝）。此后，经过治疗，黄大爷脱离了危险，仍需住院治疗，贾大娘依旧每日到医院照顾，而黄小宝却以工作繁忙走不开等理由拒绝回国看望黄大爷。黄大爷一气之下打电话叫来了朋友李大爷、张大爷、王大爷，让李大爷代书遗嘱一份，大致内容是将其全部个人财产交由贾大娘一人继承。黄大爷、李大爷、张大爷、王大爷均在遗嘱上签字捺印，写明日期，并且全程录制视频。

后黄大爷过世，黄小宝回国协助处理黄大爷的后事，发现黄大爷的几个银行账户发生了变动、里面的存款已经全部被贾大娘取出，便要求贾大娘将存款中的一半交还给自己。贾大娘声称其通过黄大爷的代书遗嘱取得黄大爷全部遗产的所有权，但在欲将代书遗嘱展示给黄小宝看时才发现写有遗嘱的笔记本已经丢失，只剩下黄大爷手机中的视频保持完好。黄小宝认为所谓代书遗嘱纯属虚构，应当按照黄大爷第一次口述遗嘱的安排，由贾大娘、黄小宝均等继承黄大爷的遗产，并再次要求贾大娘返还一半的遗产份额，贾大娘拒绝。

关注焦点

1. 口述遗嘱的生效要件是什么？
2. 录音录像遗嘱的生效要件是什么？
3. 口述遗嘱和录音录像遗嘱同时存在的情况下，应当以哪一份为准？

法律点睛

（一）口述遗嘱应当有两个以上的见证人在场见证，且应当满足"在危急情况下"这一条件

口头遗嘱，一般特指在被继承人病危，或者即将丧失处分自己财产能力或类似紧急

情境下，已经来不及采用书面或者录音录像等形式立下遗嘱、而不得不通过口述的方式来对其死后个人财产进行处分的行为。一个有效的口头遗嘱，根据《中华人民共和国民法典》第一千一百三十八条"遗嘱人在危急情况下，可以立口头遗嘱。口头遗嘱应当有两个以上见证人在场见证。危急情况消除后，遗嘱人能够以书面或者录音录像形式立遗嘱的，所立的口头遗嘱无效。"之规定，首先应当满足"情况危急"这一情景条件，其次要由两个以上的见证人在场见证，见证人的条件要求和代书遗嘱、打印遗嘱的一样，都是要求完全民事行为能力人且不是继承人、受遗赠人及其利害关系人；而一旦被继承人脱离了危急状况，且被证明其仍然具有完全民事行为能力、可以通过书面或者录音录像等更加容易留下客观痕迹的形式立遗嘱的，其此前所立的口头遗嘱无效。本案例中，黄大爷突发中风昏迷，经抢救才堪堪恢复意识，且不知道后续治疗是否能够脱离危险，符合"情况危急"这一条件，且其口述遗嘱的全程都有医生、护士见证，那么在医生、护士不是贾大娘、黄小宝的利害关系人的前提下，假如黄大爷就此去世，其口述遗嘱是有效的。但是，经过抢救和治疗，黄大爷的病情好转，虽仍需住院，但病情稳定、神志清楚，具有立下书面遗嘱或者录音录像遗嘱的条件，则该口头遗嘱的有效性就值得商榷了。

（二）录音录像遗嘱应当有两个以上的见证人在场见证，并记录下遗嘱人和见证人的姓名或者肖像以及具体年月日

录音录像遗嘱也是遗嘱的一种，其特征在于遗嘱本身没有书面载体，而是通过录音、录像设备中储存的音频或者视频信息来反映遗嘱的内容，《中华人民共和国民法典》第一千一百三十七条明确规定："以录音录像形式立的遗嘱，应当有两个以上见证人在场见证。遗嘱人和见证人应当在录音录像中记录其姓名或者肖像，以及年、月、日。"同时，此处的见证人也应当满足代书遗嘱、打印遗嘱和口头遗嘱的条件。在司法实践中，目前部分公证机构在进行遗产公证时都会同时进行录音录像，还会要求遗嘱人对着录音录像设备口述其自身目前神智清醒、没有受到欺诈、胁迫，并宣读遗嘱的内容；有的遗嘱人也会在订立代书、打印遗嘱的过程中使用设备进行录音录像，这当中的所录的音像视频，如果满足相关形式要件的话，其本身也可以作为录音录像遗嘱来使用。本案例中，黄大爷叫来李大爷、张大爷、王大爷作为见证人立下了代书遗嘱，且各方都在视频中露脸，在镜头下签名捺印、注明了年月日，上述过程都被记录在了视频里，则该视频符合录音录像遗嘱的条件，虽然代书遗嘱已经遗失，但黄大爷手机中的视频如果能够保证其内容原始、未经删改，则理论上可以被用作录音录像遗嘱来使用。

（三）口头遗嘱和录音录像遗嘱同时存在的，以形成时间在后的为准

《中华人民共和国民法典》第一千一百四十二条规定"遗嘱人可以撤回、变更自己所立的遗嘱。　……立有数份遗嘱，内容相抵触的，以最后的遗嘱为准。"在口述遗嘱和录音录像遗嘱都有效的情况下，最后形成的遗嘱才能够最准确、真实地表达遗嘱人的意思表示，因而应当以最后的遗嘱为准。本案例中，录音录像遗嘱形成在后，故应当以其

为准，即贾大娘获得黄大爷的全部遗产份额，但需注意贾大娘此时的身份仅仅是黄大爷的同居人，因此其不属于法定继承当中的继承人，而应当是被遗赠人。

拓展　受遗赠人应当在法定时间内明确表示接受遗赠，否则无法获得遗赠

根据《中华人民共和国民法典》第一千一百二十四条第二款之规定，受遗赠人应当在知道受遗赠后六十日内，作出接受或者放弃受遗赠的表示；到期没有表示的，视为放弃受遗赠。接受遗赠，需要明示，默示视为放弃。

与此相对的，如果是继承的话，继承开始后，继承人放弃继承的，应当在遗产处理前，以书面形式作出放弃继承的表示；没有表示的，视为接受继承。放弃继承，需要明示，默示视为接受。

因此在本案例中，贾大娘是作为被遗赠人获得黄大爷的遗产的，贾大娘应当在得知其受遗赠之后六十日内，作出接受该遗赠的意思表示，否则可能会被视为放弃遗赠。

实务建议

非书面的遗嘱由于缺少实体凭证，因此十分容易受到质疑，故一般而言并非首选；但如果由于特殊原因，当事人确实需要通过非书面的形式立下遗嘱的，则应当严格按照法律规定的程序进行。如继承人中有人认为存在程序瑕疵、进而质疑遗嘱的真实有效性，在各方都无法令彼此信服的情况下，则只能起诉至法院，由法院来判决遗嘱的效力。

法条链接

《中华人民共和国民法典》

第一千一百二十四条　继承开始后，继承人放弃继承的，应当在遗产处理前，以书面形式作出放弃继承的表示；没有表示的，视为接受继承。

受遗赠人应当在知道受遗赠后六十日内，作出接受或者放弃受遗赠的表示；到期没有表示的，视为放弃受遗赠。

第一千一百三十七条　以录音录像形式立的遗嘱，应当有两个以上见证人在场见证。遗嘱人和见证人应当在录音录像中记录其姓名或者肖像，以及年、月、日。

第一千一百三十八条　遗嘱人在危急情况下，可以立口头遗嘱。口头遗嘱应当有两个以上见证人在场见证。危急情况消除后，遗嘱人能够以书面或者录音录像形式立遗嘱的，所立的口头遗嘱无效。

《最高人民法院关于适用〈中华人民共和国民法典〉继承编的解释（一）》

第二十八条　遗嘱人立遗嘱时必须具有完全民事行为能力。无民事行为能力人或者限制民事行为能力人所立的遗嘱，即使其本人后来具有完全民事行为能力，仍属无效遗嘱。遗嘱人立遗嘱时具有完全民事行为能力，后来成为无民事行为能力人或者限制民事行为能力人的，不影响遗嘱的效力。

案例 29 遗产管理人是什么？

吴大爷中年丧妻，与亡妻有 2 个子女吴大宝、吴小宝（都已成年并另行组建家庭）。后吴大爷与何大娘再婚，二人共同居住生活。某日，吴大爷自觉年事已高身体状态欠佳，便找到朋友赵大爷，委托其在自己死后代为处理遗产分配等事宜。赵大爷同意后，吴大爷即立下了一份遗嘱，并在遗嘱中指定赵大爷为遗嘱执行人（该遗嘱进行了公证），并将遗嘱原件交给了赵大爷保管。吴大爷同时也将其所有的个人财产线索列项告知了赵大爷。

后吴大爷去世，赵大爷得知此事即向何大娘、吴大宝、吴小宝告知了自己作为遗嘱执行人的身份，并出具了遗嘱原件，要求何大娘、吴大宝、吴小宝配合其履行遗产管理的职责。何大娘、吴大宝、吴小宝均不认可赵大爷的身份，认为赵大爷作为外人无权插手家务事，拒绝赵大爷进家门，也不愿意配合其进行遗产清点。赵大爷见无法沟通便留下了自己的联系方式后离开。

在进行遗产清理时何大娘、吴大宝、吴小宝发生了争议：由于何大娘一直与吴大爷一同居住，吴大宝、吴小宝怀疑何大娘私自占有了属于吴大爷的部分个人财产，造成了遗产总额的缩小；而何大娘也认为吴大宝、吴小宝掌握了吴大爷的银行存款信息但未告知。争执中，何大娘、吴大宝、吴小宝想到了赵大爷，经与赵大爷联系，赵大爷表示自己确实有吴大爷亲自留下的财产线索，但要求何大娘、吴大宝、吴小宝先支付其作为遗嘱执行人的报酬 1 万元，否则不予提供。何大娘、吴大宝、吴小宝拒绝，遗产继承一时陷入僵局。

关注焦点

1. 不属于家庭成员的人是否可以当遗产管理人？
2. 遗产管理人的职责是什么？
3. 遗产管理人是否要收取报酬？

法律点睛

（一）遗产管理人的身份可以不是家庭成员

根据《中华人民共和国民法典》第一千一百四十五条"继承开始后，遗嘱执行人为遗产管理人；没有遗嘱执行人的，继承人应当及时推选遗产管理人；继承人未推选的，由继承人共同担任遗产管理人；没有继承人或者继承人均放弃继承的，由被继承人生前住所地的民政部门或者村民委员会担任遗产管理人。"和第一千一百四十六条"对遗产管理人的确定有争议的，利害关系人可以向人民法院申请指定遗产管理人。"之规定，遗产管理人既可以是指定的，也可以是推选的，在没有指定或者推选的情况下，一般都是由继承人自动担任管理人，但如果在无人愿意继承、无人可继承的情况下，遗产管理人就由被继承人生前住所地的民政部门或者村民委员会担任。同时，被继承人有权按照自己的意愿指定遗产管理人，无论其身份为何，因此除非该指定遗产管理人存在法律禁止的情形（比如为无民事行为能力人、限制民事能力行为人等），包括继承人在内的任何人都不应当否认其身份和职责。本案例中，赵大爷作为吴大爷的好友，受托成为吴大爷的遗嘱执行人和遗产管理人，吴大爷也在生效遗嘱中明确指定了赵大爷的身份，则赵大爷就是合法的遗产管理人。

（二）遗产管理人的职责是依照相关法律来实施与管理遗产有关的必要行为

顾名思义，遗产管理人就是负责对被继承人的遗产进行管理、实施分配的人，《中华人民共和国民法典》第一千一百四十七条对于其职责作出了列举式的规定，具体包括：（1）清理遗产并制作遗产清单；（2）向继承人报告遗产情况；（3）采取必要措施防止遗产毁损、灭失；（4）处理被继承人的债权债务；（5）按照遗嘱或者依照法律规定分割遗产；（6）实施与管理遗产有关的其他必要行为。在现实中，遗产管理人的工作存在难度，最主要的原因就在于对遗产的掌控能力不足，尤其是在管理人未实际占有遗产的情况下，如果遗产的实际占有人不配合，则管理人很难完成遗产清理和防止遗产损毁、灭失的职责——管理人作为民事法律主体，与其他民事主体处于同一地位，在法律没有赋予其一定的执行权力的情况下，其自身无权强制他人配合。但同时也正是考虑到了这一点，法律对于遗产管理人的责任主要采用的是过错主义，即只有在遗产管理人故意或者因重大过失造成继承人、受遗赠人、债权人权益损害的情况下，管理人才承担相应的民事责任——这也是权责相适应的体现，管理人已经尽到了善良管理义务、尽力忠实地完成职责，但由于他人不配合、力有不逮等客观原因造成损害的，其应当对损失免责。

在本案例中，赵大爷虽然是遗产管理人，但其并未实际占有、掌握遗产，因此，如果其要履行对遗产清点、保护和管理并按照遗嘱进行分割等职责，势必须要得到遗产的实际控制人何大娘、吴大宝、吴小宝的配合才能进行，如果何大娘、吴大宝、吴小宝一直不配合，赵大爷也没有相应的强制手段，由此产生的任何损失，则赵大爷不承担责任。但是，在何大娘、吴大宝、吴小宝已经松口、主动联系赵大爷整理遗产清单的情况下，赵大爷有义务提供自己掌握的财产信息并配合完成对遗产的整理，否则就要对由此产生的损失承担责任。

（三）遗产管理人可以依照法律规定或者按照约定获得报酬

根据《中华人民共和国民法典》第一千一百四十九条之规定，遗产管理人可以依照法律规定或者按照约定获得报酬。但值得注意的是，遗产管理人的报酬请求权并不是绝对的，目前法律对于遗产管理人的报酬并没有进一步的规定（比如具体的收费标准、是否强制性收费），也就是说，在没有约定遗产管理有偿的前提下，遗产管理人要求获得报酬是缺乏法律依据的。本案例中，吴大爷在委托赵大爷担任遗产管理人时，双方并未约定报酬事宜，因此，赵大爷以支付报酬为提供遗产线索的交换条件的做法缺乏法律依据。

实务建议

（一）被继承人角度

从便于遗产管理、保障继承顺利进行出发，被继承人可以考虑在生前指定好遗产管理人，并将具体的遗产情况告知，帮助其对于所要管理的遗产有一定的了解，避免部分遗产被隐藏或者丢失。

（二）继承人角度

继承人应当配合遗产管理人的工作，如发现遗产管理人存在渎职甚至侵吞遗产等行为，因故意或者重大过失造成继承人、受遗赠人、债权人损害的，有权要求其进行赔偿。

（三）遗产管理人角度

遗产管理人应当严格按照法律规定，对遗产履行善良管理义务，履行法定职责；如有需要继承人配合而对方不配合的，如实做好工作记录，注意保留相应证据，以减少自身风险。

法条链接

《中华人民共和国民法典》

第一千一百四十五条　继承开始后，遗嘱执行人为遗产管理人；没有遗嘱执行人的，继承人应当及时推选遗产管理人；继承人未推选的，由继承人共同担任遗产管理人；没有继承人或者继承人均放弃继承的，由被继承人生前住所地的民政部门或者村民委员会担任遗产管理人。

第一千一百四十六条　对遗产管理人的确定有争议的，利害关系人可以向人民法院申请指定遗产管理人。

第一千一百四十七条　遗产管理人应当履行下列职责：

（一）清理遗产并制作遗产清单；

（二）向继承人报告遗产情况；

（三）采取必要措施防止遗产毁损、灭失；

（四）处理被继承人的债权债务；

（五）按照遗嘱或者依照法律规定分割遗产；

（六）实施与管理遗产有关的其他必要行为。

第一千一百四十八条　遗产管理人应当依法履行职责，因故意或者重大过失造成继承人、受遗赠人、债权人损害的，应当承担民事责任。

第一千一百四十九条　遗产管理人可以依照法律规定或者按照约定获得报酬。

案例 30 父债子偿合法吗?

孔大爷系孔大宝与孔小宝的父亲,在中年丧妻后一直一人独居在租住的房屋内。如今孔大宝和孔小宝都已成年并另行组建家庭。孔大爷一直有赌博的习惯。某日,为了获取赌资,孔大爷向朋友陈大爷借款 3 万元,并手写了借条,约定了利息和还款日期,孔大爷签上自己的名字并按手印。还款期限届满后,孔大爷没有还钱。不久后,孔大爷因交通事故意外离世。

孔大宝、孔小宝为父亲办理完后事之后,认为孔大爷平日嗜好赌博、自身财务状况堪忧,大概率已经没有多少个人财产,因而并未对其遗产进行整理和分割。陈大爷得知孔大爷死亡后,就分别来到孔大宝、孔小宝的住处和工作单位找人,要求二人承担还款责任。孔大宝、孔小宝认为冤有头、债有主,欠债的是孔大爷,陈大爷的行为毫无道理;陈大爷认为孔大宝、孔小宝是孔大爷的儿女,替父还债天经地义。孔大宝、孔小宝随即到公证机关进行了放弃继承权的公证,并将公证文书的其中一份原件提交给了当地民政局。陈大爷依旧频繁向孔大宝、孔小宝要债,二人忍无可忍之下遂报警。

关注焦点

1. 子女是否可以通过放弃继承权"摆脱"父母的债务?
2. 无人继承的遗产最终归属何方?
3. 债务人死亡且没有继承人或者受遗赠人的,债权人怎么办?

法律点睛

(一) 继承人放弃继承的,对被继承人的债务可以不负清偿责任

根据《中华人民共和国民法典》第一千一百六十一条"继承人放弃继承的,对被继承人依法应当缴纳的税款和债务可以不负清偿责任。"之规定,放弃了继承权的继承人,对于被继承人的债务不承担清偿责任。因此,本案例中,在孔大宝、孔小宝已经放弃了对孔大爷的遗产继承权的前提下,该二人对于孔大爷的债务不承担清偿责任,陈大爷要求该二人偿还欠款的行为没有法律依据。

拓展 放弃继承权的程序要求

1. 时间要求:作出放弃继承权的意思表示,应当在继承开始之后、遗产分割之前;
2. 形式要求:以书面形式向遗产管理人或者其他继承人表示;诉讼中口头表示要放弃继承权的,要制作笔录,并由放弃继承的人签名。

拓展 不放弃继承权，是否一定要清偿被继承人的全部债务？

不一定。继承人以所得遗产实际价值为限清偿被继承人依法应当缴纳的税款和债务。超过遗产实际价值部分，继承人自愿偿还的不在此限。如，小孙继承了父亲老孙价值 50 万元的房产，但老孙去世前对外债务达到 100 万，根据法律规定，小孙代老孙偿还债务应以继承到的 50 万元为限。但是小孙自愿对超过 50 万元部分的债务进行偿还的，不受这一限额的限制。

（二）无人继承又无人受遗赠的遗产，归国家所有，死者生前是集体所有制组织成员的，归所在集体所有制组织所有

根据《中华人民共和国民法典》第一千一百六十条之规定，无人继承又无人受遗赠的遗产，归国家所有，用于公益事业；死者生前是集体所有制组织成员的，归所在集体所有制组织所有。在本案例中，孔大爷的全部继承人都放弃了继承，也不存在任何遗嘱或者遗赠协议，则孔大爷的遗产属于无人继承、无人受遗赠状态，依法应当归国家所有；如果孔大爷是集体所有制组织成员，则其遗产归其所在集体所有制组织所有。

（三）债务人死亡且没有继承人或者受遗赠人的，债权人可向遗产管理人要求以其实际管理的遗产对债务进行清偿

根据《中华人民共和国民法典》第一千一百四十五条"没有继承人或者继承人均放弃继承的，由被继承人生前住所地的民政部门或者村民委员会担任遗产管理人。"和第一千一百四十七条"遗产管理人应当履行下列职责：……（四）处理被继承人的债权债务；……"之规定，如果遗产无人继承的，则由被继承人生前住所地的民政部门或者村民委员会担任遗产管理人，并由他们来负责处理被继承人的债权债务，注意此处是"代为处理债务"而非"代为承担债务"，遗产管理人并不是偿还债务的义务人。也就是说，遗产管理人仅仅只是用自己手头掌握的遗产来支付被继承人生前已经产生的债务，对于遗产不足的部分、被继承人死后仍然在持续计算的利息等，遗产管理人不承担任何偿还义务。在本案例中，孔大爷的继承人都放弃了继承，则孔大爷生前住所地的民政部门或者村民委员会就成了孔大爷的遗产管理人，负责保管遗产并处理孔大爷的债务；陈大爷作为孔大爷的债权人，可以向上述民政部门或者村民委员会声明其与孔大爷存在尚未解决的债权债务、要求其支付孔大爷的欠款，但最终得到的数额不会超过孔大爷的遗产价值范围。

实务建议

"父债子偿"在如今的法律体系下具有相对性，从权利义务平衡的角度来说，子女继承父母遗产属于获利，但相应的义务就是要在继承的遗产范围内承担偿还父母对外债务的责任。因此，不管是债权人还是继承人，都应当按照上述原则主张权利和进行抗辩，

既不能随意增加对方的义务，也不能擅自减免自身的义务。

法条链接

《中华人民共和国民法典》

第一千一百二十四条　继承开始后，继承人放弃继承的，应当在遗产处理前，以书面形式作出放弃继承的表示；没有表示的，视为接受继承。

受遗赠人应当在知道受遗赠后六十日内，作出接受或者放弃受遗赠的表示；到期没有表示的，视为放弃受遗赠。

第一千一百六十条　无人继承又无人受遗赠的遗产，归国家所有，用于公益事业；死者生前是集体所有制组织成员的，归所在集体所有制组织所有。

第一千一百六十一条　继承人以所得遗产实际价值为限清偿被继承人依法应当缴纳的税款和债务。超过遗产实际价值部分，继承人自愿偿还的不在此限。

继承人放弃继承的，对被继承人依法应当缴纳的税款和债务可以不负清偿责任。

《最高人民法院关于适用〈中华人民共和国民法典〉继承编的解释（一）》

第三十三条　继承人放弃继承应当以书面形式向遗产管理人或者其他继承人表示。

第三十四条　在诉讼中，继承人向人民法院以口头方式表示放弃继承的，要制作笔录，由放弃继承的人签名。

第三十五条　继承人放弃继承的意思表示，应当在继承开始后、遗产分割前作出。遗产分割后表示放弃的不再是继承权，而是所有权。

 案例 31　遗嘱中"再婚就不给分遗产"条款有效吗？

　　杜某与郭某系夫妻，二人育有一子杜小宝。后杜某因病去世，临终前，杜某写下遗嘱一封，内容为：我死后，老宅由妻子郭某和儿子杜小宝共同继承，份额均等；我名下存款全部由儿子杜小宝继承，用于其结婚购买婚房。如妻子郭某再婚，则其继承的遗产份额归侄子杜甲所有。

　　杜某去世后，郭某将家中存款的绝大多数用于为杜小宝购买婚房和举办婚礼，杜小宝结婚后即与配偶住进了婚房，由郭某独自居住在老宅。后郭某与梁某相识，交往一段时间后便登记结婚，婚后，二人继续居住在老宅。

　　杜某的侄子杜甲外出打工归来时，得知杜某的遗嘱内容和郭某已再婚的事实，认为郭某没有履行遗嘱中为其设立的义务，失去了继承遗产的权利，自己才是相应遗产的所有人。故来到老宅找郭某，声称自己是老宅的屋主，要求郭某、梁某立即搬离，并将银行账户中剩余的钱款退还给自己。郭某拒绝，二人不欢而散，后杜甲多次来老宅主张权利，郭某、梁某不堪其扰，周边邻居也深受影响。

关注焦点

1. 限制再婚的遗嘱是否有效？
2. 遗嘱无效部分的遗产如何处理？
3. 混有夫妻共同财产的遗产如何确定？

法律点睛

（一）以限制再婚为义务的遗嘱内容无效

虽然《中华人民共和国民法典》规定，公民有遗嘱订立遗嘱的自由，但并不意味着随意订立的遗嘱都具有有效性，相关法律也规定了一些遗嘱无效的情形，比如无民事行为能力人或者限制民事行为能力人所立的遗嘱无效，受欺诈、胁迫所立的遗嘱无效，伪造的遗嘱无效，被篡改的部分无效，等等。除此之外，立遗嘱作为一个典型的民事法律行为，还应当符合一个大的原则，即"不违反法律规定"。而婚姻自由是我国宪法规定的一项公民基本权利、亦是我国的基本婚姻制度，《中华人民共和国民法典》第一千一百五十七条也明确规定："夫妻一方死亡后另一方再婚的，有权处分所继承的财产，任何组织或者个人不得干涉。"夫妻一方死亡后，另一方有权自主选择与他人缔结新的婚姻关系，其婚姻自主权受到法律的保护；而其之所以具有继承人的身份，是由于其作为"被继承人的配偶"这个身份，但这个评价只针对继承开始之前、并不会无限延展于继承结束之后，否则就会造成对于婚姻自主权的侵害。因此，虽然遗嘱人可以立下附义务的遗嘱，但其为继承人或受遗赠人设立的义务不应当违反法律规定，否则，该部分的遗嘱内容无效。本案例中，杜某所立的遗嘱中，对于郭某的婚姻自由设下了约束性义务，违反法律规定，因此，遗嘱中关于"如妻子郭某再婚，则其继承的遗产份额归侄子杜甲所有"的部分无效。

（二）遗嘱无效部分涉及的遗产应按照法定继承的方式处理

遗嘱的无效分为整体无效和部分无效，对于部分无效的情况，《中华人民共和国民法典》第一千一百五十四条规定"有下列情形之一的，遗产中的有关部分按照法定继承办理：……（四）遗嘱无效部分所涉及的遗产；……"，即有效的部分依然按照遗嘱的安排分配、无效的部分就按照法定继承的规则处理。本案例中，杜某的遗嘱关于银行存款的部分有效，无效部分是关于老宅的份额，因此该部分该按照法定继承来，由杜某的第一顺序继承人（配偶郭某、儿子杜小宝）继承，杜甲不是其法定继承人，也不存在任何代位继承、转继承的情况，因此杜甲无权获得老宅份额。

（三）夫妻共同所有的财产，除另有约定外，应先分出配偶所有的一半，剩下部分作为遗产

根据《中华人民共和国民法典》第一千一百五十三条之规定，夫妻共同所有的财产，

除有约定的外，遗产分割时，应当先将共同所有的财产的一半分出为配偶所有，其余的为被继承人的遗产。本案例中，由于杜某、郭某没有约定分别财产制，因而推定二人为夫妻共同财产制，银行的存款、居住的老宅都是家庭财产，属于夫妻共同所有，因此，在杜某临终前分配遗产时，实际待分配的遗产范围是"银行存款的一半，以及老宅的一半产权"，因此无论如何，郭某始终都享有银行存款的部分所有权和老宅的部分产权份额，杜甲无权要求郭某交还。

实务建议

对于想要在生前立下遗嘱的被继承人而言，其立下的遗嘱可以附有一定义务，可以自由安排自己的遗产归属，但必须符合法律规定，要求配偶在自己死后"守贞"、处分夫妻共同财产等违反婚姻自主权和财产权的遗嘱内容应属无效，因此，建议在拟定遗嘱前先咨询相关法律专业人士。

而对于利益相关者（财产共有人、继承人等），如果在知晓遗嘱内容之后，认为其部分内容违反法律规定或者侵害自身权益的，可以起诉要求法院判决遗嘱无效或部分无效。

法条链接

《中华人民共和国民法典》

第一千一百四十四条　遗嘱继承或者遗赠附有义务的，继承人或者受遗赠人应当履行义务。没有正当理由不履行义务的，经利害关系人或者有关组织请求，人民法院可以取消其接受附义务部分遗产的权利。

第一千一百五十三条　夫妻共同所有的财产，除有约定的外，遗产分割时，应当先将共同所有的财产的一半分出为配偶所有，其余的为被继承人的遗产。

遗产在家庭共有财产之中的，遗产分割时，应当先分出他人的财产。

第一千一百五十四条　有下列情形之一的，遗产中的有关部分按照法定继承办理：

……

（四）遗嘱无效部分所涉及的遗产；

……

第一千一百五十七条　夫妻一方死亡后另一方再婚的，有权处分所继承的财产，任何组织或者个人不得干涉。

 案例 32　公有住房承租权可以继承吗？

　　胡某与前妻离婚后，其所在单位为胡某提供职工安置住房一套，属性为公有住房，供单位职工长期承租，后胡某与张某登记结婚并共同居住在上述公有住房内，而胡某与前妻之子胡小宝已成年，自己在外居住生活。后胡某因病去世，并未留下任何遗嘱、遗赠协议，张某继续独自在该房屋内居住生活。数月后，该公有住房进行拆迁，拆迁人按规定对承租人张某进行了拆迁补偿安置。

胡小宝认为该公有住房承租权也是财产权，应当也属于胡某的遗产范围，又因为拆迁补偿的对象是该房屋的"承租人"，因此自己对该公有房屋承租权及其转化得到的拆迁补偿享有继承和分割的权利。胡小宝与张某就此产生嫌隙，双方一碰面就陷入争执。

关注焦点

公有住房承租权能否继承？

法律点睛

《中华人民共和国民法典》第一千一百二十二条第一款规定："遗产是自然人死亡时遗留的个人合法财产。"因此本案的关键实际在于如何给公有住房的承租权及其派生权利定性，换句话说，就是明确这个承租权和派生权利是否也属于"个人合法财产"。首先，案涉房屋是被继承人胡某基于其职工的特殊身份而取得，在该房屋未进行权属变更之前，胡某实际享有该房的承租权，而且在一定条件下可以购买该房（就是职工购房），对该房具备实际上的处分权，这种权利具有专属性和独立的财产性质，故该公有房屋承租权及基于该承租权派生的购房权利、获得的拆迁补偿，具备一定的物权属性，具有独立的财产性质；其次，胡某获得上述权利是基于自身的特殊身份，且其取得房屋相关权利的时间是在与张某结婚之前，因此属于胡某的个人财产；综上，该公有住房及其派生权利属于胡某遗产的范围。

胡某死亡后，该公有住房承租权应当以遗产方式进行分割，虽然后来该公有住房进行了拆迁，但承租权及其转化的利益的继承权仍在，胡小宝作为被继承人胡某的儿子，与张某同为第一顺序继承人，二人继承的份额均等，故胡小宝有权要求就拆迁安置补偿款进行分割。

实务建议

对于公有住房类的继承问题，关键在于厘清房屋来源贡献以及同住人身份。若公房为单位分配，要查看原始分配情况，区分受配人与共同受配人等；若公房为购置所得，则应对其出资以及迁入户口等情况重点分析。此外，在具体的司法实践中，法院往往也会考虑公有住房租赁权的公益保障性以及同住人的持续居住状态，并结合各位继承人的劳动能力、生活困难程度、目前房屋登记在哪一方名下等客观事实，决定权利的最终分配形式和份额比例。因此，建议继承人们在面临遗产分割时，参照上述思路，通过友好协商方式制订出合理的分配方案，如各方实在无法达成一致的，再起诉至法院并由法院最终决定如何分配。

法条链接

《中华人民共和国民法典》

第一千一百三十条　同一顺序继承人继承遗产的份额，一般应当均等。

对生活有特殊困难又缺乏劳动能力的继承人，分配遗产时，应当予以照顾。

对被继承人尽了主要扶养义务或者与被继承人共同生活的继承人，分配遗产时，可以多分。

有扶养能力和有扶养条件的继承人，不尽扶养义务的，分配遗产时，应当不分或者少分。

继承人协商同意的，也可以不均等。

 案例33　保姆能否通过协议获得遗产？

　　李大爷与范大娘夫妇生有一子李大宝，李大宝大学毕业后即定居国外，十几年来平均每一两年回国看望父母一次，每次在家住两周左右。随着夫妇二人年事渐高，经李大爷的老乡介绍，二人雇佣了一名居家保姆小华，由其照顾两位老人。自双方建立雇佣关系以来，小华一直与李大爷、范大娘同吃同住，共同生活十余年。

　　后李大爷不幸因病去世，李大宝由于种种原因未能回国为父亲办理后事，于是小华帮助范大娘办理了相关后事。数年后，范大娘由于年事已高，患有糖尿病、心肌梗死等多种疾病，为感谢小华对其多年照料，范大娘将小华认为干女儿，从此双方便以母女相称。范大娘还与小华签订了一份遗赠扶养协议，约定如果小华为范大娘继续养老送终，则在范大娘百年之后自己目前所住的房屋和全部银行存款都归小华所有，而家中的字画、古玩等动产则由儿子李大宝继承。协议拟好后，范大娘、小华一同前往当地公证处进行了公证。

　　后范大娘病重，李大宝得知后回国照顾，但其刚回国不久范大娘就去世了。处理好范大娘的后事后，李大宝表示将尽快为小华结算工资，并要求小华限期搬离家中。小华拿出遗赠扶养协议表示自己也是遗产继承人，自己才是该房屋的所有人。李大宝表示不可接受，认为该协议是小华趁范大娘神智不清的时候诱骗、胁迫其立下的，且小华与范大娘没有任何血缘关系，没有资格继承范大娘的遗产。

关注焦点

1. 遗嘱在什么情况下是无效的？
2. 是否可以将遗产交由"干女儿"继承？
3. 非继承人能否通过遗赠扶养协议获得财产？

法律点睛

（一）不具有遗嘱人真实意思表示的遗嘱无效

《中华人民共和国民法典》第一千一百四十三条明确规定了遗嘱无效的几种情形，分别为：（1）无民事行为能力人或者限制民事行为能力人所立的遗嘱无效。（2）遗嘱必须表示遗嘱人的真实意思，受欺诈、胁迫所立的遗嘱无效。（3）伪造的遗嘱无效。（4）遗嘱被篡改的，篡改的内容无效。这些无效情形总的看来都具有一个共同点：该遗嘱内容不是遗嘱人的真实意思表示，其逻辑也很简单：自然人有权自立遗嘱，而立遗嘱本身就是一种民事法律行为，民事法律行为自然要以意思表示真实为核心。而在上述条件中，无民事行为能力人和限制民事行为能力人主体上就不适格，法律上认为他们对于事实和权利不具有认知能力，因而也无法基于一定的认知作出意思表示；而受欺诈、胁迫所立的遗嘱和伪造、篡改的遗嘱就更是违背遗嘱人自身意志的存在，其当然不会产生法律效力。值得关注的是，法律虽然对于遗嘱无效有相关的规定，但现实中一般比较容易产生争议的反而在于如何判断具体案情是否符合遗嘱无效的条件。比如，老人自己书写的遗嘱，如何判断该遗嘱是在其神智清醒的情况下书写的？司法实践中，一般需要结合医院的诊断结果、老人在日常生活中的表现、书写遗嘱时所处的具体情形等因素综合判断。此外，法律对于遗产分配还存在特殊的强制性规定，比如，《中华人民共和国民法典》第一千一百四十一条、第一千一百五十五条分别规定了要为缺乏劳动能力又没有生活来源的继承人以及胎儿保留必要的遗产份额，如果行为人立下的遗嘱当中没有为上述继承人或者胎儿留下继承份额，则该部分的遗嘱内容也可能被法院认定无效。当然，如果遗嘱中处分了他人、集体或者国家的财产的，该部分遗嘱自然也是无效的。

本案例中，范大娘虽年事已高且患病，但不能仅凭这一点判断其遗嘱的效力。如果范大娘在书写遗嘱并进行公证时神智清醒、具有完全民事行为能力，同时也没有证据能够证明小华对于范大娘采取了欺诈、胁迫等行为的，则范大娘的遗嘱有效；但如果有证据证明范大娘在书写遗嘱和做公证期间患有认知障碍且正处在发病期的，则该遗嘱内容就可能不是其真实意思表示，该遗嘱也就存在无效的可能性。

（二）"干女儿"不是法定意义上的继承顺序人，严格来说只能通过遗赠获得遗产份额

根据《中华人民共和国民法典》相关法律，法律所承认的亲子关系可以是具有血缘关系的亲生子女、由法律拟制的养子女、继子女，并不存在"义子女"这一类别。民间虽有认义子、义女的习俗，但该种关系不具有法律上的效力，因而，义子女与义父母之间不具有权利义务关系。在法定继承中，义子女不在遗产继承人之列；也就是说，如果仅凭"义子女"这一身份，是不能继承遗产的，如果被继承人自身想要将遗产交给义子女，只能通过立遗嘱的方式、将个人财产赠与。本案例中，虽然范大娘将小华认为干女儿，双方亦以母女相称，但二者一没有血缘关系，二不存在继父母子女关系，三不符合

合法收养条件，因而双方不存在亲子关系，小华不能凭借"干女儿"这一身份获得遗产份额，但可以根据遗嘱的安排获得遗赠的财产。

（三）非继承人的自然人或者组织有权通过遗赠扶养协议获得遗赠

《中华人民共和国民法典》第一千一百五十八条明确规定："自然人可以与继承人以外的组织或者个人签订遗赠扶养协议。按照协议，该组织或者个人承担该自然人生养死葬的义务，享有受遗赠的权利。"这一规定突破了法定继承当中继承人的范围限制，将可能接受遗产的主体扩大到了家庭成员之外的个人和组织，在性质上，遗赠扶养协议既具有合同的属性，又带有遗赠的属性，但本质上还是行为人对其个人财产的自由处置，只要不违反法律的强制性要求、不破坏公序良俗，就应当有效。但是，该协议的特殊之处就在于遗产是附条件的赠与，即受遗赠人必须履行协议约定的义务之后才能获得遗赠，《中华人民共和国民法典》第一千一百四十四条亦规定："遗嘱继承或者遗赠附有义务的，继承人或者受遗赠人应当履行义务。没有正当理由不履行义务的，经利害关系人或者有关组织请求，人民法院可以取消其接受附义务部分遗产的权利。"在本案例中，范大娘、小华签订了遗赠扶养协议，其内容是小华要继续照顾范大娘、为其养老送终，作为回报，范大娘将遗产中的一部分赠与小华，此协议的权利义务较为明确。如果小华确实如协议约定的那样，直至范大娘过世都一直妥善照顾她、为其料理后事，则小华就满足了遗赠所附的条件，有权利接受财产；但如果有证据证明小华在签订协议之后没有妥善照顾范大娘甚至对范大娘有遗弃、虐待行为，则小华就不满足"妥善照顾""养老送终"的条件，无权获得财产。

拓展 遗赠扶养协议可否解除？

可以，遗赠扶养协议本质上仍然是合同，可以通过双方协商一致解除或者起诉至法院请求解除，但应当满足约定解除或者法定解除的条件。

实务建议

对于遗赠人来说，如果是没有附义务的遗赠，其生前有权自由撤回，而如果是附义务的遗赠（比如遗赠扶养协议）且对方已经按照约定履行部分，那么即使解约成功，也应当就对方已经履约的部分支付相应补偿。

此外，从遗赠的有效性角度来看，由于遗赠人多年老体弱、甚至可能患有疾病，因此必须先保证行为人具有完全民事行为能力，且其将自己遗产赠送他人的决定完全出自其真实意思表示，实践中一般采用多方见证、将遗嘱或遗赠协议公证等方式来避免后续相关争议。

法条链接

《中华人民共和国民法典》

第一千一百三十三条 自然人可以依照本法规定立遗嘱处分个人财产，并可以指定遗嘱执行人。

自然人可以立遗嘱将个人财产指定由法定继承人中的一人或者数人继承。

自然人可以立遗嘱将个人财产赠与国家、集体或者法定继承人以外的组织、个人。

自然人可以依法设立遗嘱信托。

第一千一百四十一条 遗嘱应当为缺乏劳动能力又没有生活来源的继承人保留必要的遗产份额。

第一千一百四十三条 无民事行为能力人或者限制民事行为能力人所立的遗嘱无效。

遗嘱必须表示遗嘱人的真实意思，受欺诈、胁迫所立的遗嘱无效。

伪造的遗嘱无效。

遗嘱被篡改的，篡改的内容无效。

第一千一百四十四条 遗嘱继承或者遗赠附有义务的，继承人或者受遗赠人应当履行义务。没有正当理由不履行义务的，经利害关系人或者有关组织请求，人民法院可以取消其接受附义务部分遗产的权利。

第一千一百五十八条 自然人可以与继承人以外的组织或者个人签订遗赠扶养协议。按照协议，该组织或者个人承担该自然人生养死葬的义务，享有受遗赠的权利。

○○○ | # 第二章　相邻及邻里纠纷

本章导言

一、法律权利

（一）人身权利

生命权、健康权、名誉权、隐私权、个人信息。

（二）财产权利

所有权：建筑物区分所有权、相邻权。

用益物权：地役权、宅基地使用权。

债权：合同之债、侵权之债、无因管理之债、不当得利之债。

二、法律关系概述

《中华人民共和国民法典》中对于相邻及邻里纠纷的规定大多分散在总则编、物权编、合同编、侵权责任编等的各个章节，其中物权编对于相邻关系作了原则性的规定——不动产的相邻权利人应当按照有利生产、方便生活、团结互助、公平合理的原则，正确处理相邻关系。物权编还对相邻用水、排水、流水关系，相邻关系通行权，施工时的邻地利用权，相邻建筑物通风、采光、日照，相邻权的限度等进行了规定。此外，对于具体的邻里纠纷，包括噪声扰民、楼上漏水、油烟污染等日常生活中常见的矛盾，大都可以依据其侵犯或诉争的权利客体在《中华人民共和国民法典》中找到相应的规定。

相邻关系依存于不动产所有权关系或使用权关系，其本质是相邻不动产所有权或使用权的适当扩展或限制。具体而言，即通过规定相邻各方承担的义务与享有的权利进而使相邻各方彼此为对方行使不动产所有权或使用权给予必要的方便，协调不动产的利用关系，以充分发挥不动产的社会经济效益。

三、相邻及邻里纠纷分析

邻里纠纷当属于传统社会纠纷，现代法律中设立不动产相邻关系处理原则等规定的目的是最大限度地保障相邻权人间的和睦相处。

因此，在面对相邻的两个或者多个不动产使用人因行使权利义务而发生冲突时，可以通过分析相邻各方个体生活方式差异、利益冲突、建筑物区分所有权中共有部分共有权的使用冲突等因素，同时坚持依法治国与以德治国相结合，强化道德对社区法治的支撑作用，把道德要求贯彻到社区治理中。

四、主要涉及法律法规定位

《中华人民共和国民法典》			
第 114 条	【物权定义】	第 183 条	【见义勇为】
第 115 条	【物权法定】	第 184 条	【紧急救助】
第 118 条	【债权定义】	第 271—287 条	【业主的建筑物区分所有权】
第 119 条	【合同约束力】	第 288—310 条	【相邻关系】
第 120 条	【侵权之债】	第 311—318 条	【善意取得与遗失物】
第 121 条	【无因管理之债】	第 362—365 条	【宅基地使用权】
第 122 条	【不当得利之债】	第 372—385 条	【地役权】
第 180 条	【不可抗力】	第 667—702 条	【借款合同、保证合同】
第 182 条	【紧急避险】	第 1164—1258 条	【侵权责任】

 案例 34　邻居见义勇为反被索赔，怎么办？

> 2019 年 7 月，王先生路过邻居家门口时，发现邻居家婆媳二人因琐事发生口角并厮打。婆婆不慎被砖块绊倒在地，儿媳顺势压上。
>
> 王先生见状，用力拉起儿媳右手，将二人分开。之后儿媳感到右手不适，后诊断为重度骨质疏松、右手骨折，鉴定为十级伤残。
>
> 2020 年 11 月，儿媳将王先生诉至法院，要求赔偿伤残赔偿金等各项损失共 8 万余元。

关注焦点

拉架是见义勇为吗？在拉架过程中造成损害，需要赔偿吗？

法律点睛

（一）拉架是见义勇为

判断行为构成见义勇为，需要同时满足四个条件：（1）主体是自然人；（2）自愿性，救助人实施救助行为没有法定或约定的救助义务；（3）利他性，救助人实施救助行为是为了使国家利益、社会公共利益或者他人合法权益免受损失；（4）紧急性，救助人应当在紧急情况下实施救助行为，在客观上具有一定的危险性。

（二）王先生对于在拉架过程中造成的损害，不需要赔偿

在本案中，王先生并没有任何故意伤害他人的主观故意，他只是为了拉架；其实施的行为也没有超越必要的限度，只是拉着对方的右手将对方拉开，他不知道对方有严重的骨质疏松，不能认定为重大过失。因此，既不能说王先生具有过错，也不能说其行为有不当之处。

此外，民事法律规定的举证原则是谁主张谁举证。在本案中，儿媳没有任何直接证据证明其右手的伤残是由王先生的行为造成的，因为：一方面，她本身就有重度的骨质疏松症，发生骨折的概率大于常人，不能排除由于之前的厮打受伤的可能；另一方面，王先生的动作也仅仅是常规动作，并没有超过必要的限度。

拓展 若见义勇为者因见义勇为行为而受损，责任如何承担？

根据《中华人民共和国民法典》第一百八十三条："因保护他人民事权益使自己受到损害的，由侵权人承担民事责任，受益人可以给予适当补偿。没有侵权人、侵权人逃逸或者无力承担民事责任，受害人请求补偿的，受益人应当给予适当补偿。"即：（1）若有侵权人的，由侵权人承担赔偿责任。（2）若侵权人逃逸，根本找不到侵权人，或能找到侵权人，但侵权人根本赔偿不了，由受益人给予适当的补偿。对于补偿的数额，因补偿责任并非赔偿责任，不适用填平原则，法院会综合考虑见义勇为者的受损情况、受益人的获益情况和被救者的经济承受能力、救助行为及所起到的作用等实际情况酌情确定。

实务建议

（一）若见义勇为没有达到预期，反而自身受到损害，怎么办？

适用公平责任原则。根据《中华人民共和国民法典》第一千一百八十六条规定：受害人和行为人对损害的发生都没有过错的，依照法律的规定由双方分担损失。

（二）见义勇为让自身受到损害的，赔偿顺序是？

现有侵权人赔偿全部损害。也可以由受益人适当补偿。没有侵权人、或者侵权人逃逸或者无力承担赔偿责任的，由受益人按照公平原则适当补偿。

法条链接

《中华人民共和国民法典》

第一百八十四条　因自愿实施紧急救助行为造成受助人损害的，救助人不承担民事责任。

第一千一百六十五条　行为人因过错侵害他人民事权益造成损害的，应当承担侵权责任。

依照法律规定推定行为人有过错，其不能证明自己没有过错的，应当责担侵权责任。

案例 35　有业主不同意，就不能加装电梯吗？

　　家园小区修建于 2004 年前后，共有 2 栋居民楼，每栋 6 层，每层 2 户，共有 24 户居民，其中某单元的居民多为老年人，日常上下楼出行不便。在得知国家出台了为老小区加装电梯的政策后，楼内高层住户决定联合全体住户协商加装电梯。

　　业主委员会组织了业主进行表决，参与此次表决的业主其专有部分面积达到了 2/3 以上且人数达到了 19 名。通过投票表决，参与表决的、同意加装电梯的业主占专有部分面积 3/4 以上且人数有 15 名。2021 年 2 月，电梯加装的意见经过相关部门批准。2021 年 4 月，该区住房和城乡建设局向建筑公司正式出具既有住宅自主增设电梯告知书。

　　2021 年 7 月，电梯公司入场施工，却一入场就被一楼的 2 家住户改变主意阻挠。该栋其他住户多次与其沟通无果后诉至法院。

关注焦点

1. 增设电梯是否正当？
2. 增设电梯能否使用维修基金？

法律点睛

（一）增设电梯正当

　　根据《中华人民共和国民法典》第二百七十八条的规定，案涉单元增设电梯已经获得法律规定的由专有部分面积占比 2/3 以上的业主且人数占比 2/3 以上的业主参与表决，参与表决专有部分面积 3/4 以上的业主且参与表决人数 3/4 以上的业主同意，其中包括了一楼两户业主，且经过公示、备案、报批等一系列程序，增设电梯的程序合法正当。

（二）增设电梯可以使用维修基金

　　《中华人民共和国民法典》第二百八十一条规定，建筑物及其附属设施的维修资金，属于业主共有。经业主共同决定，可以用于电梯、屋顶、外墙、无障碍设施等共有部分的维修、更新和改造。

实务建议

（一）业主委员会或者物业该如何做？

　　电梯的日常维护以及保养属于物业工作内容，而加装电梯一般主要是以单元为单位进行申请。关于加装电梯要在小区内进行公示，收集不同意见。有的地方，同一单元只要符合《中华人民共和国民法典》第二百七十八条规定的业主同意，即可申请加装电梯。有的地方，要求必须全体业主同意，行政部门才能进行行政许可。

关于成都市加装电梯的程序，成都正式印发有《成都市人民政府办公厅关于进一步促进既有住宅自主增设电梯工作的实施意见》，自 2021 年 1 月 6 日起施行，有效期 5 年。该意见明确了加装电梯的程序为：动议表决—签订协议—公示公告—协商调解—建设手续。

（二）业主们如何做？

若是业主们意见未达成一致，怎么办？各楼层业主出现意见分歧是很正常的。当个别业主不同意加装电梯，应当基于睦邻友好原则与对方进行充分沟通与协商，避免采取过激方式进行对抗。

电梯安装能够给居住在高楼层的业主生活带来便利，但高层业主也应当充分考虑施工可能给低层住户造成的影响，以及在电梯加装后可能产生的通风、采光、隐私、噪声、房屋价值受损等情况，在公平合理的原则上，对低层业主进行相应补偿或赔偿。

《成都市人民政府办公厅关于进一步促进既有住宅自主增设电梯工作的实施意见》增设了优抚条款，即在满足"经本单元房屋专有部分面积占比三分之二以上的业主且人数占比三分之二以上的业主参与表决，并经参与表决专有部分面积四分之三以上的业主且参与表决人数四分之三以上的业主同意，利害关系人公示期间对增设电梯方案无实名制书面反对意见"的情况下，若提出补偿方案并充分征求利害关系人意见未达成一致意见的，且经社区居民委员会和街道办事处调解后仍未达成一致意见的，申请增设电梯的业主如有下列情形之一，社区居民委员会应对该单元增设电梯项目予以盖章确认：

有一名以上（含一名）经专业机构评估认定为失能的人员；有两名以上年满七十周岁或一名以上年满八十周岁的老年人；有一名以上（含一名）视力残疾或肢体残疾达到三级以上的残疾人。上述失能人员、老年人、残疾人证明材料由社区居民委员会负责核验，医保部门、公安机关、民政部门、残联组织等应予指导。

拓展 若业主委员会没有直接管理"专项维修资金"，是不是就可以不公布使用情况？

仍然要公布。若小区成立了业主委员会作为小区全体业主代表对小区进行管理，根据小区业主委员会与物业公司签订的《物业服务合同》关于"专项维修资金"的约定，小区业主委员会对申请使用专项维修资金的情况以及是否获得批准的情况理应清楚知悉。专项维修资金是否由小区业主委员会直接掌握管理，不影响其对专项维修资金情况的公布。因此，根据有关规定，小区业主委员会负有公开专项维修资金申请使用及获批的情况、资料的义务。2021 年 9 月 29 日修订通过、2022 年 5 月 1 日起施行的《四川省物业管理条例》要求，业主委员会应当在小区显著位置和通过互联网方式公示专项维修资金的筹集、使用情况，每半年至少公示一次，公示期不少于三十日。

法条链接

《中华人民共和国民法典》

第二百七十八条　下列事项由业主共同决定：

（一）制定和修改业主大会议事规则；

（二）制定和修改管理规约；

（三）选举业主委员会或者更换业主委员会成员；

（四）选聘和解聘物业服务企业或者其他管理人；

（五）使用建筑物及其附属设施的维修资金；

（六）筹集建筑物及其附属设施的维修资金；

（七）改建、重建建筑物及其附属设施；

（八）改变共有部分的用途或者利用共有部分从事经营活动；

（九）有关共有和共同管理权利的其他重大事项。

业主共同决定事项，应当由专有部分面积占比三分之二以上的业主且人数占比三分之二以上的业主参与表决。决定前款第六项至第八项规定的事项，应当经参与表决专有部分面积四分之三以上的业主且参与表决人数四分之三以上的业主同意。决定前款其他事项，应当经参与表决专有部分面积过半数的业主且参与表决人数过半数的业主同意。

第二百八十一条　建筑物及其附属设施的维修资金，属于业主共有。经业主共同决定，可以用于电梯、屋顶、外墙、无障碍设施等共有部分的维修、更新和改造。建筑物及其附属设施的维修资金的筹集、使用情况应当定期公布。

紧急情况下需要维修建筑物及其附属设施的，业主大会或者业主委员会可以依法申请使用建筑物及其附属设施的维修资金。

案例 36　邻居空调外机噪声太大，怎么办？

　　张大爷和王大爷是同一栋的邻居。张大爷住在王大爷楼下。张大爷夏天安装了两台空调，在安装空调外机时，其为了省事，未将空调外机安装在开发商设计预留的专门安装空调设施位置，而是安在了王大爷卧室窗户下 1 米的地方。使用中，两台空调运行时冷热风直接吹进王大爷家，而空调运作发出的噪声也影响了王大爷休息。

　　王大爷对两台空调外机发出的噪声进行监测，监测结果超过了城市区域环境噪声标准规定的限值。为此，王大爷多次找张大爷协商，让其移空调，张大爷找人检修过一次，但噪声仍然很大。后来张大爷就以外墙为全体业主共用为由，拒绝移机，还称王大爷对声音太敏感。王大爷又通过物业等多方面协调解决此事，物业回复说对方不移，对此没有办法解决。王大爷遂诉诸法院，要求张大爷移走空调外机。

关注焦点

王大爷的合法权益是否受到侵犯？

法律点睛

根据法律规定，相邻关系的双方当事人应本着有利生产、方便生活、团结互助、公平合理的原则，互谅互让，妥善处理因相邻关系所引起的各种纠纷。本案中，张大爷可以无偿使用其专有部分相对应的外墙面等共有部分，但其行为的合法性需满足以下条件：（1）基于合理需要；（2）不违反法律、法规、管理规约；（3）不损害他人合法权益。但张大爷在有预留的空调设施安装位置的情况下，为了省事将空调外机安置在紧邻王大爷卧室窗户的位置，且空调发出的噪声超过了相关的标准限值，给王大爷的生活造成了一定的影响，损害了王大爷的相邻权，张大爷应当将空调移开。

实务建议

将空调外机安装在建筑外墙面的共有部分并无过错，也是小区业主的权利，但权利的使用不应当损害到他人的合法权利。建议业主在选择自家空调外机、管道或者类似需要利用共有部分的设备安装位置时，充分考虑到临近的其他业主在音量、通风、采光、通行、排水、引水、排放污染物等方面的正当权益，选择一个不会影响或者将影响降至最低程度的位置。当然，如果相邻的其他业主认为该户行为已经严重侵害到自身权利的，可以通过协商、调解、诉讼等方式，要求对方停止侵害、恢复原状或者赔偿损失。

法条链接

《中华人民共和国民法典》

第二百八十七条　业主对建设单位、物业服务企业或者其他管理人以及其他业主侵害自己合法权益的行为，有权请求其承担民事责任。

第二百八十八条　不动产的相邻权利人应当按照有利生产、方便生活、团结互助、公平合理的原则，正确处理相邻关系。

第二百九十四条　不动产权利人不得违反国家规定弃置固体废物，排放大气污染物、水污染物、土壤污染物、噪声、光辐射、电磁辐射等有害物质。

《最高人民法院关于审理建筑物区分所有权纠纷案件适用法律若干问题的解释》（2020 修正）

第三条　除法律、行政法规规定的共有部分外，建筑区划内的以下部分，也应当认定为中华人民共和国民法典第二编第六章所称的共有部分：

（一）建筑物的基础、承重结构、外墙、屋顶等基本结构部分，通道、楼梯、大堂等公共通行部分，消防、公共照明等附属设施、设备，避难层、设备层或者设备间等结构部分；

（二）其他不属于业主专有部分，也不属于市政公用部分或者其他权利人所有的场所及设施等。

建筑区划内的土地，依法由业主共同享有建设用地使用权，但属于业主专有的整栋建筑物的规划占地或者城镇公共道路、绿地占地除外。

第四条 业主基于对住宅、经营性用房等专有部分特定使用功能的合理需要，无偿利用屋顶以及与其专有部分相对应的外墙面等共有部分的，不应认定为侵权。但违反法律、法规、管理规约，损害他人合法权益的除外。

 案例37 邻居噪声扰民，怎么办？

程一系幸福家园小区3号楼401号房屋业主，褚二系其楼下住户，魏三系其楼上住户。程一为网络直播行业从业者。褚二和魏三日常生活长期受程一直播时音箱声音困扰，二人曾不同时间多次找到程一，希望程一能够避免在夜深人静的时候直播，并且建议程一在房间内做一些有效的隔音设置。

程一却认为邻居声称的噪声没有有效证据支持，自己的直播行为根本没有造成所谓的噪声污染。

褚二以及魏三遂共同起诉至法院。

关注焦点

噪声污染侵权的举证责任如何承担？

法律点睛

《中华人民共和国噪声污染防治法》第二条规定，"噪声"是指在工业生产、建筑施工、交通运输和社会生活中产生的干扰周围生活环境的声音。"噪声污染"是指超过噪声排放标准或者未依法采取防控措施产生噪声，并干扰他人正常生活、工作和学习的现象。

根据《中华人民共和国民法典》第一千二百三十条之规定，因污染环境、破坏生态发生纠纷，行为人应当就法律规定的不承担责任或者减轻责任的情形及其行为与损害之间不存在因果关系承担举证责任。

因此本案中关键的举证责任在于程一，其应当举证证明自己的夜间直播行为是否构成噪声污染，以及是否影响相邻人日常生活。如果程一所提交的证据不足以证明其夜间直播行为不会产生噪声污染、未影响到邻居，那么程一应当承担排除噪声妨害的法律责任。

实务建议

受到噪声污染侵害后除了诉讼，还能怎么办？

1. 与当事方进行友好协商。受到噪声侵害后，可与排放噪声的单位、个人和公共场所管理者就活动进行的时间段、音量、场地及补偿等进行友好协商。同时，也可让基层群众性自治组织、业主委员会、物业服务企业进行劝阻、调解。

2. 向负有噪声污染防治监督管理职责的部门进行投诉或举报。

《中华人民共和国噪声污染防治法》第八十七条规定："违反本法规定，产生社会生活噪声，经劝阻、调解和处理未能制止，持续干扰他人正常生活、工作和学习，或者有其他扰乱公共秩序、妨害社会管理等违反治安管理行为的，由公安机关依法给予治安管理处罚。违反本法规定，构成犯罪的，依法追究刑事责任。"据此，受到噪声侵害的单位和个人可以通过投诉和举报，让相关部门对违法行为进行监督管理，依法处理。

（1）拨打热线电话进行投诉和举报：①12369（环境保护的举报热线），②12345（政务服务便民热线）；

（2）通过微信进行投诉和举报：关注"12369环保举报"公众号，填写并提交举报信息。

法条链接

《中华人民共和国治安管理处罚法（2012修正）》

第五十八条 违反关于社会生活噪声污染防治的法律规定，制造噪声干扰他人正常生活的，处警告；警告后不改正的，处二百元以上五百元以下罚款。

 案例38 被高空抛物伤害，找不到抛物的人怎么办？

家住阳光花园小区的某户业主不想下楼扔垃圾，将一袋装有陶瓷杯碎片的垃圾从窗户扔下，砸中了从楼下经过的王五，致其头部被垃圾袋内的陶瓷杯碎片割伤，后到医院缝合花费了5 000元。

由于阳光花园小区是老旧小区，没有安装摄像头，而当事人王五也不确定是几楼居民扔下的。王五遂起诉该栋的所有居民，要求进行赔偿。

关注焦点

阳光花园小区除王五外的其他居民，是否需要赔偿？

法律点睛

阳光花园小区除王五外的其他居民，除能证明自己不是侵权人的外，均需要基于公平原则，给予张三补偿而非赔偿。根据《中华人民共和国民法典》第一千二百五十四条，禁止从建筑物中抛掷物品。从建筑物中抛掷物品或者从建筑物上坠落的物品造成他人损害的，由侵权人依法承担侵权责任；经调查难以确定具体侵权人的，除能够证明自己不是侵权人的外，由可能加害的建筑物使用人给予补偿。可能加害的建筑物使用人补偿后，有权向侵权人追偿。本案中，由于缺失证据，无法查明是哪一户哪一人实施的侵权行为，故除能够证明自己不是侵权人的外，由可能实施侵权行为的建筑物使用人给予补偿。若在此之后查明了具体侵权人，则可能实施侵权行为的建筑物使用人补偿后，有权向侵权人追偿。

实务建议

（一）社区居民角度

社区居民或者小区业主应当对高空抛物的法律性质和违法后果有正确的认识，了解其行为的危险性、违法性，须知该行为情节严重的甚至会触犯刑法，需要承担刑事责任。

（二）物业角度

1. 事前做好预防：开展针对禁止高空抛物的宣传教育活动，并科学合理地安装对空监控，便于事后调查和确定责任人；

2. 事后及时跟进：小区内发生高空抛物，如没有造成人员和财物损失，仍应及时进行调查，找到行为人后进行批评教育，对方态度恶劣或者多次实施高空抛物的可报警处理；如果未能找出行为人，可对抛物现场进行拍照，通知所有业主，并指出该行为的严重性；如所抛的物品砸坏公共设施、车辆等，应寻找目击证人，找到抛物的具体方向和位置，保护好现场及证物，并拍照存案；如造成人员伤亡，应立即通知救护车及公安机关，并在警方接下来的调查取证中积极配合。

拓展 高空坠物和高空抛物的责任区别

高空坠物的责任一般指《中华人民共和国民法典》第一千二百五十三条规定的，建筑上搁置或者悬挂的物品掉落致损的，无法证明自己不存在过错的相关人，承担的是赔偿责任，即法律推定相关人员具有过错。

而高空抛物的责任则是指《中华人民共和国民法典》第一千二百五十四条规定的，能够确定抛掷人的，其存在故意或过失的过错，应当承担赔偿责任；而在无法调查谁是抛掷人的情况下，不能证明自己不存在侵权行为的相关人，承担的是补偿责任，因为高空抛物的行为并不一定是由其实施的，其没有过错，只是基于公平原则的考虑，需要其对受害人进行补偿。

法条链接

《中华人民共和国民法典》

第二百八十六条　业主应当遵守法律、法规以及管理规约，相关行为应当符合节约资源、保护生态环境的要求。对于物业服务企业或者其他管理人执行政府依法实施的应急处置措施和其他管理措施，业主应当依法予以配合。

业主大会或者业主委员会，对任意弃置垃圾、排放污染物或者噪声、违反规定饲养动物、违章搭建、侵占通道、拒付物业费等损害他人合法权益的行为，有权依照法律、法规以及管理规约，请求行为人停止侵害、排除妨碍、消除危险、恢复原状、赔偿损失。

业主或者其他行为人拒不履行相关义务的，有关当事人可以向有关行政主管部门报告或者投诉，有关行政主管部门应当依法处理。

第一千二百五十四条　禁止从建筑物中抛掷物品。从建筑物中抛掷物品或者从建筑物上坠落的物品造成他人损害的，由侵权人依法承担侵权责任；经调查难以确定具体侵权人的，除能够证明自己不是侵权人的外，由可能加害的建筑物使用人给予补偿。可能加害的建筑物使用人补偿后，有权向侵权人追偿。

物业服务企业等建筑物管理人应当采取必要的安全保障措施防止前款规定情形的发生；未采取必要的安全保障措施的，应当依法承担未履行安全保障义务的侵权责任。

发生本条第一款规定的情形的，公安等机关应当依法及时调查，查清责任人。

《中华人民共和国刑法（2020修正）》

第二百九十一条之二　从建筑物或者其他高空抛掷物品，情节严重的，处一年以下有期徒刑、拘役或者管制，并处或者单处罚金。

有前款行为，同时构成其他犯罪的，依照处罚较重的规定定罪处罚。

 案例 39　小孩子闯祸，家长应承担全部责任吗？

花园小区旁边有一个小学，小区许多业主家的小孩在此上学。由于看到了商机，某全国连锁的看护中心在附近开设了分店，面向家长提供针对一到四年级学生的临时看护服务（不含教育、培训、辅导，但提供餐饮服务）。

周某、李某皆为小学一年级学生，每天放学后，二人都会由看护中心的老师接到看护中心做作业、做活动并等待各自的父母下班。某日，周某、李某放学后来到看护中心，晚饭时间，周某吃完饭急于到活动室玩游戏，便在走廊上奔跑，与正在打饭途中、手里端着一碗热汤的李某相撞，热汤泼洒导致李某的上半身烫伤。看护中心立即联系了李某的家长，并将李某送到当地医院进行治疗、垫付了首次医疗费用。后因伤势较为严重，李某又住院进行治疗，发生数笔治疗费用和住院费，其间李某的家长数次要求看护中心负责人和周某的家长出面解决问题，但都未成功。

某日，经看护中心协调，双方家长、看护中心负责人碰面商议此事，但各方对于责任的承担无法达成一致：周某的家长认为李某是在看护中心受的伤，看护中心没有尽到管护义务，应承担主要责任。李某的家长认为自家孩子无辜受重伤住院、遭受巨大精神痛苦，要求看护中心和周某方家长支付因此产生的各项费用、并赔偿精神损失。看护中心认为事件产生的主因是周某在走廊横冲直撞，应由周某方承担主要责任。而看护中心为了预防学生烫伤，在提供餐饮时采用半自助模式，由用餐学生举手告知生活老师、再由生活老师将饭菜盛好放到学生桌上，不允许学生自行打饭。此次事故系李某未遵循规定、在未告知老师的情况下自己打饭端汤，因此对自己的受伤也应承担一定的责任。各方争论不休，陷入僵局。

关注焦点

1. 未成年人侵权的，其家长是否应当承担侵权责任？
2. 看护中心是否应当承担侵权责任？
3. 未成年受侵害人是否也应当就自己受侵害的结果承担部分责任？

法律点睛

（一）不具有完全民事行为能力的未成年人造成他人损害的，其家长作为监护人承担侵权责任

根据《中华人民共和国民法典》第一千一百八十八条"无民事行为能力人、限制民事行为能力人造成他人损害的，由监护人承担侵权责任。监护人尽到监护职责的，可以减轻其侵权责任。　有财产的无民事行为能力人、限制民事行为能力人造成他人损害的，从本人财产中支付赔偿费用；不足部分，由监护人赔偿。"之规定，无民事行为能力人、限制民事行为能力人造成的侵权，由其监护人承担侵权责任。另根据《中华人民共和国民法典》中关于民事主体的相关规定，八周岁以下为无民事行为能力人，八周岁以上的未成年人（十六周岁以上且以自己的劳动收入为主要生活来源的除外）为限制民事行为能力人，也就是说，不具有完全民事行为能力的未成年人造成他人损害的，其监护人（一般是父母，特殊情况下也有可能是祖父母、外祖父母、兄姐、其他社会组织等）承担侵权责任，如果监护人有证据可以证明其已经尽到了监护职责，则可以争取减轻责任，但一般无法免除责任。

在本案例中，周某为小学一年级学生，不具有完全民事行为能力，其对李某造成的人身损害，由其父母承担相应侵权责任。

（二）不具有完全民事行为能力的未成年人在委托监管机构学习、生活期间受到人身损害，委托监管机构承担侵权责任

作为接纳无民事行为能力人、限制民事行为能力人的特殊主体，我国法律对于其应当承担侵权责任的范围有特殊规定：根据《中华人民共和国民法典》第一千一百九十九条、第一千二百条之规定，对于无民事行为能力人来说，其在幼儿园、学校或者其他教育机构学习、生活期间受到人身损害的，幼儿园、学校或者其他教育机构应当承担侵权责任；但是，能够证明尽到教育、管理职责的，不承担侵权责任。而对于限制民事行为能力人来说，其在学校或者其他教育机构学习、生活期间受到人身损害，学校或者其他

教育机构未尽到教育、管理职责的，应当承担侵权责任。总的来说，就是格外强调此类委托监管机构的安全管理义务，对于在其管理下的非完全民事行为能力人遭受的侵害，哪怕机构本身并不是做出侵害行为的主体，只要该机构没有证据证明其事先尽到了教育、管理职责，也会被要求承担相应侵权责任，这在某种程度上是为了让社会上的各类教育机构完善自身管理，从而更好地保护未成年的人身安全。

在本案例中，该看护中心为学生提供看护、照管服务，周某、李某皆为无民事行为能力人，对于自己的行为及后果往往没有足够清醒的认识，自我保护意识和能力也较弱，看护中心作为专业儿童看护服务经营者理应为儿童安全提供有效的保障，但看护中心工作人员既没有及时制止周某在走廊奔跑的行为，生活老师在明知汤的温度较高的前提下也未能尽到应有的注意义务、没有及时发现李某自行打饭盛汤的情况，存在较大的管理疏漏。因此，在没有其他证据可以证明其尽到了教育、管理职责的情况下，该看护中心应当对李某遭受的人身损害承担侵权责任。

拓展 将小孩委托给亲戚照看，照看期间小孩造成他人损害的，由谁承担责任？

原则上由监护人承担，受托人有过错的，也应承担相应责任。依据是《中华人民共和国民法典》第一千一百八十九条，"无民事行为能力人、限制民事行为能力人造成他人损害，监护人将监护职责委托给他人的，监护人应当承担侵权责任；受托人有过错的，承担相应的责任"。例如，程某将儿子小宝委托给小姨江某照顾，但是江某因打麻将没注意到，导致小宝将别人店里的电视弄坏了。这种情况下，受害的店主应当向监护人程某追偿，但是因为江某没有照看好的过错，店主还可以要求江某承担相应的责任。

（三）被侵权人对自身损害的发生或者扩大有过错的，可以减轻侵权人的责任

根据《中华人民共和国民法典》第一千一百七十三条之规定，被侵权人对同一损害的发生或者扩大有过错的，可以减轻侵权人的责任。在常见的涉及未成年人的情境下，该条款一般适用于未成年人之间的因打架斗殴而导致的人身损害赔偿，被侵权人自身就是斗殴的参与者，对侵害的发生同样有过错，因而侵权人的责任可相应减轻；但如果被侵权人没有主动挑起或者加入争执斗殴，仅仅是校园霸凌、暴力事件的受害者，其本身并没有回避侵害的能力，那么其对于损害的发生或扩大没有任何过错，侵权人的侵权责任不可减轻。

在本案例中，虽然看护机构声称是李某违反了关于用餐程序的规定、自行打饭盛汤才导致了损害结果的发生，但首先制定关于用餐程序的规定并不能表明看护机构已尽到的管护职责，其次，考虑到李某是无民事行为能力人，其对于外界的危险源和自身安全保护还不具备清醒的认识，在没有进行教育引导使其了解规则利害的前提下，该管理规定是否能够对李某产生约束力，李某是否能称得上是"有过错"还需论证，在没有其他证据的情况下，看护机构的此项抗辩内容也很难得到支持。

实务建议

（一）父母或者监护人角度

父母或者其他监护人对于未成年儿童的监管义务不仅包括承担其抚养支出，而且在于对其的教养与引导，监护人平日里应当注重对未成年儿童的教育，培养其远离危险源、不随意对他人做出危险行为的意识；此外，自身在场的情况下，还应当时刻关注儿童，及时发现危险行为、及时制止。

（二）委托监管机构角度

委托监管机构应当妥善履行安全管理义务，尤其是涉及儿童教育、托管的机构，更应当通过安排专人看护、在重点场域安装安防设备等方式时刻关注，及时发现、消除安全隐患，主动向学生监护人解释，提示本机构的安全管理制度，引导学生遵守。

法条链接

《中华人民共和国民法典》

第一千一百七十三条　被侵权人对同一损害的发生或者扩大有过错的，可以减轻侵权人的责任。

第一千一百八十八条　无民事行为能力人、限制民事行为能力人造成他人损害的，由监护人承担侵权责任。监护人尽到监护职责的，可以减轻其侵权责任。

有财产的无民事行为能力人、限制民事行为能力人造成他人损害的，从本人财产中支付赔偿费用；不足部分，由监护人赔偿。

第一千一百八十九条　无民事行为能力人、限制民事行为能力人造成他人损害，监护人将监护职责委托给他人的，监护人应当承担侵权责任；受托人有过错的，承担相应的责任。

第一千一百九十九条　无民事行为能力人在幼儿园、学校或者其他教育机构学习、生活期间受到人身损害的，幼儿园、学校或者其他教育机构应当承担侵权责任；但是，能够证明尽到教育、管理职责的，不承担侵权责任。

第一千二百条　限制民事行为能力人在学校或者其他教育机构学习、生活期间受到人身损害，学校或者其他教育机构未尽到教育、管理职责的，应当承担侵权责任。

 案例 40　言语争执后一方猝死，另一方需要承担责任吗？

尤二为社区的文明督导员，常常义务参与社区组织的公益和文明倡导活动。某日尤二回到自家小区，发现楼栋下有老人许大爷正将一袋垃圾抛到路旁并打算转身上楼，而距此大约 100 米的位置就是每栋楼配备的垃圾桶。尤二上前劝阻许大爷：随地乱扔垃圾不仅破坏居住环境，还影响行人通行，就多走几步路的事，不能因为嫌麻烦就直接把垃圾放在路边。许大爷则认为自己是一个腿脚不便的老年人，且小区内随时都有清洁人员巡视，尤二无权要求自己。二人就此争吵起来，随后其他几位邻居经过，便将二人分别劝开，尤二遂离开现场。

尤二刚刚离开，许大爷突然呼吸急促、倒地不省人事。几名邻居中有一名医学生何三，见状立即为许大爷进行心肺复苏，并让其他几人拨打120，而此时没走远的尤二听到动静也折返回来守在现场。很快120到达现场，并表示该老人已经去世，后经医院的进一步检验显示，许大爷的死因是急性心肌梗死，并根据病例发现许大爷曾经在该医院进行过心脏手术；此外，送医时许大爷的肋骨存在骨折现象，判断系被实施心肺复苏按压所致。

事后，许大爷的家人找到尤二、何三，并要求二人就许大爷的死亡承担责任。尤二认为自己出于维护公共环境的目的，对许大爷的不文明行为进行了劝阻，其间没有任何肢体冲突，且许大爷发病倒地时自己已经离开了现场，对许大爷的猝死自己没有责任；而何三则认为自己出于救死扶伤、挽救生命的目的，选择了当时最有效的救治方法，许大爷的死亡也不是实施心肺复苏按压所致，自己对此不应当承担责任。许大爷的家人表示自家老人平时身体健康，不可能平白无故就发病猝死，不接受尤二、何三二人的说法。一时间各方陷入激烈争执，物业试图介入协调失败，便通知了社区。

关注焦点

1. 尤二是否构成侵权？是否应承担责任？
2. 对老人实施心肺复苏按压，导致老人骨折的，实施人是否应承担责任？

法律点睛

（一）老人在争吵后猝死的，如能认定争吵对象的行为与其死亡的结果之间具有法律上的因果关系且其行为具有过错，则对方承担责任，反之则不承担责任

根据《中华人民共和国民法典》第一千一百六十五条第一款"行为人因过错侵害他人民事权益造成损害的，应当承担侵权责任"之规定，要认定侵权关系的产生，需要确定行为的可归责性，一方面是该行为与损害结果之间是否具有法律上的因果关系，另一方面是要确定该行为本身是有过错的（法律规定适用无过错责任原则的情况除外）。也就是说，在已经出现了"老人猝死"这一损害结果的情况下，如果要认定与其争吵的一方对此承担侵权责任，那么对方可能是言行失当、主动挑起了受害者的情绪，也可能是明知受害人的身体状况和激动的后果而故意与其争吵……总之，应当以行为的可归责性为判断依据，而非仅仅根据争吵和猝死两个事件发生的时间顺序来认定责任。

在本案中，我们需要对尤二的行为进行分析。首先，尤二是出于好意对许大爷的行为进行了劝阻，且理由正当，劝阻过程中也未超过必要限度，没有任何肢体上的接触或者其他不当行为；其次，尤二的劝阻行为也并不会造成许大爷猝死的结果，许大爷本身就有心脏病史，且年事已高、不能良好地控制自身情绪，由此才导致不幸发生；最后，尤二也没有侵害许大爷生命健康权的故意或者过失，尤二身为社会公民、社区文明督导员和小区业主，有责任对许大爷随地扔垃圾的行为进行劝阻，其本人并不知晓许大爷做过心脏手术，不可能也没有能力提前预知许大爷会猝死这个后果。综上所述，尤二的行为不存在过错，与最终的损害后果之间不存在法律上的因果关系，不具有可归责性，因此，尤二对于许大爷的死亡不承担侵权责任。

（二）因自愿实施紧急救助（心肺复苏），造成受助人身体损伤的，救助的实施人不承担责任

《中华人民共和国民法典》第一百八十四条规定："因自愿实施紧急救助行为造成受助人损害的，救助人不承担民事责任。"该条款的适用主要有以下几个要点：（1）救助的自愿性，即在自身没有救助义务的情况下，自愿选择见义勇为；（2）以"救助"为目的，即行为动机的善意；（3）受助人的损害与紧急救助行为之间有因果关系，即救助的行为导致了损害结果；（4）法律规定的免责性，即救助人对因救助行为造成受助人的损害不承担民事责任。

在本案中，何三是一名尚未取得行医资格的学生，其在没有救助义务的情况下，为了救助倒地昏迷的许大爷，采取了心肺复苏这一紧急救助行为，由于心肺复苏本就包括大力按压的步骤，受救助的许大爷又是一名骨质疏松的老年人，因此该急救措施确实导致了许大爷的肋骨骨折，故根据上述法律规定，应对何三因紧急救助造成的损害责任豁免，故何三对于许大爷的人身损害也不承担责任。

实务建议

尊老爱幼是中华民族的传统美德，这也体现在人们在与老年人发生争执时往往都选择退让，当然，这并不代表不能对部分老年人存在的不文明行为进行合理劝阻，但应当注意方式方法。无论如何，如果争执或冲突已经发生，则当事人应保持情绪上和行为上的克制，避免进一步激化矛盾或者刺激到老年人。条件允许的情况下，可以通过自行录像或者站到公共摄像头下等方式留下影像记录，如后续发生任何情况可据此还原事实。

法条链接

《中华人民共和国民法典》

第一千一百七十三条 被侵权人对同一损害的发生或者扩大有过错的，可以减轻侵权人的责任。

第一千一百七十九条　侵害他人造成人身损害的，应当赔偿医疗费、护理费、交通费、营养费、住院伙食补助费等为治疗和康复支出的合理费用，以及因误工减少的收入。造成残疾的，还应当赔偿辅助器具费和残疾赔偿金；造成死亡的，还应当赔偿丧葬费和死亡赔偿金。

 ## 案例41　房屋因为楼上漏水毁损了，怎么办？

　　家住阳光花园小区2号楼3层301号的连某与4层401号的徐某系同一栋楼上下层邻居。徐某房屋卫生间马桶、洗手池下方排水管存在漏水现象，使得连某房屋卫生间屋顶多处渗水。连某房屋卫生间内屋顶顶面以及四周墙面均受到漏水影响，存在部分墙皮脱落等情况，卫生间内部分电线线路受损产生故障。连某遂向法院起诉，要求徐某排除妨害并进行损害赔偿。

关注焦点

　　1. 楼上漏水，楼下邻居遭受损害，楼下业主是否有权要求楼上业主进行修复，排除妨害？
　　2. 楼下业主是否有权要求楼上业主承担房屋墙面赔偿修复费用？

法律点睛

（一）若责任主体经核实为楼上业主，则该业主应进行修复

　　首先应当判断漏水原因，从而进行责任主体以及责任大小的认定。因为，楼房漏水的原因多种多样，建筑工程质量、装修防水质量和人为因素均有可能。故而主体可能涉及业主、承租人、装修公司、开发商等多个主体。责任主体确认后，可根据《中华人民共和国民法典》第二百三十六条"妨害物权或者可能妨害物权的，权利人可以请求排除妨害或者消除危险。"之规定，要求排除妨害，修复漏水问题。

（二）因楼下业主的墙面脱皮系楼上业主的排水管泄漏所致，楼上业主应进行赔偿

　　根据《中华人民共和国民法典》第二百三十八条"侵害物权，造成权利人损害的，权利人可以依法请求损害赔偿，也可以依法请求承担其他民事责任。"之规定，在本案中，连某和徐某为上下相邻房屋的所有权人，徐某的401号房屋漏水造成连某301号房屋卫生间屋顶、墙面以及部分线路损坏，连某有权要求徐某赔偿修复费用。关于具体金额，应结合勘验情况，考虑市场行情酌情确定。

实务建议

　　漏水致损时，不同主体的责任如何承担？

（一）若漏水系邻居私自改建管道、装修所致

如发现楼上漏水并造成自家财物损毁，应第一时间与楼上住户取得联系，要求其尽快安排维修堵漏，让水停止渗漏，并赔偿由此产生的损失；如楼上住户不认可是由于自家原因漏水，可考虑共同委托有资质的专业鉴定机构就漏水原因进行鉴定、寻找漏点，在确定渗漏是从楼上住户流出后，进一步沟通修复或再委托鉴定机构对修复方案、修复费用进行评估；如楼上住户拒不配合导致鉴定无法进行，或者楼上住户拒绝采取维修堵漏措施、赔偿损失的，可通过申请人民调解、向法院起诉等方式解决。

（二）若为开发商建房时的质量问题所致

需要明确房屋共用设施、设备是否在质保期内。

（1）房屋共用设施、设备在质保期内的，应由开发商承担修复、赔偿等责任。特别对于顶楼住户，发生楼上漏水，必须是开发商或物业公司来进行维修的，并且费用也由他们承担。如果遇到开发商或物业公司拒绝承担上述情况的相应义务时，受损业主可投诉至当地质监部门，或直接到法院起诉开发商或物业。另外，如开发商经两次修补后未能解决问题，业主有权选择自行维修，维修所产生的费用由开发商支付。根据《房屋建筑工程质量保修办法》第七条，在正常使用条件下，屋面防水工程、有防水要求的卫生间、房间和外墙面的防渗漏的房屋建筑工程的最低保修期限为 5 年。而电气管线、给排水管道、设备安装的保修期为 2 年。保修期从工程竣工验收合格之日起计算。

（2）共用设施、设备已过保质期（排除人为破坏的情况）的，应当由专项维修资金来承担。《物业管理条例（2018 修订）》第五十三条第二款规定："专项维修资金属业主所有，专项用于物业保修期满后物业共用部位、共用设施设备的维修和更新、改造，不得挪作他用。"

法条链接

《中华人民共和国民法典》

第二百三十六条　妨害物权或者可能妨害物权的，权利人可以请求排除妨害或者消除危险。

第二百三十八条　侵害物权，造成权利人损害的，权利人可以依法请求损害赔偿，也可以依法请求承担其他民事责任。

第二百八十八条　不动产的相邻权利人应当按照有利生产、方便生活、团结互助、公平合理的原则，正确处理相邻关系。

 案例 42　电瓶车在电梯、楼道内自燃，谁来承担责任？

老张系独居老人，居住在某小区的电梯公寓内，平日利用自购的电瓶车出行。出于方便，老张每次都将电瓶车推进电梯、到达居住楼层后就直接将车锁

在楼道中靠近自家房门的地方。小区物业还将每栋电梯公寓楼下的绿化带改造成电瓶车的自助收费充电处，小区业主需要对自家电瓶车充电时，都会将电瓶车推到充电处停靠排队。

一日，老张下班后，先将电瓶车推到楼下充电，充满电后，老张就将电瓶车推回。快到家时，电瓶车的电瓶处突然开始冒烟，不时冒出火星，并很快发生了自燃。老张慌乱之下将放在电瓶车上的物品取回，就立即由消防通道撤离了现场。到达楼下后，老张拨打了119报告火情，但仅仅说了某小区某楼栋起火，没有说明起火原因和自己的车主身份，然后就离开了小区、到亲戚家借住。随后，消防人员赶到现场，发现火势已经蔓延到楼道和房间内部，住户外墙及户内不同程度受损，所幸此时该楼层住户都不在家中，没有人员被困。但正当消防人员打开消防栓时却发现消防栓没水，只得使用消防车上备用的水源，同时，涉事的楼栋、楼层消防箱内灭火器等设备已经因过期无法使用。经过消防人员的努力，数十分钟后火被彻底扑灭，此时物业得知消息后到达现场。

此后，当地消防部门出具了火灾事故认定书，认定起火原因为电瓶车内部线路发生短路引起自燃，后又引燃周围可燃物蔓延引起火灾。事后，物业通过监控和电瓶车残骸上的车牌号确定了自燃电瓶车的车主老张，但老张这几日并未返回小区，一时间物业也找不到人。此时该楼层的其他受损业主聚集在物业办公处门口，要求物业立即处理对其损失的赔偿事宜，而物业则认为火灾的真正责任人是老张，自己身为物业已经尽到了必要的安全保障义务，对于老张的侵权行为，物业不承担侵权责任，要求业主们去找老张要赔偿。双方产生争执，物业报警并联系了社区。

关注焦点

1. 老张将电瓶车放置在楼道内，电瓶车自燃导致他人损害的，其是否承担侵权责任？
2. 对于电瓶车自燃导致火灾及其造成的损害，物业是否要承担责任？
3. 对于该小区的其他消防安全隐患，物业是否有责任消除？

法律点睛

（一）老张违规停放电瓶车的行为导致了他人损害，应承担侵权责任

根据《中华人民共和国民法典》第一千一百六十五条"行为人因过错侵害他人民事权益造成损害的，应当承担侵权责任。"之规定，行为人的过错行为导致他人权益受损的，应当承担停止侵害、排除妨碍、消除危险等侵权责任，还应当对他人遭受的损失进行赔偿。因此，认定是否承担侵权责任的关键在于确定行为人的过错，以及这个过错与损害的结果之间是否具有因果关系。而将电瓶车推进电梯、停放在楼道内部的行为，属于明令禁止的行为，比如，《中华人民共和国消防法（2021修正）》第二十八条规定："任何单

位、个人不得损坏、挪用或者擅自拆除、停用消防设施、器材，不得埋压、圈占、遮挡消火栓或者占用防火间距，不得占用、堵塞、封闭疏散通道、安全出口、消防车通道。人员密集场所的门窗不得设置影响逃生和灭火救援的障碍物。"《公安部关于规范电动车停放充电加强火灾防范的通告》的第三条："规范电动车停放充电行为。公民应当将电动车停放在安全地点，充电时应当确保安全。严禁在建筑内的共用走道、楼梯间、安全出口处等公共区域停放电动车或者为电动车充电。公民应尽量不在个人住房内停放电动车或为电动车充电；确需停放和充电的，应当落实隔离、监护等防范措施，防止发生火灾。"

在本案中，涉事楼栋为电梯公寓，人员密集，且楼道和门口是居民进行疏散、逃生的必经之路，老张将电瓶车放置在楼道内的行为，既违反了《中华人民共和国消防法（2021 修正）》中关于不得占用疏散通道、安全出口，人员密集场所的门窗不得设置障碍物的规定，又直接违反了公安部通告中关于禁止在建筑内的共用走道等公共区域停放电动车的规定，因而老张的行为存在过错。同时，该楼层居民的财物损失系老张停放在楼道内的电瓶车自燃起火、引发火灾所致，且老张在发现着火后并未实施积极的救火措施来防止损失扩大，也没有试图通知同楼层住户有火情，因此老张的种种行为都与最终损害结果的产生具有直接的因果关系。综上，可以认定老张对于此次电瓶车自燃导致的他人损失承担侵权责任，其他受损害的业主有权向其主张赔偿。

（二）物业作为公共场所管理者，未对老张的违规停放进行劝阻和制止，对损害后果应承担责任

电瓶车的自燃，固然有电瓶车自身质量问题，以及主动将电瓶车停放在禁停区域的行为人的责任，但作为公共场所的管理者，小区物业本就负有履行法定消防安全的职责，同时还应当按照与业主之间的物业服务合同约定，对小区的防火安全设施、通道等进行妥善的管理。根据《中华人民共和国民法典》第一千一百九十八条、《中华人民共和国消防法（2021 修正）》第十六条、《公安部关于规范电动车停放充电加强火灾防范的通告》等相关规定，小区的物业服务企业应当对其管理区域内的电动车停放实施安全管理，并保障疏散通道、安全出口等畅通，对于部分业主做出的将电瓶车乱停乱放等危险行为，应当参照国务院办公厅印发的《消防安全责任制实施办法》第十八条之规定，及时劝阻和制止占用、堵塞、封闭疏散通道、安全出口、消防车通道等行为，劝阻和制止无效的，立即向公安机关等主管部门报告，并定期开展防火检查巡查和消防宣传教育。

而在本案中，老张将电瓶车停放在楼道、堵塞疏散通道等行为不是一次性的，而是连续发生，该小区的物业对于该种行为没有及时地劝阻和制止，也没有将潜在险情向相关主管部门报告，更没有采取其他措施来引导业主们规范停放电瓶车，因此，小区物业应当就电瓶车自燃引发火灾等一系列的损害结果承担责任。

（三）物业对业主有安全保障义务，应当主动、积极消除消防安全隐患

根据《物业管理条例（2018 修订）》第三十五条第二款：物业服务企业未能履行物业

服务合同的约定，导致业主人身、财产安全受到损害的，应当依法承担相应的法律责任。由此，可见物业对业主有安全保障义务，应依照《中华人民共和国消防法（2021 修正）》第十六条之规定，履行相应消防安全职责，包括：（1）落实消防安全责任制，制定本单位的消防安全制度、消防安全操作规程，制定灭火和应急疏散预案；（2）按照国家标准、行业标准配置消防设施、器材，设置消防安全标志，并定期组织检验、维修，确保完好有效；（3）对建筑消防设施每年至少进行一次全面检测，确保完好有效，检测记录应当完整准确，存档备查；（4）保障疏散通道、安全出口、消防车通道畅通，保证防火防烟分区、防火间距符合消防技术标准；（5）组织防火检查，及时消除火灾隐患；（6）组织进行有针对性的消防演练；（7）法律、法规规定的其他消防安全职责。

而在本案中，物业不仅未经全体业主允许、未经相关部门批准，就擅自将原属小区公共部分的绿化带改造成充电装置、引发大量电瓶车在此聚集，也没有对小区内的消防设施进行定期检测、维护和补充，导致消防栓不出水、建筑内灭火器过期等情况产生。物业有责任对上述消防安全隐患进行排查和消除。

实务建议

（一）车主的角度

1. 到正规经营的有固定经营场所的销售者处，购买质量合格的电瓶车，在购买电瓶车时索要合格证。

2. 不得私自改装电瓶车。不得继续使用已经发生故障的电瓶。若车主违反的，导致发生严重后果的，则涉嫌过失以危险方法危害公共安全罪、过失致人重伤罪、失火罪等，可能承担刑事责任。

3. 应当将电动车停放在安全地点，充电时应当确保安全。

4. 严禁在建筑内的共用走道、楼梯间、安全出口处等公共区域停放电动车或者为电动车充电。

5. 应尽量不在个人住房内停放电动车或为电动车充电；确需停放和充电的，应当落实隔离、监护等防范措施，防止发生火灾。

6. 发生火灾后，经判断，若无法自行处置的，应第一时间打 119（消防报警电话），告知消防人员失火地所在区县、街道、门牌号码等详细地址，不要用简称。要说明是什么物质着火和火势大小。

（二）物业的角度

1. 物业服务企业应当依据《物业管理条例（2018 修订）》等有关规定，对管理区域内电动车停放、充电实施消防安全管理。

2. 定期对住宅小区、楼院开展电动车停放和充电专项检查，及时消除隐患。对检查发现电动车违规停放、充电的，应当制止并组织清理；对拒不清理的，要向公安机关消防机构或者公安派出所报告。

3. 做好楼道和电梯的电瓶车日常巡查，特别是监控等，发现后及时制止。

4. 通过张贴公告，做好电瓶车停放的告知，用案例、警示教育等方式，让电瓶车车主深刻了解电瓶车违规停放、违规充电的危害以及可能面临的法律责任。

（三）其他业主的角度

1. 发现电瓶车违规停放和充电的，及时劝阻。若对方不理睬的，向物业、社区、公安部门报告。

2. 对因此受到侵害的，通过法律途径正常维权，不要采取过激行为。若无法判断电瓶车是否存在质量问题的，起诉时，也可以将产品的生产者、销售者、物业公司与车主一并作为被告提起诉讼，或者由人民法院依法追加生产者作为共同被告参加诉讼，以确保伤者的损失能够最大限度地得到弥补。

法条链接

《中华人民共和国民法典》

第一千一百六十五条 行为人因过错侵害他人民事权益造成损害的，应当承担侵权责任。

依照法律规定推定行为人有过错，其不能证明自己没有过错的，应当承担侵权责任。

第一千一百九十八条 宾馆、商场、银行、车站、机场、体育场馆、娱乐场所等经营场所、公共场所的经营者、管理者或者群众性活动的组织者，未尽到安全保障义务，造成他人损害的，应当承担侵权责任。

因第三人的行为造成他人损害的，由第三人承担侵权责任；经营者、管理者或者组织者未尽到安全保障义务的，承担相应的补充责任。经营者、管理者或者组织者承担补充责任后，可以向第三人追偿。

《中华人民共和国消防法（2021 修正）》

第十六条 机关、团体、企业、事业等单位应当履行下列消防安全职责：

（一）落实消防安全责任制，制定本单位的消防安全制度、消防安全操作规程，制定灭火和应急疏散预案；

（二）按照国家标准、行业标准配置消防设施、器材，设置消防安全标志，并定期组织检验、维修，确保完好有效；

（三）对建筑消防设施每年至少进行一次全面检测，确保完好有效，检测记录应当完整准确，存档备查；

（四）保障疏散通道、安全出口、消防车通道畅通，保证防火防烟分区、防火间距符合消防技术标准；

（五）组织防火检查，及时消除火灾隐患；

（六）组织进行有针对性的消防演练；

（七）法律、法规规定的其他消防安全职责。

单位的主要负责人是本单位的消防安全责任人。

第二十八条　任何单位、个人不得损坏、挪用或者擅自拆除、停用消防设施、器材，不得埋压、圈占、遮挡消火栓或者占用防火间距，不得占用、堵塞、封闭疏散通道、安全出口、消防车通道。人员密集场所的门窗不得设置影响逃生和灭火救援的障碍物。

 案例43　帮忙照顾邻居家的宠物可以要求报酬吗？

朱六与秦五为对门邻居，秦五家中饲养一只高级品种宠物猫，猫咪性情活泼，深受宠爱。某日，秦五因公出差，但在出门时忘了将窗户上锁，导致猫咪将窗户扒开、跳到窗外，最终困在了朱六家的窗沿下方。朱六听到窗户外的猫叫声，发现并认出了是隔壁家的猫咪，出于好心便将猫咪抱进了屋内；又多次敲秦五的门，欲告知其宠物猫跑到自家来了，却一直无人回应。确认秦五不在家后，朱六到附近宠物店购买了猫窝、猫粮、猫砂等物品，自己照顾起了猫咪。一连数日，秦五都没有回家，而猫咪由于不熟悉朱六家的环境，出现食欲不振、拉稀等情况，还抓破了朱六家的沙发皮套，朱六为此将猫咪带到宠物医院进行定期治疗，但猫咪的情况一直没有好转。

某日，朱六通过宠物医院的医生得到了秦五的微信，便添加秦五为好友，告知其猫咪跳窗到自家来的情况，秦五得知大惊，并对朱六代为照顾猫咪的行为表示感谢。不久，秦五匆匆结束工作从外地赶回，但在朱六家见到猫咪时，秦五看到猫咪精神不振还瘦了一圈，便开始质疑朱六是否有好好照顾猫咪。此时朱六接到宠物医院电话（朱六将电话公放），医生表示猫咪此前的体检结果已出，现确诊猫咪感染杯状病毒，需要进一步治疗，并通知朱六支付上一阶段的检查、治疗费用，朱六回复称自己只是无因管理，猫咪真正的主人秦五回来了，让其找秦五支付相关费用。秦五听后更加生气，抱着猫咪就要走，朱六被秦五的态度激怒，拦住去路并要求秦五支付其购买猫窝、猫粮、猫砂等物品的费用，并赔偿自己家中被猫咪抓破的沙发皮套，秦五认为朱六害猫咪得病，属于故意损害他人财产，自己没有找朱六赔偿已经仁至义尽。二人陷入激烈争执，秦五以自己人身安全受威胁为由报警，朱六也通知了社区。

关注焦点

1. 代为照顾邻居家的宠物是否构成无因管理？

2. 无因管理人是否有权要求受益人支付相关费用？

3. 受益人是否有权要求无因管理人就被管理物的损失进行赔偿？

法律点睛

（一）判断构成无因管理需满足法定条件

根据《中华人民共和国民法典》第九百七十九条，无因管理是指管理人没有法定的或者约定的义务，为避免他人利益受损失而管理他人事务。管理人可以请求受益人偿还因管理事务而支出的必要费用；管理人因管理事务受到损失的，可以请求受益人给予适当补偿。也就是说，如果要构成无因管理，需满足以下条件：第一，管理人没有法定或约定的义务；第二，管理人具有管理的意思表示，即因管理行为所产生的利益归属于受益人的意思；第三，管理人具有管理他人事务的行为；第四，管理人因管理行为而支出的必要费用，可以请求受益人偿还，或受到的损失，可以请求受益人适当补偿。简单来说，就是管理人在明知是他人的事务、自己完全可以不管的前提下，仍然对该事务进行了善良管理（即其做法是趋向于保存好被管理物或维护别人的权益，而不是恶意地想要使被管理物灭失、损害别人的权益）。

在本案例中，宠物猫是秦五的财产，朱六在明知猫咪是邻居家的、自己完全没有义务对其进行救助、照顾的情况下，仍然选择救助并花费时间、精力进行照顾，发现猫咪患病后也及时带其就医治疗，客观上来看满足了以上条件，属于无因管理。

（二）无因管理人有权向受益人请求偿还因管理行为而支出的必要费用，以及要求受益人对因管理行为而受到的损失进行适当补偿

如上文所述，无因管理人系出于善意，对本来与自己无关的他人事务进行了管理、最终使他人受惠，那么根据公平性原则，如果管理人在这个完全是自发性的过程中，为妥善管理而进行了必要的花费、或者自身权益受到了损害，那么其就有权就相应部分向其帮助的对象、实际的受益人请求偿还费用或获得相应的补偿。但是，需要特别注意的是，根据《中华人民共和国民法典》第九百七十九条第二款之规定，管理事务不符合受益人真实意思的，管理人不享有前款规定的权利；但是，受益人的真实意思违反法律或者违背公序良俗的除外。也就是说，无因管理人的费用偿还请求权、损失补偿请求权是存在不能适用情景的：不能基于"一厢情愿"式的付出。比如，甲新买了一台洗衣机，将快要报废的旧洗衣机拖到屋外本来是打算交给回收人员，然而就在甲暂时离开原地去联系回收人员时，乙将洗衣机拖走、花费一大笔钱将其维修好又运回去，那么此时乙就无权强行要求甲收下洗衣机并归还所花费的运输、维修费用。当然，如果受益人本来的真实意思根本就是违法或违背公序良俗的，此时无因管理人还是有权向其请求费用偿还和损失补偿的，比如街坊邻居对一个被监护人抛弃的孩子进行了养育、照顾。

本案例中，朱六自费购买了猫窝、猫粮、猫砂、药品，支付了医疗费用，上述费用皆是为保障秦五的宠物猫咪健康存活所必要的合理支出，而朱六的沙发皮套等家具也确实是由于对猫咪的收养照顾才导致的损失，故朱六有权就上述费用和损失请求秦五进行归还和适当补偿。

（三）在没有证据证明无因管理人就管理物的减损存在责任的情况下，受益人要求管理人承担赔偿责任缺乏法律依据

《中华人民共和国民法典》第九百八十一条规定了无因管理人的善良管理义务："管理人管理他人事务，应当采取有利于受益人的方法。中断管理对受益人不利的，无正当理由不得中断。"其中强调了无因管理"使他人受益"这个基本倾向的，如果管理人主动导致或者放任被管理物的价值损毁，则被管理物的所有人追究其损害赔偿责任尚有理可循。但是，法律强调的是一个态度，并未强调最终的结果，如果无因管理人已经为妥善管理做出了相应的努力，但最终由于不可归责于管理人的原因使被管理物价值降低的，便不能苛责于管理人、要求其就该部分的损失承担赔偿责任。

本案例中，朱六在照顾宠物猫咪的过程中主动为其提供了生活所需物资，在发现其生病后也尽力救治，虽然最后没有成功治愈，但其行为已经体现出其在努力采取有益于保护猫咪、保护秦五的所有物妥善存续的方法，也不存在中途弃养的情况，因此，在没有其他证据证明朱六对猫咪的患病存在直接责任的前提下，秦五无权向朱六要求损害赔偿。

实务建议

无因管理行为本身系出自行为人的好意，相当于为受益人避免了财物的损失，因此不论是基于法律上的公平原则，还是道德上的知恩图报，受益人都应对无因管理人进行适当的补偿，而具体的补偿数额，则应当由双方友好协商确定，无因管理人应注意保留相应票据及材料，以便于双方进行数额认定。如果双方无法达成一致意见，则可以通过申请人民调解或者起诉等方式解决。

法条链接

《中华人民共和国民法典》

第九百七十九条　管理人没有法定的或者约定的义务，为避免他人利益受损失而管理他人事务的，可以请求受益人偿还因管理事务而支出的必要费用；管理人因管理事务受到损失的，可以请求受益人给予适当补偿。

管理事务不符合受益人真实意思的，管理人不享有前款规定的权利；但是，受益人的真实意思违反法律或者违背公序良俗的除外。

第九百八十一条　管理人管理他人事务，应当采取有利于受益人的方法。中断管理对受益人不利的，无正当理由不得中断。

第九百八十四条　管理人管理事务经受益人事后追认的，从管理事务开始时起，适用委托合同的有关规定，但是管理人另有意思表示的除外。

案例 44　宠物致人损害，由谁承担责任？

胡某为某市动物园的饲养员，除了上班喂养动物，自身亦养了一条金毛寻回犬作为宠物。由于该犬种为大型犬，需要一定的饲养空间及运动量，胡某每天中午、傍晚都会带着金毛犬到小区内散步，且胡某考虑到金毛犬性情温顺、担心其被狗绳束缚会不舒服，并基于自己是专业饲养员、可完全控制金毛犬活动的自信，在散步时从未给金毛犬拴狗绳。

某日，胡某带着金毛犬散步时，迎面遇到了饭后出门遛弯的赵大爷，赵大爷看到前方有一条没有牵绳的大狗，心下慌张便站定不动，而金毛犬在看到赵大爷站定后又朝着赵大爷走了几步，此时赵大爷与金毛犬之间距离约有 3 米。赵大爷见大狗朝自己移动十分害怕，便朝着金毛犬挥舞手上的钥匙链想将其吓跑，但金毛犬见状反而兴奋，不听胡某的喝止、直接跑向赵大爷并后腿直立扑到其身上。赵大爷被扑倒在地，当场手臂骨折，胡某见状拨打 120 将赵大爷送往医院。后经医院诊断，由于赵大爷年事已高、身体虚弱，除了骨折还有其他伴发病症，且经当地司法鉴定所鉴定为九级伤残。

赵大爷的家人就赔偿问题与胡某产生纠纷，赵大爷的家人认为胡某应当为损失的一切后果承担全部责任，而胡某则认为事发前金毛犬并未对赵大爷有任何扑倒行为，反而是赵大爷朝其挥舞钥匙链的行为挑逗了犬只才导致了损害结果发生，因此赵大爷对于损害结果的产生也有一定过错。此外，九级伤残这一严重后果的产生有很大一部分原因是赵大爷自身的体质问题，犬只的侵权行为仅仅基于赵大爷被扑倒在地的骨折和擦伤等损失，对于扩大的部分自己不因承担责任。由于一直未能就赔偿数额达成一致，双方在小区内展开了激烈争执，其间赵大爷的家人情绪激动、产生了肢体冲突，胡某报警，小区物管也联系了社区。

关注焦点

1. 家养宠物造成他人损害的，应承担何种责任？何种情况下饲养人可以免责？
2. 曾经饲养的宠物逃出家门了，其造成的损害责任由谁承担？
3. 因第三人的过错导致宠物伤人，由谁承担责任？

法律点睛

（一）家养宠物造成他人损害的，饲养人应承担侵权责任，但损失是由于被侵权人故意或者重大过失造成的，饲养人可以免责或者减轻责任

根据《中华人民共和国民法典》第一千二百四十五条"饲养的动物造成他人损害的，动物饲养人或者管理人应当承担侵权责任；但是，能够证明损害是因被侵权人故意或者重大过失造成的，可以不承担或者减轻责任。"和第一千二百四十六条"违反管理规定，

未对动物采取安全措施造成他人损害的，动物饲养人或者管理人应当承担侵权责任；但是，能够证明损害是因被侵权人故意造成的，可以减轻责任。"之规定，饲养动物侵权的构成要件为：（1）动物是饲养的；（2）饲养的动物有损害行为，不论饲养人是否有意为之；（3）给他人造成了损害后果，包括财产损害、人身损害、精神损害；（4）动物致害的事实与损害结果之间存在因果关系。饲养动物侵权一般适用无过错责任原则，即不以饲养人或管理人主观过错为要件，免除了受害人证明行为人过错的举证责任。这主要是考虑到饲养的动物具有一定的危险性，动物饲养人对动物的控制力是最强的，应承担起管理动物的义务，适用无过错责任原则，从而更加审慎地预见和防范危险发生。

本案中，胡某出于对自身能力和犬只服从性的盲目自信，未给犬只系上狗绳，还将其带至小区这类行人往来频繁的公共区域活动，自身存在疏于管理的过失；同时，本案饲养动物造成的损害后果系赵大爷被犬只扑倒并引发骨折所致，虽然赵大爷年事已高、骨质疏松，但其对事故的发生及损害后果的造成均无主观过错（其晃动钥匙链的行为客观上是否造成影响需结合案件具体情况判断，但就目前案件事实来看，其程度与"主动挑衅"相去甚远），其年老骨质疏松等个人体质因素仅是与损害造成后果存在客观上的介入因素，并无法律上的因果关系，其自身的特殊体质也不构成"损害是因被侵权人故意或者重大过失造成的"这一法定免责条件，因此，赵大爷对于此次宠物伤人事件所造成的全部损害后果不承担责任。综上所述，应当由胡某就此次宠物伤人造成的损害后果承担全部侵权责任。

拓展 饲养危险动物致人损害，被侵权人有故意挑逗行为，饲养人可以不赔吗？

根据《中华人民共和国民法典》第一千二百四十七条之规定："禁止饲养的烈性犬等危险动物造成他人损害的，动物饲养人或者管理人应当承担侵权责任。"因此，如果饲养人饲养的是具有危险性的、被当地法律法规所明令禁止的动物，若该动物造成损害结果，按照无过错责任原的要求，不论受害人是否自身有过错，即使饲养人或管理人做好了相应安全防范措施，饲养人都应对此承担侵权责任。

（二）逃逸的宠物造成他人损害的，原饲养人承担侵权责任

根据《中华人民共和国民法典》第一千二百四十九条之规定："遗弃、逃逸的动物在遗弃、逃逸期间造成他人损害的，由动物原饲养人或者管理人承担侵权责任。"饲养人未能尽到妥善的管理义务，要么主动遗弃、要么疏忽大意让宠物脱逃，原饲养人的行为加剧了动物对他人、社会的危险性，因此造成他人损失的，饲养人应当就其损害结果承担侵权责任。此处也适用绝对侵权责任，不论受害人是否也存在过错，饲养人都应担责。该条款客观上也倒逼饲养者妥善履行对自己宠物的照管义务，一旦决定饲养宠物，便要负责到底。

因此，假设本案中，肇事的金毛犬是从胡某家中逃脱并造成赵大爷受损害的，那么胡某也应当对此承担全部责任，而不能以自己对此不知情等理由进行抗辩。

（三）因第三人原因导致宠物造成他人损害的，饲养人不得以此为由逃避责任，但可以向第三人追偿

某些情况下，侵权结果的产生原因并不仅仅是侵权人和被侵权人的行为，还可能有第三人的因素存在，在饲养动物侵权的情况下更是如此。而对于此种情况下各方如何担责，《中华人民共和国民法典》第一千二百五十条有明确规定："因第三人的过错致使动物造成他人损害的，被侵权人可以向动物饲养人或者管理人请求赔偿，也可以向第三人请求赔偿。动物饲养人或者管理人赔偿后，有权向第三人追偿。"根据该条款，被侵害人享有选择的权利，其可以要求动物的饲养人承担责任，也可以要求第三人承担责任，饲养人不得以第三人才是造成损害结果的主因为由拒绝履行责任；动物的饲养人如果被要求承担责任的，其在承担赔偿义务后，有权向第三人追偿，此时第三人为最终责任人。

因此，假设本案中，是小区其他路人甲对金毛犬进行挑衅或者刺激，才导致金毛犬暴起扑倒赵大爷的，则赵大爷既可以找胡某索赔，也可以找甲索赔，二者皆无权拒绝。

实务建议

宠物饲主应当以负责、审慎的态度对自己的宠物进行管理，在家中加装纱窗或者关好门窗，防止宠物逃跑造成他人损害，带宠物出门时应为其系上安全牵引绳或者放入猫包、笼子等设备，保证其始终处于自己的管控之下；同时，还应当严格遵守当地关于动物饲养的相关条例规定，在缺乏相关资质或者能力的情况下，不饲养剧毒动物、烈性动物等危险动物。

法条链接

《中华人民共和国民法典》

第一千二百四十五条　饲养的动物造成他人损害的，动物饲养人或者管理人应当承担侵权责任；但是，能够证明损害是因被侵权人故意或者重大过失造成的，可以不承担或者减轻责任。

第一千二百四十六条　违反管理规定，未对动物采取安全措施造成他人损害的，动物饲养人或者管理人应当承担侵权责任；但是，能够证明损害是因被侵权人故意造成的，可以减轻责任。

第一千二百四十七条　禁止饲养的烈性犬等危险动物造成他人损害的，动物饲养人或者管理人应当承担侵权责任。

第一千二百四十九条　遗弃、逃逸的动物在遗弃、逃逸期间造成他人损害的，由动物原饲养人或者管理人承担侵权责任。

第一千二百五十条　因第三人的过错致使动物造成他人损害的，被侵权人可以向动物饲养人或者管理人请求赔偿，也可以向第三人请求赔偿。动物饲养人或者管理人赔偿后，有权向第三人追偿。

案例 45 摄像头下的相邻人隐私权边界如何认定？

刘大爷、徐大娘系幸福花园小区 7 栋 203 室房屋业主，吴某系 204 室房屋业主，两户房屋共用一条走廊出入。

2021 年 3 月，因 204 室失窃，吴某为安保防护，遂在门口安装了摄像头；其摄像头摄制范围包括吴某家门及走廊。刘大爷与徐大娘每次经过吴某家门以及走廊时都会看到这个摄像头，久而久之，发现这个摄像头会将自己家庭成员进出经过的情景全部录下，侵犯了自己的隐私权。因此，刘大爷找到吴某进行协商，希望对方拆除此摄像装置。

吴某认为这个摄像头是安装在自己家门口，属于私人空间，与刘大爷、徐大娘无关，因此对方无权要求自己拆除。

关注焦点

1. 吴某在门口安装摄像头的行为是否侵犯了刘大爷、徐大娘的隐私？
2. 刘大爷、徐大娘可以如何提出哪些诉求？

法律点睛

（一）吴某在门口安装摄像头的行为侵犯了刘大爷、徐大娘的隐私

根据《中华人民共和国民法典》第一千零三十四条之规定，自然人的个人信息受法律保护。个人信息是以电子或者其他方式记录的能够单独或者与其他信息结合识别特定自然人的各种信息，包括自然人的姓名、出生日期、身份证件号码、生物识别信息、住址、电话号码、电子邮箱、健康信息、行踪信息等。因此，在吴某的监控中摄制的 203 室家庭成员出入行踪，可以完整监控 203 室及其往来人员，采集到 203 室住户的个人面部特征、出行状况、户内人员状况等个人信息并进行了存储，该行为又并未征求 203 室住户的同意，侵犯了刘大爷、徐大娘隐私。

（二）可以要求拆除摄像头，或变换角度并删除该摄像头所存储的 203 室住户的信息

虽然吴某是出于保护自己安全的目的而安装摄像头，但是其摄像头摄制的刘大爷一家人的进出住宅信息，与其家庭财产安全、私密活动行踪等密切相关，属于刘大爷等的隐私，摄像头的摄制、记录存储属于侵权行为。故而刘大爷有权要求吴某停止侵害、排除干扰。

在这种情况下，吴某应当拆除摄像头，或者调整其摄制范围，以避免发生对刘大爷、徐大娘一家的侵权行为。

实务建议

根据《中华人民共和国民法典》第二百八十八条之规定，不动产的相邻权利人应当

按照有利生产、方便生活、团结互助、公平合理的原则，正确处理相邻关系。在同一栋楼房内部同一层的相邻两户，应本着团结互助、公平合理的原则相处。由于同层相邻住户之间的公共区域之内的出入人员相对具体特定，如被摄像录制存储，则其内容反映的个人活动行踪和生活状况信息，属于个人的隐私权。因此，若需要在自己家门口安装摄像头以保障安全，还应当秉持团结互助的原则谨慎设置摄像头的摄制范围且应从合法正规渠道购进监控设备，避免侵害相邻权人的正当权益且不得将拍摄到的内容对外传播。

法条链接

《中华人民共和国民法典》

第一千零三十三条 除法律另有规定或者权利人明确同意外，任何组织或者个人不得实施下列行为：

（一）以电话、短信、即时通讯工具、电子邮件、传单等方式侵扰他人的私人生活安宁；

（二）进入、拍摄、窥视他人的住宅、宾馆房间等私密空间；

（三）拍摄、窥视、窃听、公开他人的私密活动；

（四）拍摄、窥视他人身体的私密部位；

（五）处理他人的私密信息；

（六）以其他方式侵害他人的隐私权。

 ## 案例46 住宅楼底商存在油烟污染，居民怎么办？

> 李女士系幸福花园小区 3 栋住户，楼下底商是一个火锅店，火锅店的抽油烟机正好对着李女士家的卧室。李女士一家从早到晚受火锅店油烟困扰，若开窗总是会有油烟糊臭味飘进家中。
>
> 李女士曾让物业前去处理。物业告知店家让检查抽油烟机并注意排放，但每次店家都说没空或者不理睬物业，李女士无奈又找到社区。

关注焦点

李女士遇到这种情况，应当怎么办？

法律点睛

火锅店安装烟囱（排油烟箱）的行为应当避免对相邻的不动产权利人造成损害，造成损害应当赔偿。根据法律规定，妨害物权或者可能妨害物权的，权利人可以请求排除妨害或者消除危险，故此，李女士有权要求火锅店停止侵害，排除妨碍。

实务建议

受底商油烟影响的业主可以先向小区物业反映，让物业去沟通劝阻；若协商无果，可投诉至环保部门，由环保部门责令改正（如安装排气设施、加装油烟净化设施等）。如严重影响到正常生活，业主可以同时向法院提起诉讼，要求对方排除妨害，恢复原状，并要求赔偿损失。

法条链接

《中华人民共和国大气污染防治法（2018 修正）》

第八十一条　排放油烟的餐饮服务业经营者应当安装油烟净化设施并保持正常使用，或者采取其他油烟净化措施，使油烟达标排放，并防止对附近居民的正常生活环境造成污染。

禁止在居民住宅楼、未配套设立专用烟道的商住综合楼以及商住综合楼内与居住层相邻的商业楼层内新建、改建、扩建产生油烟、异味、废气的餐饮服务项目。

任何单位和个人不得在当地人民政府禁止的区域内露天烧烤食品或者为露天烧烤食品提供场地。

第一百一十八条　违反本法规定，排放油烟的餐饮服务业经营者未安装油烟净化设施、不正常使用油烟净化设施或者未采取其他油烟净化措施，超过排放标准排放油烟的，由县级以上地方人民政府确定的监督管理部门责令改正，处五千元以上五万元以下的罚款；拒不改正的，责令停业整治。

违反本法规定，在居民住宅楼、未配套设立专用烟道的商住综合楼、商住综合楼内与居住层相邻的商业楼层内新建、改建、扩建产生油烟、异味、废气的餐饮服务项目的，由县级以上地方人民政府确定的监督管理部门责令改正；拒不改正的，予以关闭，并处一万元以上十万元以下的罚款。违反本法规定，在当地人民政府禁止的时段和区域内露天烧烤食品或者为露天烧烤食品提供场地的，由县级以上地方人民政府确定的监督管理部门责令改正，没收烧烤工具和违法所得，并处五百元以上二万元以下的罚款。

《成都市餐饮服务业油烟污染防治管理办法》

第十一条　禁止在下列区域或者场所新建、改建、扩建产生油烟的餐饮服务项目：

（一）居民住宅楼、未配套设立专用烟道的商住综合楼以及商住综合楼内与居住层相邻的商业楼层内；

（二）按照规划用途不得开办餐饮服务项目的展览馆、博物馆、图书馆、档案室等主体建筑内。

前款规定的产生油烟的餐饮服务项目不包括以下项目：

（一）不设厨房和中央空调的兑制冷热饮品、凉茶、零售烧卤熟肉食品、食品复热的餐饮服务项目；

（二）不设炒炉和无煎、炒、炸、烧烤、焗等产生油烟、异味、废气制作工序的甜品、炖品、西式糕点、中式包点等餐饮服务项目。

○○○ 第三章　物业纠纷

本章导言

一、法律权利

（一）人身权利

健康权、身体权、名誉权。

（二）财产权利

所有权：不动产和动产所有权、建筑物区分所有权。

债权：合同之债、侵权之债。

二、法律关系概述

《中华人民共和国民法典》中有关物业纠纷的规定大多在合同编里的物业服务合同章以及侵权责任编；其中规定了物业服务合同的定义、合同的内容与形式、对业主的约束力、前期物业服务合同、物业服务合同的转委托、物业服务人的主给付义务、物业服务人的报告义务、业主物业费支付义务、业主的事先告知义务、物业服务合同的法定解除、物业服务合同的续订等。侵权责任编中的安全保障义务规定也是调整物业服务与业主双方纠纷的主要适用条款。

三、物业纠纷分析

物业服务公司作为提供物业服务，使业主的物业保值、增值的商事组织，其在日常生活中与业主、其他利益相关方发生纠纷时，可从多个角度分析原因：物业服务意识是否足够——若物业服务方常以管理者自居，则难免引起业主内心的抵触与反感，积累矛盾；物业服务合同对于服务事项细则约定是否明确；代表业主方行使权利的业主委员会等组织是否健全；等等。

四、主要涉及法律法规定位

《中华人民共和国民法典》			
第 118 条	【债权定义】	第 919—936 条	【委托合同】
第 119 条	【合同约束力】	第 937—950 条	【物业服务合同】
第 120 条	【侵权之债】	第 1164—1178 条	【侵权责任一般规定】
第 271—287 条	【业主的建筑物区分所有权】	第 1198 条	【安全保障义务】
第 888—903 条	【保管合同】	第 1252—1258 条	【建筑物和物件损害责任】
《物业管理条例（2018 修订）》			

物业管理费纠纷

 案例 47　利用小区内业主共有部分打广告的收益归谁所有？

　　兴旺公司是美丽家园小区的物业管理企业。2021 年 4 月，兴旺公司代表美丽家园小区与天明传媒公司签订了小区内的电梯广告位出租协议，将美丽家园小区的 30 部电梯内的 30 个广告位出租给天明传媒公司，租赁期限 1 年，租赁费 30 万元。2021 年 7 月，美丽家园小区成立了业主委员会。业主委员会要求兴旺公司将广告位租赁费交由业主委员会进行管理。兴旺公司认为这 30 万的收益是物业管理费用，应该归自己所有。2021 年 3 月，业主委员会向法院起诉。

关注焦点

　　美丽家园的广告收益应当归谁所有？

法律点睛

　　根据《中华人民共和国民法典》第二百八十二条之规定："建设单位、物业服务企业或者其他管理人等利用业主的共有部分产生的收入，在扣除合理成本之后，属于业主共有。"本案中，兴旺公司作为物业管理企业，利用小区的共有部分开展出租业务，将广告位租给天明传媒公司使用，兴旺公司在广告出租过程中参与了签约的磋商谈判，事后还需要对广告牌等进行维护，相应地也会产生不少经营性支出，这些支出都属于合理成本，因此 30 万元的租赁收益在扣除合理成本后应当由业主共有。

实务建议

（一）公共部分的经营性收益有哪些？

根据《民法典》第二百七十四条、第二百七十五条以及《最高人民法院关于审理建筑物区分所有权纠纷案件具体应用法律若干问题的解释》第三条的规定，属于业主共有的部分较多，包括：（1）建筑区划内的道路，但是属于城镇公共道路的除外；（2）建筑区划内的绿地，但是属于城镇公共绿地或者明示属于个人的除外；（3）建筑区划内的其他公共场所、公用设施；（4）物业服务用房；（5）占用业主共有的道路或者其他场地用于停放汽车的车位；（6）建筑物的基础、承重结构、外墙、屋顶等基本结构部分，通道、楼梯、大堂等公共通行部分，消防、公共照明等附属设施、设备，避难层、设备层或者设备间等结构部分。物业公司利用这些公共区域营利的方式也多种多样，比如：小区内电梯轿厢、户外以及其他共用部位的广告收益；小区公共区域的停车场地租金；小区公共区域内出租的摊位收益；公建配套用房经营；基站管理费收入；利用小区公共配套设施如球场、公共游泳池、活动室等的经营收入；自动售卖机的场地费、快递柜入场费；等等。

（二）若起诉，以谁的名义起诉？

电梯属于业主共有部分，其收益属于业主共有，因此起诉的主体应当是业主委员会，而不是某一个业主个人。但必须履行法定的程序。首先，业主委员会需经过备案。在立案时，法院可能会要求出示业主委员会的备案证明。其次，业主委员会的起诉需要经过业主的授权。应当召开业主大会，由专有部分面积占比三分之二以上的业主且人数占比三分之二以上的业主参与表决。应当经参与表决专有部分面积过半数的业主且参与表决人数过半数的业主同意。

（三）提出的诉讼请求是什么？

请求得利人返还取得的利益。业主委员会代表业主要求物业公司返还占用的公共区域广告费用，是业主基于其享有的广告费用所有权而提起的诉讼，物业公司占用广告费用无合法的依据，物业公司应当是得利人，业主委员会应当是受损人。

拓展一 哪些属于业主共有部分？

所谓建筑物业主共有部分，包括建筑物内的全体业主使用的电梯井、管道井、楼梯间、垃圾道、变电室、设备间、公共门厅、过道、地下室、值班警卫室、广场、舞厅、图书室、棋牌室等，其他走廊、门厅、大堂等建筑物的构成部分等，以及为整幢服务的公共用房和管理用房的建筑面积等都属于分摊的公用建筑面积，同样是业主共有部分。

拓展二　这些共有部分取得的收益应如何分配？

《中华人民共和国民法典》第二百八十二条规定："建设单位、物业服务企业或者其他管理人等利用业主的共有部分产生的收入，在扣除合理成本之后，属于业主共有。"业主委员会还应当对物业共有部分的使用和经营收益的收支情况，通过在小区显著位置张贴和互联网方式进行公示。

拓展三　这些收益应当如何处置？

应当由业主大会决定，或按物业服务合同的约定处理。比如：归入公共维修资金，或经营收益抵扣物业费，或用来抵扣物业公司提供的其他服务，等等。如果业主大会决议分给全体业主每个人享有，也不应按照业主人数平均分配，而应当按照每一个业主专有部分的建筑面积比例分配，专有部分面积所占比例越大的业主，可以分得的收益也就越多。

拓展四　如果物业不给业主广告费、停车管理费等，业主可不可以不交物业费？

不可以，因为二者不是同一个法律关系。如果物业拒绝将共有部分的收益给业主，业主大会或业主委员会可以向人民法院起诉返还，还可以向所在地的住建部门举报；如果存在挪用、侵占、隐瞒业主共有部分收益情况的，行政机关将对其处以罚款。

法条链接

《中华人民共和国民法典》

第二百八十二条　建设单位、物业服务企业或者其他管理人等利用业主的共有部分产生的收入，在扣除合理成本之后，属于业主共有。

第二百八十三条　建筑物及其附属设施的费用分摊、收益分配等事项，有约定的，按照约定；没有约定或者约定不明确的，按照业主专有部分面积所占比例确定。

《物业管理条例（2018修订）》

第十六条　业主委员会应当自选举产生之日起30日内，向物业所在地的区、县人民政府房地产行政主管部门和街道办事处、乡镇人民政府备案。

……

第五十四条　利用物业共用部位、共用设施设备进行经营的，应当在征得相关业主、业主大会、物业服务企业的同意后，按照规定办理有关手续。业主所得收益应当主要用于补充专项维修资金，也可以按照业主大会的决定使用。

 案例48　业主对于物业管理方面，享有怎样的知情权？

韩某某、杨某某系幸福家园小区4栋1801、1802的业主，被告星星物业公司自 2005 年起为该小区提供物业管理服务至今。2019 年 3 月 7 日，新一届幸福家园小区业主大会、业主委员会备案，业主委员会负责人徐某某、吴某某、李某。

2007 年 2 月，幸福家园业主大会与星星物业公司签订物业服务合同，其中约定星星物业公司以包干制收费方式确定物业费，收缴的停车费中，25%用于支付星星物业公司管理服务成本，75%纳入专项维修基金。该小区的《专项维修资金管理规约》载明，业主委员会或委托的代理记账机构每年 1 月、7 月向全体业主公布账目明细情况：维修资金的收支、发生物业维修、更新、改造项目和费用以及按户分摊情况、利用本物业管理区域全体和部分共用部分从事停放车辆、设置广告等经营性活动而获得收入和支出的情况、维修资金使用和管理的其他有关情况等；上述账目公布信息分别张贴于小区公告栏、每个门牌号出入口，业主有异议的，业主委员会应当自受理异议申请的 15 日内接受业主查询。该小区由星星物业公司代理记账。另，该小区内有网球场、游泳池、会所、廊桥等设施。

韩某某、杨某某要求披露并供其查阅、复制且在幸福家园小区公告栏或公共区域内张贴公布下列各公益性收入项目的账册、相关合同、收费发票：（1）地面长期停车费收入账册、月度登记车辆清单、收费发票、银行入账凭证；（2）地面临时停车费收入账册、月度临时停车收费汇总清单、财务记账凭证；（3）电梯广告费收入账册、广告合同、收费发票；（4）网球场出租收入账册、出租合同、收费发票；（5）游泳池出租收入账册、出租合同、收费发票；（6）会所场地、房间出租收入账册、出租合同、收费发票；（7）设备、设施（如电信设备等）进小区管理收入账册、双方协议、收费发票；（8）利息收入账册、利息收入汇总清单、银行入账凭证；（9）其他公益性收入账册、合同、收费发票。要求披露并供原告查阅、复制且在幸福家园小区公告栏或公共区域内张贴公布下列各公益性支出项目（2016 年 6 月 1 日至 2020 年 6 月 7 日）：（1）按"物业服务合同"规定的比例提取的物业成本——提取汇总清单及财务凭证；（2）税金支出——税金支出汇总清单、银行支付凭证；（3）"廊桥"修缮支出——项目审批、验收单据、项目结算清单、材料采购发票；（4）其他修缮项目的支出——各项目审批、验收单据、项目结算清单、材料采购发票或外单位修理协议和结算发票。要求披露并供原告查阅、复制且在幸福家园小区公告栏或公共区域内张贴公布 2016 年 6 月 1 日至 2020 年 6 月 7 日维修资金收入和支出清单。

关注焦点

业主知情权享有的范围？

法律点睛

业主知情权，是指业主了解建筑区划内涉及业主共有权以及共同管理权相关事项的权利。对于业主知情权的范围《最高人民法院关于审理建筑物区分所有权纠纷案件适用法律若干问题的解释（2020 修正）》第十三条已作出明确的规定，业主知情权应严格按照法律规定的内容予以行使，不能随意扩大或者缩小，同时，业主知情权的行使方式、行使对象等亦应符合相关的法律规定。根据该规定，涉及公共收益的收支状况的原始凭证、财务会计账簿和记账凭证、合同等均应属于业主知情权的范畴，对于已公布的文件和资料应允许业主查阅。因此，公益性收入账册，车辆登记清册、地面停车登记清册、停车收费凭证（地面长期和地面临时）、发票以及电梯广告、游泳池、会所场地等共有设施、设备的出租合同、收费发票、利息入账凭证，业主都有权查阅和复制。对于小区公共部分的维修支出，业主需证明维修实际发生，对业主有证据证明小区共有部分进行了维修养护的，相关的修缮支出，包括项目审批、验收单据、结算清单、材料采购发票、外包修理协议和发票，业主均有权查阅、复制。但业主知情权的范围应当是查阅已经实际存在的材料，还未制作完成的，不在查询的范围。业主要求张贴发票、合同等财务凭据，缺乏法律依据，且不具有可操作性。另外，业主在查阅过程中，相关义务主体负有协助义务，业委会及物业公司如确实没有相关资料，则应以情况说明方式进行公示告知业主。同时，业主行使知情权当以不影响他人权益及尽量减少对义务主体的负担为原则，不应多次重复查阅，如需复制材料，产生的费用应由业主自行承担。

实务建议

《最高人民法院关于审理建筑物区分所有权纠纷案件适用法律若干问题的解释（2020 修正）》第十三条已经较为全面地保障了业主的知情权，但是知情权的行使也有一定的限制，具体如下：

1. 不能就已知情或者应当知情的情况要求行使知情权。

业主委员会、物业服务公司等义务主体已经按规定在物业管理的区域内定期公布了的事项，视为业主已就该事项知情。

2. 不能就没有发生的情况要求行使知情权。

如果情况没有发生，又要求行使知情权，属于没有事实根据。业主若通过诉讼行使知情权，请求公布或请求查阅的应当是实际发生的情况或实际存在的资料，并提供实际发生的证据。

3. 不能以不合理的方式请求行使知情权。

生活中，业主可以就涉及自身利益的事项向业主委员会等义务主体提出询问，义务主体应当予以答复。但业主如果通过诉讼行使知情权的，仅限于请求公布或请求查阅两种方式，而不能要求业主委员会、物业服务公司书面答复或书面说明。因为请求公布和请求查阅两种方式已经足以保障业主的知情权，且以"公布"和"查阅"这两种方式行使知情权也便于强制执行，但"书面答复""书面说明"由业主委员会、物业服务公司一方书写，其客观性容易受影响，从而可能引发新的争议。

4. 对只适合查阅的情况或资料不能请求公布。

业主可以查阅任何应当向业主公开的情况和资料，但不是任何情况和资料均适合。比如，按照财务会计准则，账目凭证就不太适合对外公开。

5. 若业主起诉行使知情权的，必须有具体的诉讼请求和事实、理由。

因为诉讼请求不具体，就不符合起诉的要求。起诉需要有正当的目的，而诉讼请求不具体，就不符合起诉的要求。若经法院释明后，仍不明确具体诉讼请求和事实、理由的，将面临被法院裁定驳回起诉的风险。

法条链接

《物业管理条例（2018 修订）》

第六条 房屋的所有权人为业主。

业主在物业管理活动中，享有下列权利：

（一）按照物业服务合同的约定，接受物业服务企业提供的服务；

（二）提议召开业主大会会议，并就物业管理的有关事项提出建议；

（三）提出制定和修改管理规约、业主大会议事规则的建议；

（四）参加业主大会会议，行使投票权；

（五）选举业主委员会成员，并享有被选举权；

（六）监督业主委员会的工作；

（七）监督物业服务企业履行物业服务合同；

（八）对物业共用部位、共用设施设备和相关场地使用情况享有知情权和监督权；

（九）监督物业共用部位、共用设施设备专项维修资金（以下简称专项维修资金）的管理和使用；

（十）法律、法规规定的其他权利。

《最高人民法院关于审理建筑物区分所有权纠纷案件适用法律若干问题的解释（2020 修正）》

第十三条 业主请求公布、查阅下列应当向业主公开的情况和资料的，人民法院应予支持：

（一）建筑物及其附属设施的维修资金的筹集、使用情况；

（二）管理规约、业主大会议事规则，以及业主大会或者业主委员会的决定及会议记录；

（三）物业服务合同、共有部分的使用和收益情况；

（四）建筑区划内规划用于停放汽车的车位、车库的处分情况；

（五）其他应当向业主公开的情况和资料。

《中华人民共和国民法典》

第二百八十一条 建筑物及其附属设施的维修资金，属于业主共有。经业主共同决定，可以用于电梯、屋顶、外墙、无障碍设施等共有部分的维修、更新和改造。建筑物及其附属设施的维修资金的筹集、使用情况应当定期公布。

　　紧急情况下需要维修建筑物及其附属设施的，业主大会或者业主委员会可以依法申请使用建筑物及其附属设施的维修资金。

案例 49　物业服务不到位，业主是否有权暂停缴纳物管费？

　　沈二购置了某开发商开发的幸福花园小区内一处房屋居住，此时为该小区提供物业服务的企业为天天公司。一年后，沈二和其他业主发现物管大楼门口的公司名称被换成了星星公司，一问之下得知天天公司已经与星星公司签订了物业服务合同，自此将由星星公司代替天天公司为小区提供物业管理服务。

　　不久后，小区居民接到星星公司通知，自下个月起，小区物业费将在原有基础上涨价 0.5 元/平方米，部分业主表示不可接受。此外，自星星公司接管以来，小区出现了垃圾清运不及时、绿化没有人管、小区门禁形同虚设等问题。沈二与部分业主一起以拒绝缴纳物管费的方式表达不满，此后沈二认为小区居住条件恶化，便搬离此处，将房屋空置，其间也再未支付物管费。

　　1 年后，沈二由于工作地点变化，为方便上下班又搬回该房屋，突然发现自家已经断水，与自来水公司确认也没有产生欠费。沈二投诉至物管（星星公司），物管表示由于沈二拖欠物管费用超过 1 年，故关闭了其房屋的总水阀，补足物管费后可重新打开。沈二十分愤怒，与物管公司人员产生激烈争执，其他业主见状报告了社区。

关注焦点

1. 小区物业服务事项是否可以转委托？
2. 物业服务不到位，业主是否有权暂停缴纳物管费？
3. 业主延迟缴纳物管费的，物业服务公司是否有权采取断水等方式催缴？

法律点睛

（一）小区物业服务可以转委托，但必须满足一定的条件

　　《中华人民共和国民法典》第九百四十一条规定："物业服务人将物业服务区域内的部分专项服务事项委托给专业性服务组织或者其他第三人的，应当就该部分专项服务事项向业主负责。　　物业服务人不得将其应当提供的全部物业服务转委托给第三人，或者将全部物业服务支解后分别转委托给第三人。"根据其表述，法律并未禁止将物业服务事项转委托给他方，但是，此种转委托不能产生转包或者变相转包的效果：物业服务人只能将自己工作内容的一部分转委托出去，而不能把本属于自己的工作全部转嫁给他人，

因物业服务人凭借着自己的既往服务经验等获取了业主们的信任与认可，并签订了物业服务合同，却转头将所有物业管理业务转委托给第三方，就会导致无法保证服务质量。此外，哪怕物业服务人只是将服务内容部分转委托（比如将小区内的路面清洁转委托给某劳务公司），但其仍然应就该部分向业主承担责任（比如，冬季路面结冰，路面未及时清理，导致业主滑倒受伤，则物业服务人应就此向业主负责），因为根据合同的相对性原理，与业主签订了物业服务合同的是物业服务人，对于合同约定义务的履行情况，物业服务人自然应当负责。

回到本案中，天天公司是小区的物业服务人，但其却与星星公司签订了物业服务合同、将本属于自己应提供的物业服务内容全部转委托给星星公司，违反了法律规定，天天、星星之间的物业服务合同应属无效。

（二）物业服务人已经按约定或规定提供了物业服务的，业主应当支付物业费

服务类商品不同于实体类商品，对其服务质量的评价在某些情况下是因人而异的，物业服务也是如此，但不论如何，如果服务人已经按约定或规定提供了相应服务，那么其就具有获取报酬的权利——在没有特别约定的情况下，服务效果的好坏有可能会造成最终服务费用数额的变化，但不会影响服务费本身的有无。《中华人民共和国民法典》第九百四十四条第一款亦规定："业主应当按照约定向物业服务人支付物业费。物业服务人已经按照约定和有关规定提供服务的，业主不得以未接受或者无需接受相关物业服务为由拒绝支付物业费。"同时，《最高人民法院关于审理物业服务纠纷案件适用法律若干问题的解释（2020修正）》第二条规定："物业服务人违反物业服务合同约定或者法律、法规、部门规章规定，擅自扩大收费范围、提高收费标准或者重复收费，业主以违规收费为由提出抗辩的，人民法院应予支持。   业主请求物业服务人退还其已经收取的违规费用的，人民法院应予支持。"也就是说，业主向提供了物业服务的物管公司支付物管费是一项义务，如果业主对于物业服务的内容有所不满，或者认为物管公司存在违约违法、违规收费的，则需要提供相应的证据，最终交由法院来评判是否成立。

在本案例中，由于和业主签订物业服务合同的是天天公司而非星星公司，星星公司的物业服务是否为业主接受，要分情况看。如果星星公司接管小区，小区业主大会或者委员会、或者大部分业主对此表示接受的，双方就存在物业服务关系，业主客观上接受了星星公司提供的服务，应当支付其物管费。在此前提下，如果星星公司确实存在服务不到位的问题、造成业主损失的，星星公司也应当就该部分向业主承担相应责任（包括但不限于赔偿损失、整改、赔礼道歉，以及实践中常见的减免物管费等等）。但是，如果星星公司接管小区物业的行为没有得到小区业主大会或者委员会、或者大部分业主的同意，那么双方的物业服务关系不成立，星星公司也无权基于一个无效的物业服务合同而要求业主向其支付物管费。

对于物管费是否应当涨价的问题，星星公司不是物业服务合同的相对方，无权涨价，

若天天公司涨价，则价格的变化属于对于合同内容的重大变更，需要经合同双方协商一致后才有效。如果未经小区业主大会或者委员会批准同意，那么涨价无效；但如果涨价得到了业主大会或者委员会的同意，那么个别业主也应当遵守。

> **拓展**　旧物管合同到期，新物管还没找到，这期间该如何处理？

《中华人民共和国民法典》第九百五十条规定："物业服务合同终止后，在业主或者业主大会选聘的新物业服务人或者决定自行管理的业主接管之前，原物业服务人应当继续处理物业服务事项，并可以请求业主支付该期间的物业费。"因此，旧物管合同到期至签订新物管合同期间，旧的物业服务公司应当继续提供物业服务，并可以要求业主支付物业费，这是旧物业服务公司的权利和义务。

（三）物业服务人不得采取停止供电、供水、供热、供燃气等方式催交物业费

根据《中华人民共和国民法典》第九百四十四条第二、三款之规定："业主违反约定逾期不支付物业费的，物业服务人可以催告其在合理期限内支付；合理期限届满仍不支付的，物业服务人可以提起诉讼或者申请仲裁。　物业服务人不得采取停止供电、供水、供热、供燃气等方式催交物业费。"法律明确规定，不得通过断水、断电、断供暖、断燃气的方式催交物业费，如果业主经催告仍然拖欠物业费的，物管公司可以通过司法途径进行权利主张，而不能简单粗暴地直接断水断电。在本案中，在假设星星公司与小区业主之间的物业服务关系有效的前提下，客观上即使存在业主沈二拖欠物管费的情况，星星公司直接关闭总水阀、切断供水的行为也是违反法律规定的。

> **拓展**　没有实际在该处居住，也要支付物业费吗？

需要，物业费是物业服务人依照约定，面向全体业主进行物业服务所收取的相应费用，个别业主不能以自己没实际居住、没有享受到服务为由拒绝支付物业费。

实务建议

（一）在物业公司存在违法转包的情况下，业主可以怎么做？

小区业主们可通过召开业主大会或者委员会，做出决议接受或者不接受目前的实际物业服务方（转包方）：如果接受，则与其签订正式的物业服务协议，双方按照协议约定各自行使权利、履行义务；如果做出决议不接受目前的实际物业服务方，那么业主大会或委员会有权拒绝继续接受其提供的服务，并拒绝继续向其缴纳物业管理费，同时要求原物业服务方（发包方）按照原物业服务协议的约定，切实履行其服务义务，并追究其违约责任；如果业主与原物业服务方都已经失去了继续履行合同的意愿，双方也可协商解除物业服务合同。

（二）业主长期拖欠物业费，物业管理方该怎么办？

对于业主拖欠物业费的情况，物业服务合同中有相关约定的，按约定处理；没有相关约定的，可通过电话、短信微信、在业主门口张贴欠费通知等形式，通知业主在合理时限内补缴费用，并告知其逾期仍未缴纳的后果；逾期仍不缴纳的，可以通过申请人民调解、仲裁或者诉讼的方式，要求业主缴清欠费，但不能通过断水、断电、断供暖、断燃气等方式催交费用。

法条链接

《中华人民共和国民法典》

第九百四十一条　物业服务人将物业服务区域内的部分专项服务事项委托给专业性服务组织或者其他第三人的，应当就该部分专项服务事项向业主负责。

物业服务人不得将其应当提供的全部物业服务转委托给第三人，或者将全部物业服务支解后分别转委托给第三人。

第九百四十四条　业主应当按照约定向物业服务人支付物业费。物业服务人已经按照约定和有关规定提供服务的，业主不得以未接受或者无需接受相关物业服务为由拒绝支付物业费。

业主违反约定逾期不支付物业费的，物业服务人可以催告其在合理期限内支付；合理期限届满仍不支付的，物业服务人可以提起诉讼或者申请仲裁。

物业服务人不得采取停止供电、供水、供热、供燃气等方式催交物业费。

《最高人民法院关于审理物业服务纠纷案件适用法律若干问题的解释（2020 修正）》

第二条　物业服务人违反物业服务合同约定或者法律、法规、部门规章规定，擅自扩大收费范围、提高收费标准或者重复收费，业主以违规收费为由提出抗辩的，人民法院应予支持。

业主请求物业服务人退还其已经收取的违规费用的，人民法院应予支持。

 案例 50　业主购房后从未入住，是否仍然应当缴纳物业费？

张大爷于 2021 年 1 月 1 日购买了位于某市某区美好家园小区一套房屋，于同年 2 月 1 日收房。阳阳物业公司为美好家园小区的物业管理公司。张大爷在购买了此处房屋后一直没有搬迁入住，也没有理会阳阳物业多次催告其缴纳物业费的通知。

阳阳物业公司与美好家园业主委员会签订的《物业服务合同》中约定：本合同期限为 3 年，自 2021 年 1 月 1 日至 2023 年 12 月 31 日，多层住宅按建筑面积每月每平方米 0.33 元收取物业费；空置住宅物业的物业费按每月每平方米 0.33 元收取物业费；业主不按本协议约定的收费标准和时间交纳有关费用的，物业管理公司有权要求业主补交并从逾期之日起交纳违约金。

张大爷表示：自己的房屋从收房至今都没有居住过，不应该支付物业费以及违约金，房屋存在质量问题，阳阳物业应该负责维修；美好家园小区绿地被侵占，改为停车场，阳阳物业没有尽到物业服务义务。

2021年10月，阳阳物业经多次催要无果后将张大爷诉至法院，请求判令张大爷向其支付物业费及违约金。

关注焦点

张大爷虽然收房但一直未入住，可否因此不缴纳物业费？

法律点睛

即使未入住，仍应当支付物业费。

根据《物业管理条例（2018修订）》第四十一条之规定："业主应当根据物业服务合同的约定交纳物业服务费用。业主与物业使用人约定由物业使用人交纳物业服务费用的，从其约定，业主负连带交纳责任。已竣工但尚未出售或者尚未交给物业买受人的物业，物业服务费用由建设单位交纳。"阳阳物业与美好家园业主委员会签订的《物业服务合同》系双方真实意思表示，合同内容不违反相关法律强制性规定，应受法律保护。阳阳物业作为物业服务企业如约提供了物业服务，张大爷应当按照合同约定交纳物业费。

张大爷所称购买的房屋存在质量问题，且没有入住，故其不应交纳物业费。房屋质量问题应由房屋开发单位承担相应违约责任，另根据《中华人民共和国民法典》第九百四十四条第一、二款之规定，"业主应当按约定向物业服务人支付物业费。物业服务人已经按照约定和有关规定提供服务的，业主不得以未接受或者无需接受相关物业服务为由拒绝支付物业费。   业主违反约定逾期不支付物业费的，物业服务人可以催告其在合理期限内支付；合理期限届满仍不支付的，物业服务人可以提起诉讼或者申请仲裁。"

因此，既然阳阳物业已经按照合同约定以及相关规定提供服务，业主张大爷以未享受或者无需接受相关物业服务为抗辩理由就没有法律依据，张大爷应当承担向阳阳物业支付物业费的违约责任。

实务建议

若发生对物业服务不满意的情况，能否拒绝缴纳物业服务费？

在日常生活中，常常会发生因为对物业企业的安全保障、卫生清扫、犬只管理、车辆管理等服务不满意，就拒绝缴纳物业服务费的情况。拒绝缴纳物业服务费从性质上看，可能会被理解为单方解除合同。根据法律规定，单方解除权的行使须依约定或者依照法律的明确规定。另外，业主行使单方解除权也需要履行法定程序。若因为物业公司存在保安脱岗、停车场管理混乱、小区盗窃、监控失效、物业未阻止私拉乱建以及圈养犬只等一般履行瑕疵就不缴纳物业费，擅自解除合同，在诉讼中可能不易得到支持，因为这会妨碍其他按时缴纳物业费的业主获得正常的物业服务，而某些事由如违章建筑等也属于行政管理范畴。除非，物业公司存在不履行合同或者有重大瑕疵的情况。

法条链接

《中华人民共和国民法典》

第九百三十九条　建设单位依法与物业服务人订立的前期物业服务合同，以及业主委员会与业主大会依法选聘的物业服务人订立的物业服务合同，对业主具有法律约束力。

第九百四十四条　业主应当按照约定向物业服务人支付物业费。物业服务人已经按照约定和有关规定提供服务的，业主不得以未接受或者无需接受相关物业服务为由拒绝支付物业费。

业主违反约定逾期不支付物业费的，物业服务人可以催告其在合理期限内支付；合理期限届满仍不支付的，物业服务人可以提起诉讼或者申请仲裁。

物业服务人不得采取停止供电、供水、供热、供燃气等方式催交物业费。

案例 51　租客不按租赁合同约定交纳物业费，怎么办？

> 冯某系幸福小区业主，2021年1月，冯某将其幸福花园小区3栋1201号房屋出租给李某，租期一年，并在房屋租赁合同中约定物业费由承租方李某交纳。
>
> 2021年7月，冯某收到幸福小区物业公司的通知，称其名下房屋拖欠物业费，若不及时交纳，将会被诉至法院。冯某告知物业方房屋已经出租给李某，且双方已约定由承租方交纳物业费，物业公司应当向李某追讨物业费。

关注焦点

房屋出租后，出租方能否以房屋已出租为由不交纳物业服务费？

法律点睛

若租客没有按时交纳物业服务费，物业方有权要求业主支付物业费。因为根据合同相对性原则，业主与租客签订租赁合同约定由租客缴纳物业费的，此约定只能在业主与租客之间产生约束，不能对抗第三人物业公司。因此，在李某没有按时交纳物业费的情况下，物业方有权要求冯某交纳。

实务建议

（一）物业方角度

根据《物业管理条例（2018修订）》第四十一条之规定，业主应当根据物业服务合同的约定交纳物业服务费用。业主与物业使用人约定由物业使用人交纳物业服务费用的，从其约定，业主负连带交纳责任。如果房屋实际居住人不交纳物业费的情况下，不能免除业主交纳服务费的责任，物业有权要求业主交纳物业费。

（二）业主方角度

租客不按照合同约应交纳物业费的，业主可以进行起诉，以房屋租赁合同为依据，要求租客承担租赁期间的物业费。

法条链接

《物业管理条例（2018 修订）》

第七条　业主在物业管理活动中，履行下列义务：

（一）遵守管理规约、业主大会议事规则；

（二）遵守物业管理区域内物业共用部位和共用设施设备的使用、公共秩序和环境卫生的维护等方面的规章制度；

（三）执行业主大会的决定和业主大会授权业主委员会作出的决定；

（四）按照国家有关规定交纳专项维修资金；

（五）按时交纳物业服务费用；

（六）法律、法规规定的其他义务。

第四十一条　业主应当根据物业服务合同的约定交纳物业服务费用。业主与物业使用人约定由物业使用人交纳物业服务费用的，从其约定，业主负连带交纳责任。

已竣工但尚未出售或者尚未交给物业买受人的物业，物业服务费用由建设单位交纳。

第六十四条　违反物业服务合同约定，业主逾期不交纳物业服务费用的，业主委员会应当督促其限期交纳；逾期仍不交纳的，物业服务企业可以向人民法院起诉。

 案例 52　物业公司的义务有哪些？

　　韩三、杨四为一对夫妇，二人有一正在读幼儿园的儿子杨小宝，一家三口共同居住于幸福小区，小区的物业为天天物业公司。随着居住时日愈久，小区楼栋的电梯常常出现故障，业主亦每次都向物业报告，物业亦每次都及时维修，但不久后电梯又会故障。某日物业在公告栏处张贴通知，大致内容为：经工程部检查，电梯数次故障是中控系统受损所致，且该系统及其他零件已经停产，如需修好，只能重新购置电梯，购置费用预估在××万左右，现向业主征求意见并筹款，每户需出××元。部分业主对此通知表示反对，认为电梯的维修和购置费应当先从维修资金中出、不应当直接让业主承担；物业回复表示维修资金此前已经用于小区维护，余额不足；而部分业主亦反驳认为物业"忽视"了近来收取的广告费用……双方就此争论不休，电梯维修事务没有进展。

此外，该小区的业主活动中心采用开放式设计，大厅可供业主自由使用，夏季许多家长会带小孩来享受空调、互相交流。某日，韩三饭后带着杨小宝到活动中心玩耍，杨小宝趁着韩三与其他家长聊天之际，与其他小朋友一同在大厅内追逐、跑闹，结果在一次追逐中，杨小宝不慎滑倒并撞倒了装饰用的花瓶，导致花瓶碎裂并割伤了杨小宝的手。韩三和在场物业人员听到杨小宝的哭声后立即赶到现场，用物业提供的急救物品简单包扎后将杨小宝送往了医院。第二天，韩三、杨四在业主群中公布了这一事件，部分业主也由于电梯维修事件对物业早有不满，韩三、杨四及部分业主便前往物业办公处，采用围堵、聚集的方式要讨说法，物业难以招架，通知了社区。

关注焦点

1. 小区电梯的维修、购置费用由谁承担？
2. 利用小区公共部分所赚取的广告、场地费，由谁享有？
3. 在小区公共区域受伤，物业是否承担责任？

法律点睛

（一）小区电梯属于建筑物的附属设施，其维修、购置费用应当从维修资金中支付

根据《中华人民共和国民法典》第二百八十一条"建筑物及其附属设施的维修资金，属于业主共有。经业主共同决定，可以用于电梯、屋顶、外墙、无障碍设施等共有部分的维修、更新和改造。建筑物及其附属设施的维修资金的筹集、使用情况应当定期公布。 紧急情况下需要维修建筑物及其附属设施的，业主大会或者业主委员会可以依法申请使用建筑物及其附属设施的维修资金"之规定，电梯是全体业主共有，对于该部分的维修、更新和改造，应当经业主共同决定后，从房屋维修资金中支出。在生活中，房屋的专项维修资金一般由建设单位或者物业公司代为向业主收取，注意此处仅为"代收"，该笔款项并不属于建设单位或者物业公司所有，而是由全体业主共有，且一般存于专项账户、仅用于房屋公共部分的维修。此外，考虑到小区建筑的自然折损问题，专项资金确实客观上存在减少问题，但按照法律规定，资金的管理人应当就其使用情况定期公布，如果发现资金即将用完，则根据《中华人民共和国民法典》第二百七十八条第一款"下列事项由业主共同决定：……（五）使用建筑物及其附属设施的维修资金；（六）筹集建筑物及其附属设施的维修资金；（七）改建、重建建筑物及其附属设施；……"之规定，也应当经业主大会或者全体业主同意后再行征集。

本案例中，天天物业公司在一直未就维修资金使用情况进行公示、告知，也未与业主大会和业主委员会商议的情况下，在急用维修电梯费用的时候直接以"维修资金不足"为由向业主收取维修费用的行为不符合法律规定。

（二）利用业主的共有部分产生的收入，在扣除合理成本后属于业主共有

根据我国法律对于建筑物区分所有权的规定，业主对建筑物内的住宅、经营性用房等专有部分享有所有权，对专有部分以外的共有部分享有共有和共同管理的权利。也就是说，小区的电梯、道路、绿化设施等专有部分以外的部分是业主的共有部分。《中华人民共和国民法典》第二百八十二条规定："建设单位、物业服务企业或者其他管理人等利用业主的共有部分产生的收入，在扣除合理成本之后，属于业主共有。"也就是说，一般常见于小区电梯内的显示屏广告费、业主活动中心的租金等，都是利用业主共有部分产生的收入，扣除了必要的管理运营费用之后，应当归全体业主共有。而对于该笔费用具体该如何使用或者分配，法律没有明确的规定，业主大会或者全体业主可以协商一致后自行决定，也可授权物业公司对该笔费用进行管理和使用，但原则上该笔费用应当是为了促进全体业主的利益而使用，物业公司也应当就相关情况以合理方式向业主公开。

拓展 物业公司的信息公开义务

《中华人民共和国民法典》第九百四十三条："物业服务人应当定期将服务的事项、负责人员、质量要求、收费项目、收费标准、履行情况，以及维修资金使用情况、业主共有部分的经营与收益情况等以合理方式向业主公开并向业主大会、业主委员会报告。"《四川省物业管理条例（2021修订）》第五十二条规定，"物业公司应当向业主大会、业主委员会报告下列信息，并在显著位置公示：

"（一）物业服务人的营业执照（执业证照）、投诉电话及物业服务人和项目负责人的信用信息；

"（二）物业服务内容和质量要求，收费项目、标准和方式，合同履行情况；

"（三）电梯、消防等具有专业技术要求的设施设备的维修保养单位名称、联系方式、维修保养记录以及安全运行状况；

"（四）供水二次加压调节水箱清洗记录及水箱水质检测报告；

"（五）业主共有部分的经营收益收支情况和建筑物及其附属设施的维修资金使用情况；

"（六）物业服务用房使用情况；

"（七）实施酬金制收费的，公布物业服务资金收支情况；

"（八）法律、法规规定和物业服务合同约定其他应当公示的信息。

"前款第一项至第四项的事项应当持续公开；其他事项，应当每半年至少公示一次，公示期不少于三十日。

"业主对公示内容提出异议的，物业服务人应当及时答复。"

（三）在物业服务区域内采取合理措施保护业主的人身、财产安全，是物业公司的义务，由于其疏于管理导致的业主人身受损，物业公司应承担相应责任

《中华人民共和国民法典》第九百三十七条明确规定："物业服务合同是物业服务人

在物业服务区域内，为业主提供建筑物及其附属设施的维修养护、环境卫生和相关秩序的管理维护等物业服务，业主支付物业费的合同。　　物业服务人包括物业服务企业和其他管理人。"而所谓物业服务区域，一般都涵盖了整个小区范围（具体以在行政机关处备案的规划图纸等为准），尤其是道路、公共绿地、服务中心或者活动中心等典型的小区公共区域，就更包含在物业服务区域内。在此基础上，再结合《中华人民共和国民法典》第九百四十二条"物业服务人应当按照约定和物业的使用性质，妥善维修、养护、清洁、绿化和经营管理物业服务区域内的业主共有部分，维护物业服务区域内的基本秩序，采取合理措施保护业主的人身、财产安全。"之规定，物业公司有义务保护在小区公共区域的业主的人身安全，如果由于未能履行上述义务、导致业主人身受损的，物业公司应当就此承担相应责任，当然，如果同时还有其他因素导致了损害结果的发生，就司法实践来看，物业公司可以此进行抗辩，以减轻自己承担责任的比例。

在本案例中，杨小四受伤事件发生在业主活动中心内，且杨小宝为小区业主，则天天物业公司应采取合理措施保护其人身安全。但就事故发生的原因来看，需要结合具体情况进行具体分析：如果杨小宝的滑倒是由于天天物业公司在清洁地面后未及时采取防滑措施、放置防滑提示所致，那么天天物业公司应当对此承担主要责任；如果杨小宝的滑倒是由于追逐中小朋友之间的推搡等原因造成，那么天天物业公司对此的责任有限（天天物业公司作为场所的管理者，未劝阻危险行为，客观上确实存在管理责任）；如果天天物业公司有证据能够证明韩三作为监护人，却存在未及时制止小孩的追逐打闹、主动让杨小宝脱离自身视线等未尽到监护义务的情形，那么天天物业公司其承担责任的比例有可能进一步降低。

实务建议

（一）小区全体业主共有财产如何妥善利用？

1. 小区业主角度：属于全体业主共有财产的部分不能随意动用，一般仅能用于增进全体业主福利的项目，且需要经全体业主一致同意或者经业主大会（业主委员会）决议通过，日常实践中一般以动用专项维修资金对小区内的建筑共有部分或者其他公共设施进行保养与维修，以及利用小区广告、场地租金等收入在节假日给全体业主采购礼品、美化人居环境或者直接现金返利等形式为主。个别业主无权直接接触和使用共有财产，但可以要求财产的保管人定时公示共有账户及相应收支情况，并就其中认为不合理的部分要求保管人做出解释。

2. 开发商和物业公司角度：对于全体业主共有财产，其仅拥有代收和妥善保管的权利，且应当设立专门账户，避免和自身财产混同；如需使用账户内资金，必须是为了维护或增进小区全体业主的利益、并经过经全体业主一致同意或者经业主大会（业主委员会）决议通过后方可使用，在使用时也应当尽到善良管理人的义务，同时还应记录下每一项支出的情况，并定时向业主公示。

（二）业主在小区公共区域受伤，各方该如何做？

1. 业主角度：应及时就医并取得验伤报告，并记录好医疗、交通、住院等相关支付费用，保存好单据；及时联系相关各方（包括但不限于实际责任人、物业等），就责任认定、赔偿数额等进行友好协商，如无法达成一致的，可考虑通过人民调解或者起诉等方式解决。

2. 物业角度：应主动、及时为伤者联系送医，同时注意保存好现场监控录像，以便后续各方据此还原事实、分配责任。如最终认定需承担责任的，应积极承担相应责任，支付相应款项，如各方无法达成一致意见，则通过司法途径解决。

法条链接

《中华人民共和国民法典》

第二百八十一条　建筑物及其附属设施的维修资金，属于业主共有。经业主共同决定，可以用于电梯、屋顶、外墙、无障碍设施等共有部分的维修、更新和改造。建筑物及其附属设施的维修资金的筹集、使用情况应当定期公布。

紧急情况下需要维修建筑物及其附属设施的，业主大会或者业主委员会可以依法申请使用建筑物及其附属设施的维修资金。

第二百八十二条　建设单位、物业服务企业或者其他管理人等利用业主的共有部分产生的收入，在扣除合理成本之后，属于业主共有。

第九百三十七条　物业服务合同是物业服务人在物业服务区域内，为业主提供建筑物及其附属设施的维修养护、环境卫生和相关秩序的管理维护等物业服务，业主支付物业费的合同。

物业服务人包括物业服务企业和其他管理人。

第九百四十二条　物业服务人应当按照约定和物业的使用性质，妥善维修、养护、清洁、绿化和经营管理物业服务区域内的业主共有部分，维护物业服务区域内的基本秩序，采取合理措施保护业主的人身、财产安全。

对物业服务区域内违反有关治安、环保、消防等法律法规的行为，物业服务人应当及时采取合理措施制止、向有关行政主管部门报告并协助处理。

第九百四十三条　物业服务人应当定期将服务的事项、负责人员、质量要求、收费项目、收费标准、履行情况，以及维修资金使用情况、业主共有部分的经营与收益情况等以合理方式向业主公开并向业主大会、业主委员会报告。

 案例 53　什么情形可以使用专项维修资金？

程大爷系幸福花园小区业主，因其居住的 3 栋 802 室内出现漏水情况，找到物业公司要求使用小区的专项维修资金进行维修。物业公司前往 802 室维修几次后拒绝了程大爷要求使用专项维修资金的要求，程大爷遂将物业公司起诉至法院。

关注焦点

业主能否自行申请使用专项维修资金？

法律点睛

根据《中华人民共和国民法典》第二百八十一条的规定，建筑物及其附属设施的维修资金，属于业主共有。经业主共同决定，可以用于电梯、屋顶、外墙、无障碍设施等共有部分的维修、更新和改造。建筑物及其附属设施的维修资金的筹集、使用情况应当定期公布。根据《中华人民共和国民法典》第二百七十八条的规定，使用建筑物及其附属设施的维修资金属于业主共同决定的事项，应当由专有部分面积占比三分之二以上的业主且人数占比三分之二以上的业主参与表决，应当经参与表决专有部分面积过半数的业主且参与表决人数过半数的业主同意。

本案中，程大爷的漏水区域为房屋室内且未举证证明为业主共有部分，更未经业主共同决定，故而不能使用维修资金。

实务建议

住宅专项维修资金是专项用于住宅共用部位、共用设施设备保修期满后的维修和更新、改造的资金。住宅专项维修资金划转业主大会管理前，需要使用住宅专项维修资金的，物业服务人根据维修和更新、改造项目提出使用建议；没有物业服务人的，由相关业主提出使用建议；住宅专项维修资金列支范围内专有部分中符合规定人数和面积条件的业主讨论通过使用建议。住宅专项维修资金划转业主大会管理后，需要使用住宅专项维修资金的，物业服务人提出使用方案，业主大会依法通过使用方案。

法条链接

《中华人民共和国民法典》

第二百七十八条　下列事项由业主共同决定：

（一）制定和修改业主大会议事规则；

（二）制定和修改管理规约；

（三）选举业主委员会或者更换业主委员会成员；

（四）选聘和解聘物业服务企业或者其他管理人；

（五）使用建筑物及其附属设施的维修资金；

（六）筹集建筑物及其附属设施的维修资金；

（七）改建、重建建筑物及其附属设施；

（八）改变共有部分的用途或者利用共有部分从事经营活动；

（九）有关共有和共同管理权利的其他重大事项。

业主共同决定事项，应当由专有部分面积占比三分之二以上的业主且人数占比三分之二以上的业主参与表决。决定前款第六项至第八项规定的事项，应当经参与表决专有部分面积四分之三以上的业主且参与表决人数四分之三以上的业主同意。决定前款其他事项，应当经参与表决专有部分面积过半数的业主且参与表决人数过半数的业主同意。

第二百八十一条　建筑物及其附属设施的维修资金，属于业主共有。经业主共同决定，可以用于电梯、屋顶、外墙、无障碍设施等共有部分的维修、更新和改造。建筑物及其附属设施的维修资金的筹集、使用情况应当定期公布。

紧急情况下需要维修建筑物及其附属设施的，业主大会或者业主委员会可以依法申请使用建筑物及其附属设施的维修资金。

《物业管理条例（2018 修订）》

第七条　业主在物业管理活动中，履行下列义务：

（一）遵守管理规约、业主大会议事规则；

（二）遵守物业管理区域内物业共用部位和共用设施设备的使用、公共秩序和环境卫生的维护等方面的规章制度；

（三）执行业主大会的决定和业主大会授权业主委员会作出的决定；

（四）按照国家有关规定交纳专项维修资金；

（五）按时交纳物业服务费用；

（六）法律、法规规定的其他义务。

第十一条　下列事项由业主共同决定：

（一）制定和修改业主大会议事规则；

（二）制定和修改管理规约；

（三）选举业主委员会或者更换业主委员会成员；

（四）选聘和解聘物业服务企业；

（五）筹集和使用专项维修资金；

（六）改建、重建建筑物及其附属设施；

（七）有关共有和共同管理权利的其他重大事项。

第五十三条　住宅物业、住宅小区内的非住宅物业或者与单幢住宅楼结构相连的非住宅物业的业主，应当按照国家有关规定交纳专项维修资金。

专项维修资金属于业主所有，专项用于物业保修期满后物业共用部位、共用设施设备的维修和更新、改造，不得挪作他用。

专项维修资金收取、使用、管理的办法由国务院建设行政主管部门会同国务院财政部门制定。

《住宅专项维修资金管理办法》（建设部、财政部令第 165 号）

第二十二条　住宅专项维修资金划转业主大会管理前，需要使用住宅专项维修资金的，按照以下程序办理：

（一）物业服务企业根据维修和更新、改造项目提出使用建议；没有物业服务企业的，由相关业主提出使用建议；

（二）住宅专项维修资金列支范围内专有部分占建筑物总面积三分之二以上的业主且占总人数三分之二以上的业主讨论通过使用建议；

（三）物业服务企业或者相关业主组织实施使用方案；

（四）物业服务企业或者相关业主持有关材料，向所在地直辖市、市、县人民政府建设（房地产）主管部门申请列支；其中，动用公有住房住宅专项维修资金的，向负责管理公有住房住宅专项维修资金的部门申请列支；

（五）直辖市、市、县人民政府建设（房地产）主管部门或者负责管理公有住房住宅专项维修资金的部门审核同意后，向专户管理银行发出划转住宅专项维修资金的通知；

（六）专户管理银行将所需住宅专项维修资金划转至维修单位。

第二十三条　住宅专项维修资金划转业主大会管理后，需要使用住宅专项维修资金的，按照以下程序办理：

（一）物业服务企业提出使用方案，使用方案应当包括拟维修和更新、改造的项目、费用预算、列支范围、发生危及房屋安全等紧急情况以及其他需临时使用住宅专项维修资金的情况的处置办法等；

（二）业主大会依法通过使用方案；

（三）物业服务企业组织实施使用方案；

（四）物业服务企业持有关材料向业主委员会提出列支住宅专项维修资金；其中，动用公有住房住宅专项维修资金的，向负责管理公有住房住宅专项维修资金的部门申请列支；

（五）业主委员会依据使用方案审核同意，并报直辖市、市、县人民政府建设（房地产）主管部门备案；动用公有住房住宅专项维修资金的，经负责管理公有住房住宅专项维修资金的部门审核同意；直辖市、市、县人民政府建设（房地产）主管部门或者负责管理公有住房住宅专项维修资金的部门发现不符合有关法律、法规、规章和使用方案的，应当责令改正；

（六）业主委员会、负责管理公有住房住宅专项维修资金的部门向专户管理银行发出划转住宅专项维修资金的通知；

（七）专户管理银行将所需住宅专项维修资金划转至维修单位。

第二十四条　发生危及房屋安全等紧急情况，需要立即对住宅共用部位、共用设施设备进行维修和更新、改造的，按照以下规定列支住宅专项维修资金：

（一）住宅专项维修资金划转业主大会管理前，按照本办法第二十二条第四项、第五项、第六项的规定办理；

（二）住宅专项维修资金划转业主大会管理后，按照本办法第二十三条第四项、第五项、第六项和第七项的规定办理。

发生前款情况后，未按规定实施维修和更新、改造的，直辖市、市、县人民政府建设（房地产）主管部门可以组织代修，维修费用从相关业主住宅专项维修资金分户账中列支；其中，涉及已售公有住房的，还应当从公有住房住宅专项维修资金中列支。

 案例 54　闲置房屋也必须交取暖费吗？

汪汪农场与明明公司签订了《汪汪农场集中供热锅炉运行承包及资产回购合同》，合同中约定：由明明公司承包汪汪农场集中供热锅炉、供暖管网的设备，采暖费由明明公司按照规定自主收取。

2021 年 1 月，胡大爷购得汪汪农场幸福花园小区 3 号楼 1 单元 303 室的房屋，交房后明明公司通知胡大爷支付采暖费用，胡大爷以未入住该房屋为由要求停暖。明明公司向胡大爷解释新建小区两年内不允许停暖，因此即便未入住也需要缴纳采暖费。胡大爷表示不理解，仍然拒绝支付采暖费用。

关注焦点

新建房屋未入住，在 2 个采暖期内房屋所有权人仍应全额支付采暖费用吗？

法律点晴

根据《房屋建筑工程质量保修办法》第七条之规定：供热系统的保修期为 2 个采暖期。为了检验的供热系统的质量问题，在 2 个采暖期内需要确保供热系统正常运转。因此，若在新房的 2 个采暖期内申请停暖，将导致供热系统在保修期内无法得到全面检验，无法及时发现供热系统可能存在的质量问题，因此错失在供热系统保修期内要求建设单位承担保修责任的权利。所以即便胡大爷房屋闲置未住，也并不据此享有拒不支付采暖费用的权利。因此，胡大爷应向明明公司支付采暖费。

实务建议

闲置房屋是否应当缴纳采暖费需要区分情形：

1. 仍处在新房的供热系统保修期内的闲置房屋应当缴纳采暖费；

2. 超过供热系统保修期的房屋若空置不居住，确实需要停暖的，业主可以到供热公司营业厅办理相关的停用手续，不建议业主直接自行切断供暖设施后拒缴供暖费。

法条链接

《中华人民共和国民法典》

第六百四十八条　供用电合同是供电人向用电人供电，用电人支付电费的合同。

向社会公众供电的供电人，不得拒绝用电人合理的订立合同要求。

第六百五十四条　用电人应当按照国家有关规定和当事人的约定及时支付电费。用电人逾期不支付电费的，应当按照约定支付违约金。经催告用电人在合理期限内仍不支付电费和违约金的，供电人可以按照国家规定的程序中止供电。

供电人依据前款规定中止供电的，应当事先通知用电人。

第六百五十六条　供用水、供用气、供用热力合同，参照适用供用电合同的有关规定。

 案例 55　物业公司可以自行调整物业服务价格吗？

　　美好花园小区至今未成立业主大会并选举业主委员会，天天物业公司系该小区的物业公司，秦某系小区业主。2021 年 1 月，建设单位与物业公司签订了美好花园小区前期《物业管理服务协议》，协议中约定了物业管理服务内容、物业管理服务质量、物业服务费以及违约责任等内容。但协议中未约定合同变更事项。

　　2021 年 9 月，天天物业公司在美好花园小区发放《物业费调整征求意见表》。同年 10 月，天天物业公司开始按照上调后物业服务费用价格收取。秦某表示：天天物业公司提供物业服务期间，未向小区业主就收益和支出情况进行公示，而物业服务费用上调的相关事宜，天天物业也未向政府有关部门进行备案，因此拒绝缴纳物业费。

关注焦点

物业公司可以自行调整物业服务价格吗？

法律点睛

　　物业公司不可以自行调整物业服务价格。理由：根据《中华人民共和国民法典》第二百七十八条以及《物业管理条例（2018 修订）》第十一条的规定，有关共有和共同管理权利的其他重大事项需要由业主共同决定。本案中，物业费调整属于有关共有和共同管理权利的其他重大事项，应当由专有部分面积占比三分之二以上的业主且人数占比三分之二以上的业主参与表决，经参与表决专有部分面积过半数的业主且参与表决人数过半数的业主同意。

实务建议

　　在社会生活中，如果小区未成立业主大会、没有选举业主委员会，那么关系到业主自身权利的事项应当如何决定呢？住房和城乡建设部 2009 年印发的《业主大会和业主委员会指导规则》第五十八条规定："因客观原因未能选举产生业主委员会或者业主委员会委员人数不足总数的二分之一的，新一届业主委员会产生之前，可以由物业所在地的居民委员会在街道办事处、乡镇人民政府的指导和监督下，代行业主委员会的职责。"

本案中，美好花园小区尚未成立业主大会并选举业主委员会，因此应由当地居民委员会代为行使业主委员会职责，在当地街道办事处、乡镇人民政府的指导和监督下，通过与广大业主充分协商，并且对物业服务费调整的原因以及合理性以及进行充分调查，征求全体业主意见，并将调查结果向社区居民委员会和街道办事处进行报告；在社区居民委员会及街道办事处均对调查结果予以认可、同意上调小区物业费的情况下，进行物业管理费的调整。

法条链接

《中华人民共和国民法典》

第二百七十八条　下列事项由业主共同决定：

（一）制定和修改业主大会议事规则；

（二）制定和修改管理规约；

（三）选举业主委员会或者更换业主委员会成员；

（四）选聘和解聘物业服务企业或者其他管理人；

（五）使用建筑物及其附属设施的维修资金；

（六）筹集建筑物及其附属设施的维修资金；

（七）改建、重建建筑物及其附属设施；

（八）改变共有部分的用途或者利用共有部分从事经营活动；

（九）有关共有和共同管理权利的其他重大事项。

业主共同决定事项，应当由专有部分面积占比三分之二以上的业主且人数占比三分之二以上的业主参与表决。决定前款第六项至第八项规定的事项，应当经参与表决专有部分面积四分之三以上的业主且参与表决人数四分之三以上的业主同意。决定前款其他事项，应当经参与表决专有部分面积过半数的业主且参与表决人数过半数的业主同意。

《物业管理条例（2018 修订）》

第十一条　下列事项由业主共同决定：

（一）制定和修改业主大会议事规则；

（二）制定和修改管理规约；

（三）选举业主委员会或者更换业主委员会成员；

（四）选聘和解聘物业服务企业；

（五）筹集和使用专项维修资金；

（六）改建、重建建筑物及其附属设施；

（七）有关共有和共同管理权利的其他重大事项。

《业主大会和业主委员会指导规则》

第五十八条　因客观原因未能选举产生业主委员会或者业主委员会委员人数不足总数的二分之一的，新一届业主委员会产生之前，可以由物业所在地的居民委员会在街道办事处、乡镇人民政府的指导和监督下，代行业主委员会的职责。

开发商遗留问题纠纷

 案例 56　收房后，发现开发商所交付房屋与购房时宣传不符怎么办？

2021 年 1 月 27 日，孙大爷与天天公司签订《商品房买卖合同》，约定购买天天公司开发的位于某街道生活广场幸福家园一期 406 室房屋。合同约定天天公司应当在 2021 年 7 月 1 日前交房。

2021 年 6 月 17 日，前述商品房交付验收时，孙大爷发现该房整体结构布局与购房时销售展示的格局不符，且厨房、卫生间的位置均有变动。孙大爷因此拒绝收房，多次与天天公司协商不成后诉至法院。

关注焦点

1. 孙大爷与天天公司签订的《商品房买卖合同》有效吗？
2. 销售承诺的户型与实际收房时不符，孙大爷有权要求赔偿吗？

法律点睛

（一）《商品房买卖合同》的内容不违反法律、行政法规的，有效

天天公司与孙大爷签订的《商品房买卖合同》系双方的真实意思表示，内容不违反法律、行政法规的强制性规定，合法有效。

（二）销售承诺的户型与实际收房时不符，购房者有权要求赔偿

虽天天公司与孙大爷签订的《商品房买卖合同》中对于房屋户型未予明确约定，但天天公司在销售案涉房屋时向孙大爷出示的户型图与向孙大爷实际交付的房屋的户型格局不同，而户型情况对孙大爷是否购买涉案房屋以及是否与天天公司订立合同有重大影响。《最高人民法院关于审理商品房买卖合同纠纷案件适用法律若干问题的解释》第三条规定："商品房的销售广告和宣传资料为要约邀请，但是出卖人就商品房开发规划范围内的房屋及相关设施所作的说明和允诺具体确定，并对商品房买卖合同的订立以及房屋价格的确定有重大影响的，构成要约。该说明和允诺即使未载入商品房买卖合同，亦应当为合同内容，当事人违反的，应当承担违约责任。"因此，该天天公司出示户型图的行为是要约，对其有法律约束力。而天天公司也未举证证明其在销售时已向孙大爷如实出示并如实告知案涉房屋的户型格局。而孙大爷提供的楼层平面图与天天公司实际交付的案涉房屋户型格局的确存在差别。天天公司应对孙大爷进行赔偿。

实务建议

哪些情况下，可以要求出卖人进行赔偿或解除合同？

购买商品房对普通百姓来说，是一件极其重大的事情。如果在购买过程中发生以下情形，购房人可以要求出卖人进行赔偿或解除合同：

（1）开发商对商品房的外部环境以及配套设施与承诺不相符合。比如：在广告宣传中对学校、交通、绿化等进行虚假承诺，即使该承诺未在商品房买卖合同中作出约定，也应当承担违约责任。

（2）出卖人变更了规划设计。出卖人变更了规划设计，应在变更确定之日起的 10 日内，书面告知购房人。未在规定时限内告知的，购房人可以解除商品房买卖合同，即退房。

（3）"一房二卖"。即在商品房买卖合同订立后，又将房屋卖给他人的。购房人可以要求出卖人赔偿。

（4）房屋面积的误差太大。在《商品房买卖合同》没有约定的情况下，出卖人交付的商品房套内面积或建筑面积与合同约定面积的误差绝对值超过 3%的，购房人可以要求解除合同。

法条链接

《中华人民共和国民法典》

第五百条　当事人在订立合同过程中有下列情形之一，造成对方损失的，应当承担赔偿责任：

（一）假借订立合同，恶意进行磋商；

（二）故意隐瞒与订立合同有关的重要事实或者提供虚假情况；

（三）有其他违背诚信原则的行为。

第五百零九条　当事人应当按照约定全面履行自己的义务。

当事人应当遵循诚信原则，根据合同的性质、目的和交易习惯履行通知、协助、保密等义务。

当事人在履行合同过程中，应当避免浪费资源、污染环境和破坏生态。

第五百七十七条　当事人一方不履行合同义务或者履行合同义务不符合约定的，应当承担继续履行、采取补救措施或者赔偿损失等违约责任。

《最高人民法院关于审理商品房买卖合同纠纷案件适用法律若干问题的解释（2020修正）》

第三条　商品房的销售广告和宣传资料为要约邀请，但是出卖人就商品房开发规划范围内的房屋及相关设施所作的说明和允诺具体确定，并对商品房买卖合同的订立以及房屋价格的确定有重大影响的，构成要约。该说明和允诺即使未载入商品房买卖合同，亦应当为合同内容，当事人违反的，应当承担违约责任。

案例 57　房屋出现质量问题，业主怎么办？

　　崇某于 2021 年 1 月与星星房地产开发公司签订《某市商品房预售合同》，购置了美好家园小区二栋一单元顶层 3102 号房屋。2021 年 3 月崇某收房，收房时天天物业公司已与星星房地产公司签订了前期物业合同，成为该小区物业管理公司。

　　2021 年 8 月，崇某发现暴雨天气后房屋出现了墙面崩壳的问题，于是向天天物业反映。物业安排工作人员到现场查看后告知崇某此为开发商遗留问题，不属于物业公司负责范围。崇某无奈只得自行找装修公司重新做全方位防水及修补，花费约 30 000 元。同年 10 月，崇某持维修凭证向天天物业反映，要求其承担部分维修费用。天天物业表示拒绝，并告知崇某应当去找星星房地产开发公司承担。崇某认为物业方行为是在逃避责任，遂从第三季度起拒绝缴纳物业管理费。

关注焦点

　　房屋出现墙面崩壳、房顶漏水问题，业主应当怎么办？

法律点睛

　　房屋出现墙面崩壳、房顶漏水问题时，业主可以向法院申请工程质量检测并出具检测报告，若质量检测报告确认房屋质量确系开发商方责任，业主可以依据鉴定意见书要求开发商对房屋进行修复，并支付相应的违约金。

　　本案中，崇某与星星房地产公司签订的《某市商品房预售合同》系双方真实意思表示，合法有效，故双方均应履行。本案中房屋出现的墙面崩壳、房顶漏水等质量问题，若经鉴定属于星星房地产公司遗留问题，则该房地产开发公司应当进行维修并承担相应责任。

　　此外，根据合同的相对性原则，房屋质量问题系崇某与星星房地产公司之间的合同纠纷。因此，崇某拒绝缴纳物业费缺乏事实与法律上的根据。

实务建议

　　业主购置房屋后收房时虽然对房屋及配件进行了验收，但是此时业主只能根据房屋的表面问题进行识别。在房屋居住使用过程中出现质量问题时，业主有权向开发商进行追责。业主可以通过申请司法鉴定的方式确认房屋质量问题，并据此维护自己的权益。

法条链接

《中华人民共和国民法典》

　　第五百零二条　依法成立的合同，自成立时生效，但是法律另有规定或者当事人另有约定的除外。

依照法律、行政法规的规定，合同应当办理批准等手续的，依照其规定。未办理批准等手续影响合同生效的，不影响合同中履行报批等义务条款以及相关条款的效力。应当办理申请批准等手续的当事人未履行义务的，对方可以请求其承担违反该义务的责任。

依照法律、行政法规的规定，合同的变更、转让、解除等情形应当办理批准等手续的，适用前款规定。

第五百一十条　合同生效后，当事人就质量、价款或者报酬、履行地点等内容没有约定或者约定不明确的，可以协议补充；不能达成补充协议的，按照合同相关条款或者交易习惯确定。

第五百七十七条　当事人一方不履行合同义务或者履行合同义务不符合约定的，应当承担继续履行、采取补救措施或者赔偿损失等违约责任。

第五百八十二条　履行不符合约定的，应当按照当事人的约定承担违约责任。对违约责任没有约定或者约定不明确，依据本法第五百一十条的规定仍不能确定的，受损害方根据标的的性质以及损失的大小，可以合理选择请求对方承担修理、重作、更换、退货、减少价款或者报酬等违约责任。

第五百八十三条　当事人一方不履行合同义务或者履行合同义务不符合约定的，在履行义务或者采取补救措施后，对方还有其他损失的，应当赔偿损失。

第五百八十四条　当事人一方不履行合同义务或者履行合同义务不符合约定，造成对方损失的，损失赔偿额应当相当于因违约所造成的损失，包括合同履行后可以获得的利益；但是，不得超过违约一方订立合同时预见到或者应当预见到的因违约可能造成的损失。

《最高人民法院关于审理商品房买卖合同纠纷案件适用法律若干问题的解释（2020修正）》

第十条　因房屋质量问题严重影响正常居住使用，买受人请求解除合同和赔偿损失的，应予支持。

交付使用的房屋存在质量问题，在保修期内，出卖人应当承担修复责任；出卖人拒绝修复或者在合理期限内拖延修复的，买受人可以自行或者委托他人修复。修复费用及修复期间造成的其他损失由出卖人承担。

 案例 58　开发商修建的会所，所有权归属于谁？

　　奇奇房地产开发公司系幸福花园小区的开发商，在幸福花园小区内建有幸福花园会所。该会所的建设工程规划许可证载明的建设项目为幸福花园会所，建设规模为两层 1 700 平方米。该证的"附图及附件名称"内载有：其中物业管理用房建筑面积 600 平方米。该会所至今没有房产证。

2021年1月1日，奇奇房地产公司与明明物业公司移交了幸福花园小区的住宅，同时在移交协议中也载明：（1）幸福花园会所，位于幸福花园小区第35幢，面积1 129平方米；（2）物业管理服务用房，位于会所二楼，347平方米。幸福花园小区第35幢会所除物业公司使用的347平方米物业用房外，其余面积782平方米一直由奇奇房地产开发公司使用或控制。

2021年8月18日幸福花园小区成立首届业主大会，业主委员会同年10月书面通知奇奇房地产开发公司归还幸福花园会所所有权。

关注焦点

开发商修建的会所，所有权应归属于谁？

法律点睛

小区内会所在有合法规划、没有规定、没有产权证的情况下有约定从约定，没有约定的，如有证据证明会所的实际成本列入了商品房建造成本，构成商品房对外销售的组成部分，则归业主所有。本案中，若法院根据物业移交验收接管协议、物价局核定材料、会所价格成本明细、奇奇房地产开发公司提供的土地分割证、图纸等查明幸福花园会所的成本实际已列入商品房建造成本，则可以认定该会所为幸福花园小区全体业主所有。

实务建议

参考《江苏省高级人民法院关于审理房地产合同纠纷案件若干问题的解答》，关于小区内会所的归属，可以分不同情况进行分析：

（1）若小区会所没有合法规划许可，则属于违法建造，应交由行政机关处理，人民法院对其产权归属争议不予受理。

（2）若会所中某些房屋属于国家规定开发商应配套修建、已在法律规定中明确产权归属的配套公共设施，则该部分房屋产权按国家有关规定确定，例如物业服务用房。

（3）若会所中有一部分属于有合法规划许可，但是法律法规中没有明确规定的情形，其商品房买卖合同中如有约定的，则从其约定。

（4）若会所有合法规划许可，独立于建筑区内其他建筑，法律、法规对此没有明确规定，而商品房买卖合同也没有明确约定所有权的，则应区分投资情况具体确定。如果有证据证明会所的成本实际列入了商品房建造成本，构成商品房对外销售价格的组成部分，则归业主所有；反之，若会所的建设成本由开发商自行承担，又未转移给业主，基于谁投资、谁所有、谁受益的原则，会所产权归开发商所有。

法条链接

《中华人民共和国民法典》

第二百零七条　国家、集体、私人的物权和其他权利人的物权受法律平等保护，任何组织或者个人不得侵犯。

第二百三十四条　因物权的归属、内容发生争议的，利害关系人可以请求确认权利。

第二百七十一条　业主对建筑物内的住宅、经营性用房等专有部分享有所有权，对专有部分以外的共有部分享有共有和共同管理的权利。

《最高人民法院关于审理建筑物区分所有权纠纷案件适用法律若干问题的解释（2020修正）》

第三条　除法律、行政法规规定的共有部分外，建筑区划内的以下部分，也应当认定为中华人民共和国民法典第二编第六章所称的共有部分：

（一）建筑物的基础、承重结构、外墙、屋顶等基本结构部分，通道、楼梯、大堂等公共通行部分，消防、公共照明等附属设施、设备，避难层、设备层或者设备间等结构部分；

（二）其他不属于业主专有部分，也不属于市政公用部分或者其他权利人所有的场所及设施等。

建筑区划内的土地，依法由业主共同享有建设用地使用权，但属于业主专有的整栋建筑物的规划占地或者城镇公共道路、绿地占地除外。

私搭乱建纠纷

 案例 59　小区业主违建，怎么办？

宋大娘家位于 1 楼，有围墙将其房屋与公共花园分隔开，宋大娘觉得有围墙在，影响其采光，遂于 2021 年 1 月将围墙拆除，并将绿化的灌木拔除，侵占公共区域、搭建雨棚。有邻居向物业投诉，让物业处理，物业公司也多次口头告知宋大娘自行拆除，但宋大娘一直未拆除。2022 年 3 月，平安物业公司以宋大娘违反了《前期物业服务合同》《前期物业服务合同补充协议》《临时管理公约》中"不得擅自占用本物业区域内的共用部位、共用设施设备或改变用途，不得擅自占用、挖掘本物业区域内的道路、场地。""不得擅自改变房屋结构、外貌（含外墙、外门窗、阳台等部位的颜色、形状和规格）、设计用途、功能和布局。"的规定，发出要求其整改的函，并分别向有关部门报送了宋大娘等的违章搭建情况反馈函。

因宋大娘未进行整改，平安物业公司以物业服务合同纠纷为由向一审法院起诉，请求：（1）拆除违章搭建的雨棚；（2）恢复私自拆除的户外围墙，恢复后的墙体外立面应符合相关行业的标准；（3）恢复绿化；（4）退出侵占的公共区域。

关注焦点

物业是否有权要求宋大娘拆除雨棚等设施并要求恢复原围墙？

法律点睛

《物业管理条例（2018 修订）》第四十九条的规定："物业管理区域内按照规划建设的公共建筑和共用设施，不得改变用途。业主依法确需改变公共建筑和共用设施用途的，应当在依法办理有关手续后告知物业服务企业；物业服务企业确需改变公共建筑和共用设施用途的，应当提请业主大会讨论决定同意后，由业主依法办理有关手续。"《最高人民法院关于审理物业服务纠纷案件适用法律若干问题的解释（2020 修正）》第一条明确规定："业主违反物业服务合同或者法律、法规、管理规约，实施妨碍物业服务与管理的行为，物业服务人请求业主承担停止侵害、排除妨碍、恢复原状等相应民事责任的，人民法院应予支持。"而在宋大娘与物业公司前期签订的《前期物业服务合同》《前期物业服务合同补充协议》《临时管理公约》中，已经明确："不得擅自占用本物业区域内的共用部位、共用设施设备或改变用途，不得擅自占用、挖掘本物业区域内的道路、场地。""不得擅自改变房屋结构、外貌（含外墙、外门窗、阳台等部位的颜色、形状和规格）、设计用途、功能和布局。"因此物业要求宋大娘拆除雨棚和恢复围墙原状具有合同依据和法律依据。

实务建议

物业管理区域内按照规划建设的公共建筑和公共设施，在使用时一般不得改变用途。如果业主确需改变公共建筑和公共设施用途的，应当在依法办理有关手续后告知物业公司；物业公司确需改变公共建筑和公共设施用途的，应当提请业主大会讨论决定同意后，由业主依法办理有关手续。若存在业主对上述部位改变用途使用，且未经过合法的变更手续的，则应区分情况进行解决：如确有正当理由需要改变用途使用，应当告知业主补办相关手续；如业主擅自改变用途但是无正当合法理由，则应要求其恢复原状并赔偿损失。

法条链接

《中华人民共和国民法典》

第九百四十二条　物业服务人应当按照约定和物业的使用性质，妥善维修、养护、清洁、绿化和经营管理物业服务区域内的业主共有部分，维护物业服务区域内的基本秩序，采取合理措施保护业主的人身、财产安全。

对物业服务区域内违反有关治安、环保、消防等法律法规的行为，物业服务人应当及时采取合理措施制止、向有关行政主管部门报告并协助处理。

案例 60   小区违建未整改，是否可以不交物业费？

张大娘系某高档小区业主，但平时不在该小区居住。因相邻业主李大姐家违建，张大娘出卖房屋多次碰壁。张大娘认为天天物业公司在邻居违建时未第一时间告知她，亦未采取有效措施阻止违建，导致违建愈演愈烈，再加上天天物业公司存在其他瑕疵履行物业服务的行为，故拒绝支付物业费。

因双方协商未果，天天物业公司诉至法院要求张大娘支付物业费。

关注焦点

小区有违章建筑，是否可认定物业未履行合同义务进而不交纳物业费？

法律点睛

根据天天物业公司和张大娘签订的《物业服务协议》，物业公司负责公共部位的维修、养护和管理工作，并负有对"物业区域内违反有关治安、环保、物业装饰装修和使用等方面法律、法规、规章的行为，及时告知、建议、劝阻，并向有关部门报告"的义务。因天天物业公司在李大姐家的违建行为发生时就已经进行了劝阻，及时下发了整改通知单、责令停止施工通知书等，并上报违建主管部门。虽然最终仍未能有效制止违建行为，但天天物业公司已经尽到了合同约定的基本管理义务。张大娘应依约缴纳物业服务费。

实务建议

如何有效制止违建行为？

1. 在《管理公约》《物业服务协议》中，明确业主方不得有让阳光房玻璃超出外墙立面、扩大房屋面积而破坏房屋主体结构、拆除围墙、在屋顶加盖建筑物、造地进行农作物种植等行为。

2. 做好普法工作。可通过公示栏、广播、标语等形式向业主和物业使用人告知相关法律法规及违法后果。

3. 在违法行为发生后，对违法行为人及时进行劝阻。

4. 对违法行为进行拍照等以固定证据，并做好风险提示。

5. 若仍未能有效制止违法行为或者纠正违法行为的，及时向有关行政主管部门报告并协助处理。

6. 可根据《管理公约》《物业服务协议》等提起要求拆除违法建筑并恢复原状的民事诉讼。

法条链接

《中华人民共和国民法典》

第九百四十二条   物业服务人应当按照约定和物业的使用性质，妥善维修、养护、清洁、绿化和经营管理物业服务区域内的业主共有部分，维护物业服务区域内的基本秩序，采取合理措施保护业主的人身、财产安全。

对物业服务区域内违反有关治安、环保、消防等法律法规的行为，物业服务人应当及时采取合理措施制止、向有关行政主管部门报告并协助处理。

 案例 61　**邻居的空调外机侵占消防通道，怎么办？**

> 李大爷和马大爷是两邻居，都住在幸福家园小区 20 栋 32 层。
>
> 2022 年 6 月，李大爷发现邻居马大爷在安装空调外机时，没有安装在开发商预留的位置，而是安装在消防通道外墙一侧的窗台上方。李大爷多次与马大爷沟通，要求其拆除空调外机，不要占用公共空间。但马大爷表示因为开发商预留的位置太小，自己买的空调有点大装不下；且自己又没有把空调外机安装在李大爷家的外墙，对李大爷不产生任何影响；况且小区也有不少业主和自己一样将外机装在走廊护栏处，所以是李大爷故意习难自己，自己是不会拆除的，李大爷要去告就去告。遂双方关系恶化。之后李大爷多次向小区物业和开发商反映，但开发商和物业表示马大爷未按预留位置安装空调外机系其个人行为，在马大爷安装空调外机时就已进行了劝阻，是马大爷不听劝阻，自己也无权擅自拆除马大爷的空调。另外，开发商曾通过问卷方式调查 20 栋全体业主对这种空调外机安装方式是否认可，超半数业主都认为空调外机预留位置确实过小，所以同意在公共区域安装空调。

关注焦点

若本栋的大多数业主都同意，马大爷是否就可以占用消防通道安装空调外机？

法律点睛

不行。根据《中华人民共和国民法典》对建筑物区分所有权的共有部分的规定，结合《最高人民法院关于审理物业服务纠纷案件适用法律若干问题的解释（2020 修正）》以及《物业管理条例（2018 修订）》等法律法规，业主共有部分主要包括：

1. 建筑物的基本构造部分：建筑物的基础、承重结构、外墙、屋顶，通道、楼梯、大堂，避难层、设备层或者设备间等；

2. 建筑物附属设施：电梯、消防、公共照明、占用业主共有的道路或者其他场地用于停放汽车的车位等；

3. 建筑用地：小区内的道路（市政道路除外）、绿地（明示属于个人的除外）等；

4. 其他不属于业主专有部分，也不属于市政公用部分或者其他权利人所有的场所及设施等。

由此可见，马大爷安装空调外机的通道属于业主的共有部分。马大爷将空调外机安装于消防通道外墙，还对窗台上方的护栏结构进行改动，改变了消防通道原来的整体结构，属于典型的侵占业主共有部分的行为。虽然马大爷侵占的仅仅是小区 20 栋 32 层的部分消防通道，且其在通道处安装空调外机的行为也得到了 20 栋的大部分业主的同意，但该通道不仅仅属于 20 栋共有，还是小区全体业主共有。《最高人民法院关于审理建筑物区分所有权纠纷案件适用法律若干问题的解释（2020 修正）》第七条规定："处分共有部分，以及业主大会依法决定或者管理规约依法确定应由业主共同决定的事项，应当认定为民法典第二百七十八条第一款第（九）项规定的有关共有和共同管理权利的'其他重大事项'。"《中华人民共和国民法典》第二百七十八条第二款规定："业主共同决定事项，应当由专有部分面积占比三分之二以上的业主且人数占比三分之二以上的业主参与表决。决定前款第六项至第八项规定的事项，应当经参与表决专有部分面积四分之三以上的业主且参与表决人数四分之三以上的业主同意。决定前款其他事项，应当经参与表决专有部分面积过半数的业主且参与表决人数过半数的业主同意。"因此，马大爷将空调外机安装于消防通道外墙处、改变护栏结构等，并非经 20 栋内大部分业主同意即可，尤其同时涉及改变共有部分结构一事，马大爷须提请幸福家园小区业主大会进行表决。

实务建议

若发生共有部分被侵占的情况，业主应如何行使共有权？

根据《中华人民共和国民法典》第二百七十一条之规定："业主对建筑物内的住宅、经营性用房等专有部分享有所有权，对专有部分以外的共有部分享有共有和共同管理的权利。"

1. 通过参与民主表决。如前述分析，马大爷在消防通道外墙处安装空调外机的行为实际侵犯的是业主共有部分的权利，应属于业主共同决定事项，可按照《中华人民共和国民法典》及《物业管理条例（2018 修订）》等法律法规提交业主大会进行表决。

2. 通过向物业服务公司反映，督促物业服务公司积极履行劝阻的义务。

3. 通过行政举报。业主可以根据《住宅室内装饰装修管理办法（2011 修正）》第三十四条规定向有关部门进行举报，"装修人因住宅室内装饰装修活动侵占公共空间，对公共部位和设施造成损害的，由城市房地产行政主管部门责令改正，造成损失的，依法承担赔偿责任"。同时，根据《物业管理条例（2018 修订）》第六十三条第（二）项，"擅自占用、挖掘物业管理区域内道路、场地，损害业主共同利益的"，由县级以上地方人民政府房地产行政主管部门责令限期改正，给予警告，并按规定处以罚款；所得收益，用于物业管理区域内物业共用部位、共用设施设备的维修、养护，剩余部分按照业主大会的决定使用。

但业主对于其他业主有侵犯共有权行为的，不能直接提起诉讼，需通过业主大会或业主委员会集体决定并实施。

法条链接

《中华人民共和国民法典》

第九百三十七条　物业服务合同是物业服务人在物业服务区域内，为业主提供建筑物及其附属设施的维修养护、环境卫生和相关秩序的管理维护等物业服务，业主支付物业费的合同。

物业服务人包括物业服务企业和其他管理人。

第九百三十八条　物业服务合同的内容一般包括服务事项、服务质量、服务费用的标准和收取办法、维修资金的使用、服务用房的管理和使用、服务期限、服务交接等条款。

物业服务人公开作出的有利于业主的服务承诺，为物业服务合同的组成部分。

物业服务合同应当采用书面形式。

第九百三十九条　建设单位依法与物业服务人订立的前期物业服务合同，以及业主委员会与业主大会依法选聘的物业服务人订立的物业服务合同，对业主具有法律约束力。

第九百四十条　建设单位依法与物业服务人订立的前期物业服务合同约定的服务期限届满前，业主委员会或者业主与新物业服务人订立的物业服务合同生效的，前期物业服务合同终止。

物业公司安全隐患防范纠纷

 案例 62　物业公司对排水系统未尽必要的养护义务，是否应赔偿住户渗水损失？

2021 年 4 月，郑大娘购买了天天房产公司开发的某小区的一套顶楼房屋，并装修入住。该小区由平安物业公司进行前期物业管理。2021 年 8 月，由于连续受到暴雨侵袭，郑大娘的房屋出现漏水的情况，屋内的地板、天花板以及墙体均不同程度受损。

经过法院鉴定，房屋渗水的主要原因是房檐设计缺陷以及排水管管口被垃圾堵塞排水不畅通所致。郑大娘认为房屋质量有缺陷，物业公司疏于管理，起诉要求天天房产公司和平安物业公司共同赔偿其损失 5 万元。

关注焦点

物业公司对排水系统未尽必要的养护义务，是否应赔偿住户？

法律点睛

首先应当判断漏水原因，从而进行责任主体以及责任大小的认定。由于楼房漏水的原因多种多样，建筑工程质量、装修防水质量和人为因素均有可能导致，故而可能涉及业主、承租人、装修公司、开发商等多个主体。责任主体确认后，可根据《中华人民共和国民法典》第二百三十六条"妨害物权或者可能妨害物权的，权利人可以请求排除妨害或者消除危险"之规定，要求排除妨害，修复漏水问题。

本案中，经法院鉴定房屋渗水的主要原因是房檐设计缺陷以及排水管管口被垃圾堵塞排水不畅通，由此可见，渗水原因既有房产公司的设计缺陷，又有物业公司的疏于管理。因此，房产公司和物业公司均应承担相应的责任。

实务建议

若因物业未能尽到其约定义务而导致业主房屋毁损、财产受损，则业主有权就损失部分向物业主张赔偿。而对于物业方来说，在平时应注意改进工作方式，建立起日常维护机制，避免此类事件再次发生。在司法实践中，确定房屋渗漏的真正责任人往往要经过专业第三方鉴定，因此不论是业主还是房产公司、物业公司，都应当积极配合。

法条链接

《中华人民共和国民法典》

第九百三十七条　物业服务合同是物业服务人在物业服务区域内，为业主提供建筑物及其附属设施的维修养护、环境卫生和相关秩序的管理维护等物业服务，业主支付物业费的合同。

物业服务人包括物业服务企业和其他管理人。

第九百三十八条　物业服务合同的内容一般包括服务事项、服务质量、服务费用的标准和收取办法、维修资金的使用、服务用房的管理和使用、服务期限、服务交接等条款。

物业服务人公开作出的有利于业主的服务承诺，为物业服务合同的组成部分。

物业服务合同应当采用书面形式。

第九百三十九条　建设单位依法与物业服务人订立的前期物业服务合同，以及业主委员会与业主大会依法选聘的物业服务人订立的物业服务合同，对业主具有法律约束力。

第九百四十条　建设单位依法与物业服务人订立的前期物业服务合同约定的服务期限届满前，业主委员会或者业主与新物业服务人订立的物业服务合同生效的，前期物业服务合同终止。

 案例 63　小区内物品掉落致人损害该如何承担责任？

高某居住于一小区的电梯公寓内，该小区共有数栋电梯公寓，每栋有 20 层楼，居民众多。某日，高某在小区内散步时，突然从空中掉落一本书，正巧砸中高某的头部，高某头部流血、重伤倒地陷入昏迷，旁边的行人及时拨打 120

将其送医治疗，诊断结果为头骨骨裂和脑震荡。

现场监控和路人目击证明，该书本系从小区第3栋公寓楼上扔下来的，但无法确定具体是从哪一户丢出。高某的家人认为小区物管应当对此承担责任，而物管方认为已经在小区内张贴了各种禁止高空抛物的宣传海报，还安排了保安定期巡逻，其已经尽到了妥善的安全管护义务，对此不应当承担责任，高某应当向3栋的业主主张赔偿。正在协商期间，又有第2栋的业主韩某向物管举报，称该楼栋新搬来的1楼某户业主进行了野蛮装修，为了扩大室内面积将承重墙敲掉，现在整个楼栋产生摇晃，不时有墙皮和小碎块掉落砸中行人，该栋楼的业主人人自危；要求物管立即采取措施，否则产生任何后果业主将向物管主张责任。

又几日后，当地迎来了台风季，某日狂风大作，业主魏某在小区内行走时，其上方的行道树树枝突然断裂、砸中了魏某的后背部，致使魏某倒地不起，后送医诊断花费若干。上述几个事件导致小区业主对物管的不满情绪高涨。某日，经个别业主在业主微信群内号召，部分业主集体前往物管办公室要说法，现场嘈杂混乱，部分业主情绪激动，物管通知了社区。

关注焦点

1. 高空抛物致人损害的，由谁承担侵权责任？
2. 建筑物产生质量问题，发生倒塌等事故致人损害的，由谁承担侵权责任？
3. 小区内树木折断掉落致人损害的，由谁承担侵权责任？

法律点睛

（一）从建筑物中高空抛物致人损害的，在无法确定侵权人的情况下，由可能加害的建筑物使用人共同进行补偿，建筑物管理人未采取必要安全措施的，应当承担未履行安全保障义务的侵权责任

近年来，高空抛物事件频发，严重危害公众人身安全，且由于抛物的行为的瞬时性，监控设备一般无法监测到整个楼栋范围等客观原因，对于高空抛物责任人的调查一直都较为困难，但受害人也确实受到了损害，因此，我国法律专门就高空抛物的侵权责任认定进行了规定，根据《中华人民共和国民法典》第一千二百五十四条"禁止从建筑物中抛掷物品。从建筑物中抛掷物品或者从建筑物上坠落的物品造成他人损害的，由侵权人依法承担侵权责任；经调查难以确定具体侵权人的，除能够证明自己不是侵权人的外，由可能加害的建筑物使用人给予补偿。可能加害的建筑物使用人补偿后，有权向侵权人追偿。　物业服务企业等建筑物管理人应当采取必要的安全保障措施防止前款规定情形的发生；未采取必要的安全保障措施的，应当依法承担未履行安全保障义务的侵权责任。发生本条第一款规定的情形的，公安等机关应当依法及时调查，查清责任人。"之规

定，高空抛物造成损害后，被侵权人的求偿权分为三种：其一是能够直接确定行为人的，向其主张高空抛物的侵权责任；其二是不能够确定行为人的，则向所有可能是行为人的主体主张补偿（注意不是侵权赔偿）；其三是建筑物的管理人未采取必要安全措施的，向其主张未履行安全保障义务的侵权责任（此处主张依据的是《中华人民共和国民法典》第一千一百九十八条规定的公共场所管理人的安全保障义务责任）。上述规定在现实中，往往表现为：从一栋楼上丢下的物品伤人，如果无法确定到底是谁丢的，那么事发时间段在该楼栋内活动的所有人都是"可能的加害者"，受害人有权向所有人要求补偿，所有人分摊补偿金额，之后如果真正的加害人确定了，此前支付过补偿款的人可以再向其追偿。对于楼栋管理人来说，近年来许多高层公共场所都采用了封闭外墙上的门窗、在一楼外围设置顶棚等安全措施，这些客观上也可以被用来证明其已经尽到了必要的安全保障义务。

本案例中，高某被从小区第 3 栋楼上丢下的书本砸伤，在无法确认具体行为人的情况下，应当由当时在第 3 栋楼内活动的所有人对高某的医疗费、住院费、营养费等相关损失进行补偿；同时，如果物管方未能尽到相应安全保障义务，也应当承担相应的侵权责任。

> **拓展** 高空抛物适用刑法的情况

《中华人民共和国刑法》第二百九十一条之二规定："从建筑物或者其他高空抛掷物品，情节严重的，处一年以下有期徒刑、拘役或者管制，并处或者单处罚金。　有前款行为，同时构成其他犯罪的，依照处罚较重的规定定罪处罚。"

（二）建筑物倒塌、塌陷造成他人损害的，能够排除建筑本身质量问题、确定实际责任人的，应当由其承担侵权责任

常见的建筑物倒塌、塌陷一般都属于建筑物本身的质量问题，应当该建筑的建设单位、施工单位承担责任，但是，对于建筑物造成了人为损坏、导致建筑物倒塌、塌陷，并造成他人损害的，具体的行为人应当对此承担侵权责任。《中华人民共和国民法典》第一千二百五十二条的规定为："建筑物、构筑物或者其他设施倒塌、塌陷造成他人损害的，由建设单位与施工单位承担连带责任，但是建设单位与施工单位能够证明不存在质量缺陷的除外。建设单位、施工单位赔偿后，有其他责任人的，有权向其他责任人追偿。　因所有人、管理人、使用人或者第三人的原因，建筑物、构筑物或者其他设施倒塌、塌陷造成他人损害的，由所有人、管理人、使用人或者第三人承担侵权责任。"现实中，确实存在部分业主进行野蛮装修、破坏建筑物关键部位，造成整栋建筑物安全性严重下降的情况，在此前提下，一旦该建筑物因结构破坏而倒塌、塌陷的，由此造成的损失，由装修的行为人（施工人员是听从业主的指示施工的，以作出指示的业主为行为人）承担责任。

本案例中，小区第 2 栋公寓产生楼栋摇晃、墙皮和砖块掉落等安全隐患，系由于 1 楼业主装修时敲掉了基础承重墙所致，因此，一旦楼栋发生坍塌，造成该楼栋其他业主的人身、财产损失的，1 楼实行装修的业主应对此承担侵权责任。当然，小区物管在得知这一情况后也应当及时通知并疏散该楼栋业主，同时通知涉事装修业主，要求其立即停止野蛮装修、作出补救，并同时通知相关主管部门，否则一旦发生危害性后果，物管也有可能因未能尽到安全保障义务而被追究责任。

（三）树木折断致人损害的，其所有人或者管理人不能证明自己没有过错的，应承担侵权责任

根据《中华人民共和国民法典》第一千二百五十七条"因林木折断、倾倒或者果实坠落等造成他人损害，林木的所有人或者管理人不能证明自己没有过错的，应当承担侵权责任。"之规定，林木的所有人、管理人应当为自己所管控的林木造成的损害承担侵权责任，除非其有证据证明自身对于损害结果的产生没有过错。因此现实中无论是路政管理方还是小区的物业管理公司，都会定期对自己辖区或者管理范围内的树木进行枝干修剪、固定等措施，这也是其在履行安全管理义务的体现。

本案例中，魏某被小区内行道树的树枝砸伤，小区物管作为管理人，如果不能举证证明自己无过错（比如其已定期修剪枝干、做好了防台风措施、向业主通知到位等）的，则应当承担相应侵权责任。

实务建议

物品的掉落或者坠落致人损害，从原因来看主要分为两种：一种是由于小区建筑年久失修或者树木疏于养护而导致，一种是由于有人客观上做出了高空抛物这一危险行为而导致。对于前者，小区物业应当以其养护不力、管理不善，承担相应的赔偿责任；而对于后者，则应当按照法律法规中关于高空抛物的相关内容来确定责任人，并由其承担相应民事赔偿责任及可能的刑事责任。

法条链接

《中华人民共和国民法典》

第一千二百五十二条　建筑物、构筑物或者其他设施倒塌、塌陷造成他人损害的，由建设单位与施工单位承担连带责任，但是建设单位与施工单位能够证明不存在质量缺陷的除外。建设单位、施工单位赔偿后，有其他责任人的，有权向其他责任人追偿。

因所有人、管理人、使用人或者第三人的原因，建筑物、构筑物或者其他设施倒塌、塌陷造成他人损害的，由所有人、管理人、使用人或者第三人承担侵权责任。

第一千二百五十四条　禁止从建筑物中抛掷物品。从建筑物中抛掷物品或者从建筑物上坠落的物品造成他人损害的，由侵权人依法承担侵权责任；经调查难以确定具体侵

权人的，除能够证明自己不是侵权人的外，由可能加害的建筑物使用人给予补偿。可能加害的建筑物使用人补偿后，有权向侵权人追偿。

物业服务企业等建筑物管理人应当采取必要的安全保障措施防止前款规定情形的发生；未采取必要的安全保障措施的，应当依法承担未履行安全保障义务的侵权责任。

发生本条第一款规定的情形的，公安等机关应当依法及时调查，查清责任人。

第一千二百五十七条　因林木折断、倾倒或者果实坠落等造成他人损害，林木的所有人或者管理人不能证明自己没有过错的，应当承担侵权责任。

 案例 64　业主车辆在小区内被盗，物业承担责任吗？

> 2021 年 1 月金某购得美丽花园小区一套房屋。美丽花园小区业主大会与天天物业公司签订《物业管理服务合同》，合同中约定：天天物业公司行使小区地下停车场车位使用费收取权利。
>
> 入住小区后，金某日常将自己的小汽车停在小区停车场内，每月缴纳车位费。同年 3 月 13 日，金某发现自己停在小区内的车辆失窃，遂报警，前往公安完成笔录后金某前往物业追究其责任。

关注焦点

业主车辆在小区内被盗，物业承担责任吗？

法律点睛

本案主要焦点在于业主与物业公司是否存在相关"车辆保管约定"。本案中，根据美丽花园小区业主大会与天天物业公司签订的《物业管理服务合同》中"天天物业公司行使小区地下停车场车位使用费收取权利"的约定，可明确业主交纳的是"车位使用费"而非物业保管费，而此外并无其他约定。因此，在双方没有对停车管理进行特别约定的情况下，物业管理公司的管理责任是为停泊车辆提供场所，而非保管车辆，并未涉及车辆保管的问题。故而天天物业公司不承担保管责任。

此外，《中华人民共和国民法典》第九百四十二条规定："物业服务人应当按照约定和物业的使用性质，妥善维修、养护、清洁、绿化和经营管理物业服务区域内的业主共有部分，维护物业服务区域内的基本秩序，采取合理措施保护业主的人身、财产安全。"《物业管理条例（2018 修订）》第四十六条规定："物业服务企业应当协助做好物业管理区域内的安全防范工作。发生安全事故时，物业服务企业在采取应急措施的同时，应当及时向有关行政管理部门报告，协助做好救助工作。　物业服务企业雇请保安人员的，应当遵守国家有关规定。保安人员在维护物业管理区域内的公共秩序时，应当履行职责，不得侵害公民的合法权益。"本案中，若追究物业管理公司的安保责任，则需举证证明天天公司的物业管理存在瑕疵，且管理瑕疵与车辆被盗之间有事实上的因果联系。

实务建议

小区内丢失车辆问题主要焦点在于车辆所有者与物业管理公司是否构成保管合同法律关系，以及小区物业是否尽到了合理的安保义务。

《中华人民共和国民法典》第八百九十条规定："保管合同自保管物交付时成立，但是当事人另有约定的除外。"可见除非当事人另有约定，保管合同必须以物的交付为成立要件，即保管人对保管物能实际占有和控制。因此，当事人可以据此判断自己是否与物业方成立保管合同法律关系。

此外，根据《中华人民共和国民法典》以及《物业管理条例（2018 修订）》的相关规定，物业公司对小区内公共秩序和财务负有安全防范和协助管理的义务，若出现小区内财物被盗的情形，物业管理方是否承担责任的关键在于其是否已尽到安全保障义务。

在本案中，侵权是由第三人盗窃的犯罪行为造成，在此情况下，判断物业公司是否违反安全保障义务可以从其设备设施是否完好、对出入小区人员是否做合理排查工作、是否对明显侵权行为怠于防范制止等方面进行衡量。

法条链接

《中华人民共和国民法典》

第八百九十条　保管合同自保管物交付时成立，但是当事人另有约定的除外。

第九百四十二条　物业服务人应当按照约定和物业的使用性质，妥善维修、养护、清洁、绿化和经营管理物业服务区域内的业主共有部分，维护物业服务区域内的基本秩序，采取合理措施保护业主的人身、财产安全。

对物业服务区域内违反有关治安、环保、消防等法律法规的行为，物业服务人应当及时采取合理措施制止、向有关行政主管部门报告并协助处理。

《物业管理条例（2018 修订）》

第三十五条　物业服务企业应当按照物业服务合同的约定，提供相应的服务。

物业服务企业未能履行物业服务合同的约定，导致业主人身、财产安全受到损害的，应当依法承担相应的法律责任。

第四十六条　物业服务企业应当协助做好物业管理区域内的安全防范工作。发生安全事故时，物业服务企业在采取应急措施的同时，应当及时向有关行政管理部门报告，协助做好救助工作。

物业服务企业雇请保安人员的，应当遵守国家有关规定。保安人员在维护物业管理区域内的公共秩序时，应当履行职责，不得侵害公民的合法权益。

业主委员会与物业公司纠纷

 案例65 业主委员会与居民委员会二者的区别及关联是什么？

　　花园小区未成立业主委员会，2021年5月20日，平安社区居民委员会与某物业公司签订了《花园小区临时物业委托服务协议》，约定由某物业公司为花园小区提供物业服务，约定了物业服务内容、服务期限、服务费用、物业的使用与维护等。

　　刘大爷系该小区业主，对该物业公司服务不满意，并且认为平安社区居民委员会无权代替业主与物业公司签订委托协议。遂向法院起诉了平安社区居民委员会与某物业公司，请求人民法院确认平安社区居民委员会和某物业公司签订的《花园小区临时物业委托服务协议》无效。

关注焦点

1. 业主委员会与居民委员会之间的区别是？
2. 若未成立业主委员会，居民委员会代签的物业委托合同是否有效？

法律点睛

（一）业主委员会与居民委员会最大的区别在于二者职责不同

　　根据《物业管理条例（2018修订）》第十条，同一个物业管理区域内的业主，应当在物业所在地的区、县人民政府房地产行政主管部门或者街道办事处、乡镇人民政府的指导下成立业主大会，并选举产生业主委员会。可见，业主委员会是由同一个物业管理区域内的业主依法选举产生的，履行业主大会赋予的职责，执行业主大会决定事项，并接受业主监督的自治组织的执行机构。而业主大会或者业主委员会的决定，对业主具有约束力。业主委员会执行业主大会的决定事项，履行的职责有：召集业主大会会议，报告物业管理的实施情况；代表业主与业主大会选聘的物业服务企业签订物业服务合同；及时了解业主、物业使用人的意见和建议，监督和协助物业服务企业履行物业服务合同；监督管理规约的实施；业主大会赋予的其他职责。

　　根据《中华人民共和国城市居民委员会组织法（2018修正）》第二条第一款："居民委员会是居民自我管理、自我教育、自我服务的基层群众性自治组织。"《中华人民共和国民法典》第一百零一条第一款规定：居民委员会具有基层群众性自治组织法人资格，可以从事为履行职能所需要的民事活动。

　　居民委员会的职责有：宣传宪法、法律、法规和国家的政策，维护居民的合法权益，教育居民履行依法应尽的义务，爱护公共财产，开展多种形式的社会主义精神文明建设活动；办理本居住地区居民的公共事务和公益事业；调解民间纠纷；协助维护社会治安；协助人民政府或者它的派出机关做好与居民利益有关的公共卫生、计划生育、优抚救济、青少年教育等工作；向人民政府或者它的派出机关反映居民的意见、要求和提出建议。

尽管二者的职责不同，但根据《中华人民共和国民法典》第二百七十七条第二款之规定，居民委员会还应当对设立业主大会和选举业主委员会给予指导和协助。

拓展 **街道办事处与居民委员会的联系和区别**

城市的基层治理主要依赖于街道办事处和居民委员会。

街道办事处是区/县级人民政府的派出机关，代表政府依法履行辖区公共服务、城市管理和社会治理等行政管理职能。而居民委员会是居民自我管理、自我教育、自我服务的基层群众组织。

（二）若未成立业主委员会，居民委员会可以代签物业委托合同

一般情况下，业主委员会与居民委员会不能互相代行职责，更不能相互替代。业主委员会的成员都是业主，而居民委员会成员可能是业主，也可能不是业主，有可能是承租人。业主委员会的权利行使前提是基于对专有物权的占有，主要是对物的管理。而居民委员会主要是对人的管理。居民委员会，要负责协调业主委员会和物业管理企业之间的关系，还要对设立业主大会和选举业主委员会给予指导和协助。而业主委员会则代表着业主利益，负责监督小区物业管理。但因为现实生活中，存在仅成立了居民委员会而未成立业主委员会的情形，在这种情形下，居民委员会可以代为行使业主委员会的部分职责。

依据住房和城乡建设部《业主大会和业主委员会指导规则》第五十八条规定："因客观原因未能选举产生业主委员会或者业主委员会委员人数不足总数的二分之一的，新一届业主委员会产生之前，可以由物业所在地的居民委员会在街道办事处、乡镇人民政府的指导和监督下，代行业主委员会的职责。"可见，物业所在地的居民委员会是在街道办事处、乡镇人民政府的指导和监督下，代行业主委员会职责。因此在本案中，平安社区和某物业公司签订的《花园小区临时物业委托服务协议》有效。

实务建议

若未成立业主委员会，居民委员会除了可以代签物业合同外，还可以代为履行哪些职责？

1. 代为接受临时占用、挖掘道路、场地的报告。

《四川省物业管理条例（2021修订）》第七十五条第二款规定："因维修物业或者公共利益的需要，确需临时占用、挖掘道路、场地的，应当告知业主委员会和物业服务人，并及时在物业服务区域显著位置公示。未产生业主委员会的，向居（村）民委员会报告。"

2. 根据业主要求，代为提出维修基金使用申请。

《四川省物业管理条例（2021 修订）》第九十一条第一款第（一）项规定，申请使用建筑物及其附属设施的维修基金的紧急程序：由业主委员会提出申请。未产生业主委员会或者业主委员会不履职的，居民委员会应当根据业主要求代为提出申请。

法条链接

《中华人民共和国民法典》

第一百零一条　居民委员会、村民委员会具有基层群众性自治组织法人资格，可以从事为履行职能所需要的民事活动。

第二百七十七条　地方人民政府有关部门、居民委员会应当对设立业主大会和选举业主委员会给予指导和协助。

……

《中华人民共和国城市居民委员会组织法》

第二条　居民委员会是居民自我管理、自我教育、自我服务的基层群众性自治组织。

……

第三条　居民委员会的任务：

（一）宣传宪法、法律、法规和国家的政策，维护居民的合法权益，教育居民履行依法应尽的义务，爱护公共财产，开展多种形式的社会主义精神文明建设活动；

（二）办理本居住地区居民的公共事务和公益事业；

（三）调解民间纠纷；

（四）协助维护社会治安；

（五）协助人民政府或者它的派出机关做好与居民利益有关的公共卫生、计划生育、优抚救济、青少年教育等项工作；

（六）向人民政府或者它的派出机关反映居民的意见、要求和提出建议。

《四川省物业管理条例（2021 修订）》

第七十五条　任何单位和个人不得擅自占用、挖掘物业服务区域内的道路、场地。

因维修物业或者公共利益的需要，确需临时占用、挖掘道路、场地的，应当告知业主委员会和物业服务人，并及时在物业服务区域显著位置公示。未产生业主委员会的，应当向居（村）民委员会报告。

施工现场应当设置明显警示标志和采取安全措施。临时占用、挖掘道路、场地的，应当及时恢复原状。

第九十一条　申请使用建筑物及其附属设施的维修资金的紧急程序，按照下列规定进行：

（一）由业主委员会提出申请。未产生业主委员会或者业主委员会不履行职责的，居（村）民委员会应当根据业主的要求代为提出申请；

（二）县（市、区）人民政府住房城乡建设主管部门收到申请后，应当在三个工作日内作出审核决定并办理相关手续；

（三）建筑物及其附属设施的维修资金管理机构按照相关规定审核同意后，在建筑物及其附属设施的维修资金中直接列支；

（四）应急维修工程竣工验收后，组织维修的单位应当将使用维修资金总额及业主分摊情况在物业服务区域显著位置公示。

相关主体未及时提出申请，且已出现严重影响业主生活或者危及人身财产安全情形的，县（市、区）人民政府住房城乡建设主管部门、街道办事处（乡镇人民政府）应当组织代为维修，代为维修费用按照前款第三项、第四项规定在建筑物及其附属设施的维修资金中列支并公示。

《业主大会和业主委员会指导规则》

第三十五条　业主委员会履行以下职责：

（一）执行业主大会的决定和决议；

（二）召集业主大会会议，报告物业管理实施情况；

（三）与业主大会选聘的物业服务企业签订物业服务合同；

（四）及时了解业主、物业使用人的意见和建议，监督和协助物业服务企业履行物业服务合同；

（五）监督管理规约的实施；

（六）督促业主交纳物业服务费及其他相关费用；

（七）组织和监督专项维修资金的筹集和使用；

（八）调解业主之间因物业使用、维护和管理产生的纠纷；

（九）业主大会赋予的其他职责。

第五十八条　因客观原因未能选举产生业主委员会或者业主委员会委员人数不足总数的二分之一的，新一届业主委员会产生之前，可以由物业所在地的居民委员会在街道办事处、乡镇人民政府的指导和监督下，代行业主委员会的职责。

 案例 66　小区业主委员会能否终止前期物业合同？

　　2018 年，星星物业公司与澎湃房地产开发公司签订了《幸福家园小区前期物业管理服务协议》，合同期限自 2018 年 6 月 21 日至 2021 年 6 月 21 日。2019 年，幸福家园小区依法成立业主委员会。由于星星物业公司提供物业服务期间，小区多次发生被盗、垃圾未及时清运的情况。2021 年 7 月，业主委员会通知星星物业公司终止前期物业合同并交还其管理的设备。同月，业主委员会与月亮物业公司签订了新的物业合同。但星星物业公司不同意终止原前期物业合同，也不愿意交还其管理的设备。

关注焦点

业主委员会成立后能否终止原前期物业合同？

法律点睛

业主大会系业主自治性组织，业主委员会是业主大会的执行机构。根据《中华人民共和国民法典》第二百七十八条，业主有权选聘和解聘物业服务企业或者其他管理人。因此业主委员会有权解聘原物业公司。其次，根据《物业管理条例（2018 修订）》第二十六条规定："前期物业服务合同可以约定期限；但是，期限未满、业主委员会与物业服务企业签订的物业服务合同生效的，前期物业服务合同终止。"本案例中，幸福家园小区召开业主大会，并选举成立业主委员会，前期物业管理服务协议履行期限为 2018 年 6 月 21 日至 2021 年 6 月 21 日，星星物业公司未被继续选聘为物业服务企业，且业主委员会已另行与其他物业公司签订物业服务合同，星星物业公司不存在继续提供物业服务的可能，幸福家园小区有权解除前期物业服务合同。让星星物业公司搬离小区，并移交其管理的设备等。

实务建议

（一）解除前期物业服务合同后，业主委员会如何和原物业公司做好工作交接？

原物业公司应在合理或者约定期限内退出原物业服务区域。

原物业公司应将物业服务用房、相关设施等移交给业主委员会等，特别需要交代清楚物业服务用房的位置和基本资料，以及公共资源的使用情况，比如：利用公共场所设置停车位的情况、利用公共区域营利的情况。

移交物业服务所必需的相关资料：

（1）竣工总平面图，单体建筑、结构、设备竣工图，配套设施、地下管网工程竣工图、给排水系统等竣工验收资料；

（2）设施设备的安装、使用和维护保养等技术资料；

（3）物业质量保修文件和物业使用说明文件；

（4）业主名册；

（5）财务账册（维修资金、公益性收入）；

（6）开发商或物业公司与公共事业单位签订的供水、供电、电信合同；

（7）物业公司与小区公共用房、车位、广告位、运动场等公共区域承租方签订的合同。

（二）原物业公司能否以原业主委员会未支付其垫付的维修费、水电费等为由，拒绝撤出物业服务区域？

不行。原物业公司被业主委员会或业主大会决议解聘后，与小区业主存在债权债务纠纷的，应当通过法律途径解决，而不是通过"不撤出"等方式来"抗议"。若因此发生争议的，业主委员会可以先进行协商，协商不成的，业主委员会可以代表业主向房屋的行政主管部门报告。若因原物业公司的行为给业主造成损失的，业主委员会可以代表业主提起诉讼，请求赔偿并撤离，仍未撤离的，可申请法院强制执行。

法条链接

《中华人民共和国民法典》

第九百四十八条　物业服务期限届满后，业主没有依法作出续聘或者另聘物业服务人的决定，物业服务人继续提供物业服务的，原物业服务合同继续有效，但是服务期限为不定期。

当事人可以随时解除不定期物业服务合同，但是应当提前六十日书面通知对方。

第九百四十九条　物业服务合同终止的，原物业服务人应当在约定期限或者合理期限内退出物业服务区域，将物业服务用房、相关设施、物业服务所必需的相关资料等交还给业主委员会、决定自行管理的业主或者其指定的人，配合新物业服务人做好交接工作，并如实告知物业的使用和管理状况。

原物业服务人违反前款规定的，不得请求业主支付物业服务合同终止后的物业费；造成业主损失的，应当赔偿损失。

第九百五十条　物业服务合同终止后，在业主或者业主大会选聘的新物业服务人或者决定自行管理的业主接管之前，原物业服务人应当继续处理物业服务事项，并可以请求业主支付该期间的物业费。

《物业管理条例（2018修订）》

第二十九条　在办理物业承接验收手续时，建设单位应当向物业服务企业移交下列资料：

（一）竣工总平面图，单体建筑、结构、设备竣工图，配套设施、地下管网工程竣工图等竣工验收资料；

（二）设施设备的安装、使用和维护保养等技术资料；

（三）物业质量保修文件和物业使用说明文件；

（四）物业管理所必需的其他资料。

物业服务企业应当在前期物业服务合同终止时将上述资料移交给业主委员会。

第二十六条　前期物业服务合同可以约定期限；但是，期限未满、业主委员会与物业服务企业签订的物业服务合同生效的，前期物业服务合同终止。

第三十三条　一个物业管理区域由一个物业服务企业实施物业管理。

第三十六条　物业服务企业承接物业时，应当与业主委员会办理物业验收手续。

业主委员会应当向物业服务企业移交本条例第二十九条第一款规定的资料。

第三十八条　物业服务合同终止时，物业服务企业应当将物业管理用房和本条例第二十九条第一款规定的资料交还给业主委员会。

物业服务合同终止时，业主大会选聘了新的物业服务企业的，物业服务企业之间应当做好交接工作。

案例 67　业主委员会的决定损害了业主的合法权益，业主怎么办？

> 　　幸福花园小区业主委员会近日与该小区明明物业公司签订相关经营管理合同，将小区地面停车经营权出租给明明物业公司使用。迟大爷、洪大娘等五位小区业主认为业主委员会的决定侵犯了小区业主的合法权益。
>
> 　　五人因此向法院提起诉讼，要求撤销此决定。

关注焦点

1. 业主是否有权要求撤销业主委员会的决定？
2. 业主委员会是否有权作出出租地面停车经营权的决定？

法律点睛

（一）业主大会或业委会作出的决定侵害业主合法权益的，受侵害业主可请求撤销

业主有权要求撤销业主委员会的决定。《中华人民共和国民法典》第二百八十条规定："业主大会或者业主委员会的决定，对业主具有法律约束力。　　业主大会或者业主委员会作出的决定侵害业主合法权益的，受侵害的业主可以请求人民法院予以撤销。"本案中，迟大爷、洪大娘等五人作为幸福花园小区的业主，认为业主委员会的决议违法，有权向人民法院起诉要求撤销违法决议。

（二）出租地面停车经营权的决定应由全体业主共同作出，业主委员会无权作出

无权。根据《中华人民共和国民法典》第二百七十八条之规定："下列事项由业主共同决定：

"（一）制定和修改业主大会议事规则；

"（二）制定和修改管理规约；

"（三）选举业主委员会或者更换业主委员会成员；

"（四）选聘和解聘物业服务企业或者其他管理人；

"（五）使用建筑物及其附属设施的维修资金；

"（六）筹集建筑物及其附属设施的维修资金；

"（七）改建、重建建筑物及其附属设施；

"（八）改变共有部分的用途或者利用共有部分从事经营活动；

"（九）有关共有和共同管理权利的其他重大事项。

"业主共同决定事项，应当由专有部分面积占比三分之二以上的业主且人数占比三分之二以上的业主参与表决。决定前款第六项至第八项规定的事项，应当经参与表决专有

部分面积四分之三以上的业主且参与表决人数四分之三以上的业主同意。决定前款其他事项，应当经参与表决专有部分面积过半数的业主且参与表决人数过半数的业主同意。"

本案中，出租小区地面停车位给物业经营属于《中华人民共和国民法典》第二百七十八条第一款第（八）项规定的"改变共有部分的用途或者利用共有部分从事经营活动"，此事项应当由全体业主共同决定。故业主委员会无权作出出租地面停车经营权的决定。

实务建议

若业主委员会做出了违反法律法规的决定，业主可以报告其物业所在地的房地产行政主管部门或者街道办事处、乡镇人民政府，责令限期改正或者撤销其决定，并通告全体业主。业主也可以向人民法院提起诉讼，要求撤销决定。

法条链接

《中华人民共和国民法典》

第二百七十八条　下列事项由业主共同决定：

（一）制定和修改业主大会议事规则；

（二）制定和修改管理规约；

（三）选举业主委员会或者更换业主委员会成员；

（四）选聘和解聘物业服务企业或者其他管理人；

（五）使用建筑物及其附属设施的维修资金；

（六）筹集建筑物及其附属设施的维修资金；

（七）改建、重建建筑物及其附属设施；

（八）改变共有部分的用途或者利用共有部分从事经营活动；

（九）有关共有和共同管理权利的其他重大事项。

业主共同决定事项，应当由专有部分面积占比三分之二以上的业主且人数占比三分之二以上的业主参与表决。决定前款第六项至第八项规定的事项，应当经参与表决专有部分面积四分之三以上的业主且参与表决人数四分之三以上的业主同意。决定前款其他事项，应当经参与表决专有部分面积过半数的业主且参与表决人数过半数的业主同意。

《物业管理条例（2018修订）》

第十九条　业主大会、业主委员会应当依法履行职责，不得作出与物业管理无关的决定，不得从事与物业管理无关的活动。

业主大会、业主委员会作出的决定违反法律、法规的，物业所在地的区、县人民政府房地产行政主管部门或者街道办事处、乡镇人民政府，应当责令限期改正或者撤销其决定，并通告全体业主。

物业侵权纠纷

 案例 68 小区绿地内划停车位，权利归属如何认定？

星星房地产有限公司系阳光花园小区的建设单位，小区地面共有70个车位，但星星房地产公司将其中59个车位加锁并对外出租。

因小区的停车位紧张，阳光花园小区业主要求星星房地产公司将59车位的地锁移除，而星星房地产公司认为阳光花园小区内59个地面停车位使用权应归星星房地产公司所有，拒绝了业主的请求。理由是：该地面停车场59个停车位是规划设计好，星星房地产公司通过竞标出让土地后开发建设，并经相关部门验收合格，应归属于星星房地产公司。但业主认为小区内地面停车位使用权不应归属房地产方所有。双方因此产生争议，业主经常将59个停车位的地锁破坏并占用停车位，还阻挠其他人承租这些停车位，星星房地产公司遂起诉到法院。

关注焦点

小区地面停车位的性质以及权利归属如何认定？

法律点睛

根据《中华人民共和国民法典》第二百七十五条规定："建筑区划内，规划用于停放汽车的车位、车库的归属，由当事人通过出售、附赠或者出租等方式约定。占用业主共有的道路或者其他场地用于停放汽车的车位，属于业主共有。"《中华人民共和国民法典》第二百七十六条规定："建筑区划内，规划用于停放汽车的车位、车库应当首先满足业主的需要。"以上条款将车位车库分为两类，分别为有规划和没有规划的，有规划的车位，是指建设单位在开始建设之初经过规划部门批准，并在建设完成后可以办理产权登记的车位，这类车位的初始产权人是建设单位，后期的归属应依照约定来确定，但是应当首先满足业主的需要。没有规划的车位，是指占用业主共有的道路或者其他场地用于停放汽车的车位，没有作为车位纳入最初的项目建设规划，因为这类车位所占用的道路和场地属于业主的共有财产，且需要业主承担维护费用，因此，在其上的车位也属于业主共有。本案中，虽然星星房地产公司主张的59个地面停车位在建设之初经过了规划，但其也是为了保障小区业主的公共使用需要而配置，且59个车位未计入建筑面积，不能办理产权登记。这些车位又位于地面而非地下，星星房地产公司并无额外建设成本，反而这些车位占用了业主的道路、绿化等公有财产，按照"谁投资、谁收益"的原则，在业主共有的道路和绿化上建造的车位应当属于业主共有。星星房地产公司不得以对外出租、出售和附赠等方式进行处分。

拓展 自己的车位能否不经业主委员会或物业同意安装充电桩？

现有两种观点。一种认为安装充电桩属于《民法典》第二百七十八条第一款第（七）项的"改建、重建建筑物及其附属设施"，应当经参与表决专有部分面积四分之三以上的业主且参与人数四分之三以上的业主同意。另一种认为，安装充电桩是车位产权人对自身物业的合理处分。笔者较为同意第二种观点，但即使安装充电桩的业主是车位的产权人，也应事前和物业协商，否则，物业可能根据《民法典》第九百四十二条第二款"对物业服务区域内违反有关治安、环保、消防等法律法规的行为，物业服务人应当及时采取合理措施制止、向有关行政主管部门报告并协助处理。"的规定，以充电桩有消防隐患为由阻止安装。

实务建议

如果在购房后出现了停车位纠纷，购房时又未留有相关证据或购房合同中没有相关条款内容，建议业主前往所在地的规划部门查询小区内绿地是否规划为车位。

法条链接

《中华人民共和国民法典》

第二百七十四条 建筑区划内的道路，属于业主共有，但是属于城镇公共道路的除外。建筑区划内的绿地，属于业主共有，但是属于城镇公共绿地或者明示属于个人的除外。建筑区划内的其他公共场所、公用设施和物业服务用房，属于业主共有。

第二百七十五条 建筑区划内，规划用于停放汽车的车位、车库的归属，由当事人通过出售、附赠或者出租等方式约定。

占用业主共有的道路或者其他场地用于停放汽车的车位，属于业主共有。

第二百七十六条 建筑区划内，规划用于停放汽车的车位、车库应当首先满足业主的需要。

第四百九十六条 格式条款是当事人为了重复使用而预先拟定，并在订立合同时未与对方协商的条款。

采用格式条款订立合同的，提供格式条款的一方应当遵循公平原则确定当事人之间的权利和义务，并采取合理的方式提示对方注意免除或者减轻其责任等与对方有重大利害关系的条款，按照对方的要求，对该条款予以说明。提供格式条款的一方未履行提示或者说明义务，致使对方没有注意或者理解与其有重大利害关系的条款的，对方可以主张该条款不成为合同的内容。

第四百九十七条 有下列情形之一的，该格式条款无效：

（一）具有本法第一编第六章第三节和本法第五百零六条规定的无效情形；

（二）提供格式条款一方不合理地免除或者减轻其责任、加重对方责任、限制对方主要权利；

（三）提供格式条款一方排除对方主要权利。

第四百九十八条　对格式条款的理解发生争议的，应当按照通常理解予以解释。对格式条款有两种以上解释的，应当作出不利于提供格式条款一方的解释。格式条款和非格式条款不一致的，应当采用非格式条款。

 案例 69　架空层车位、地下人防车位是否属于业主共有？

　　幸福家园小区业主委员会因架空层车位、地下人防车位权属问题与建设单位发生争议。

　　业主委员会认为小区架空层车位、人防车位应属业主共同所有。因为架空层车位未进行不动产登记，客观上也不能办理登记，不能成为特定业主所有权的客体。架空层的公共开放空间建筑面积不计算容积率不收取地价，既然未分摊给业主，那么也不能确权给建设单位。并且架空层依附于所在建筑物，建设单位未举证证明该架空层属其所有。加之商品房开发成本最终体现为房价，业主分摊了地下车位的建设成本，理应取得地下车位所有权。地下人防车位是利用全体业主的土地使用权修建的。

　　双方遂就此纠纷诉至法院。

关注焦点

1. 小区架空层车位应属全体业主还是建设单位？
2. 小区人防车位应属全体业主还是建设单位？

法律点睛

（一）小区架空层车位的权属应结合合同约定、是否占用业主共有部分进行判定

判断小区架空层车位或地面停车位的权属归业主共同所有还是归建设单位所有的关键在于，架空层车位或地面停车位是否占用业主共有的道路或者其他场地，以及业主与建设单位签署的商品房买卖合同中是否对于该部分权属进行过约定。《中华人民共和国民法典》第二百七十五条规定："建筑区划内，规划用于停放汽车的车位、车库的归属，由当事人通过出售、附赠或者出租等方式约定。　占用业主共有的道路或者其他场地用于停放汽车的车位，属于业主共有。"若小区内架空层车位或地面停车位系占用业主共有道路或场地修建，则该部分车位应归属于全体业主所有。若架空层车位或地面停车位并未占用业主共有道路或场地，则判断该车位权属的关键在于业主与建设单位签署的合同中进行的相关约定。

拓展　如何判断车位是否占用了业主共有道路或场地？

车位是否系占用业主共有道路或场地，应当结合规划内容、是否计入分摊的公用面积等进行综合判定。

（二）小区人防车位归建设单位管理、使用

《中华人民共和国人民防空法（2009 修正）》第五条规定："国家对人民防空设施建设按照有关规定给予优惠。　国家鼓励、支持企业事业组织、社会团体和个人，通过多种途径，投资进行人民防空工程建设；人民防空工程平时由投资者使用管理，收益归投资者所有。"若建设单位作为小区人防车位的投资者，则建设单位对人防车位负有管理义务，同时建设单位根据《人民防空工程平时开发利用管理办法》获取《人民防空工程平时使用证》后，可依法对人防车位进行使用，并获取使用收益。

拓展　如何辨识人防车位？

1. 特殊的位置和标识。

人防车位一般设置在地下室，与普通车位处于建筑物的不同楼层，一般位于普通车位更下的楼层。当然，也有部分建筑中人防车位与普通车位位于相同的楼层，按不同区域划分。人防车位区域一般有大且厚重的防护门。现在新建的建筑，也会将人防车位的颜色、标识与普通车位进行区别，比如人防车位的墙体和柱子上会专门印有"人防车位、禁止买卖"的字样。人防车位的车位编号前也会有"人防"的字样。

2. 无法办理不动产权登记。

人防车位作为人防工程的一种，本质属性为国家战备设施。《中华人民共和国民法典》第二百五十四条第一款规定："国防资产属于国家所有"。因此，人防车位的所有权归国家，使用权归当地的人民防空办公室，平时授权给投资者使用，若出现战争和重大灾难时，由国家强制征用。因此，人防车位无法办理不动产权登记。

实务建议

（一）业主应当注意什么？

在签订商品房买卖合同时，仔细阅读相关条款，明确小区内设施、设备的权属约定，同时要求开发商对小区内设施、设备是否占用业主共有道路或场地进行说明。

（二）租用人防车位时应注意什么？

在租用人防车位时，要求出租方提供其取得的《人民防空工程平时使用证》，同时在租赁合同中明确若发生特定情形无法继续使用人防车位时，租赁合同未履行部分如何处理。

法条链接

《中华人民共和国民法典》

第二百七十五条 建筑区划内，规划用于停放汽车的车位、车库的归属，由当事人通过出售、附赠或者出租等方式约定。

占用业主共有的道路或者其他场地用于停放汽车的车位，属于业主共有。

《中华人民共和国人民防空法（2009修正）》

第五条 国家对人民防空设施建设按照有关规定给予优惠。

国家鼓励、支持企业事业组织、社会团体和个人，通过多种途径，投资进行人民防空工程建设；人民防空工程平时由投资者使用管理，收益归投资者所有。

第九条 国家保护人民防空设施不受侵害。禁止任何组织或者个人破坏、侵占人民防空设施。

第二十六条 国家鼓励平时利用人民防空工程为经济建设和人民生活服务。平时利用人民防空工程，不得影响其防空效能。

《人民防空工程平时开发利用管理办法》

第三条 人民防空工程平时开发利用应当坚持有偿使用、用管结合的原则，平时由投资者使用管理，收益归投资者所有。

第八条 人民防空工程平时开发利用实行备案登记制度。使用单位在与工程隶属单位签订《人民防空工程租赁使用合同》后5日内到工程所在地人民防空主管部门备案登记，并提交下列资料：

（一）使用申请书；

（二）使用单位法定代表人的合法证件；

（三）《人民防空工程基本情况登记表》；

（四）与工程隶属单位签订的《人民防空工程租赁使用合同》；

（五）与工程隶属单位签订的《人民防空工程消防安全责任书》；

第九条 人民防空主管部门应当根据使用单位提交的备案资料，经审查合格后发给《人民防空工程平时使用证》。

使用单位必须持有《人民防空工程平时使用证》，方可使用人民防空工程。

《人民防空工程平时使用证》由国家人民防空主管部门统一格式，省、自治区、直辖市人民防空主管部门印制。

 案例 70 对于属于业主共有的车位，业主们是否还需要缴纳停车费？

2018年3月，吴大娘购买了幸福家园小区住房一套，该住房位于1楼。正好对着一个停车位，是由原小区道路改建的，因小区的车位较多，入住率也不高，吴大娘就一直免费使用。直到2021年1月8日，该小区成立了业主委员会，并对小区的车位情况进行了公告，内容为该小区车位为小区业主共有，经业主大会决定这些车位对外出租并要缴纳租金。但吴大娘认为，既然为业主共有，自己也是业主，就应该一直免费使用该车位，不同意给租金。业主委员会遂将吴大娘起诉至法院。

关注焦点

对于属于业主共有的车位，业主们是否还需要缴纳停车费？

法律点睛

根据《中华人民共和国民法典》二百八十二条："建设单位、物业服务企业或者其他管理人等利用业主的共有部分产生的收入，在扣除合理成本之后，属于业主共有。"《物业管理条例（2018修订）》第五十四条："利用物业共用部位、共用设施设备进行经营的，应当在征得相关业主、业主大会、物业服务企业的同意后，按照规定办理有关手续。业主所得收益应当主要用于补充专项维修资金，也可以按照业主大会的决定使用。"由此可看出，是否要将小区公共道路划作停车位经营使用，在公共道路上修建的停车位要不要交停车费，完全由业主处分，由业主大会或授权业主委员会可以决定经营使用也可以决定非经营性使用，所得收益可以补充专项维修资金或者支付物业费或进行分配。

法条链接

《中华人民共和国民法典》

第二百七十四条　建筑区划内的道路，属于业主共有，但是属于城镇公共道路的除外。建筑区划内的绿地，属于业主共有，但是属于城镇公共绿地或者明示属于个人的除外。建筑区划内的其他公共场所、公用设施和物业服务用房，属于业主共有。

第二百七十五条　建筑区划内，规划用于停放汽车的车位、车库的归属，由当事人通过出售、附赠或者出租等方式约定。

第二百七十六条　建筑区划内，规划用于停放汽车的车位、车库应当首先满足业主的需要。

第二百八十二条　建设单位、物业服务企业或者其他管理人等利用业主的共有部分产生的收入，在扣除合理成本之后，属于业主共有。

第九百四十三条　物业服务人应当定期将服务的事项、负责人员、质量要求、收费项目、收费标准、履行情况，以及维修资金使用情况、业主共有部分的经营与收益情况等以合理方式向业主公开并向业主大会、业主委员会报告。

《最高人民法院关于审理建筑物区分所有权纠纷案件适用法律若干问题的解释（2020修正）》

第三条　除法律、行政法规规定的共有部分外，建筑区划内的以下部分，也应当认定为中华人民共和国民法典第二编第六章所称的共有部分：

（一）建筑物的基础、承重结构、外墙、屋顶等基本结构部分，通道、楼梯、大堂等公共通行部分，消防、公共照明等附属设施、设备，避难层、设备层或者设备间等结构部分；

（二）其他不属于业主专有部分，也不属于市政公用部分或者其他权利人所有的场所及设施等。

建筑区划内的土地，依法由业主共同享有建设用地使用权，但属于业主专有的整栋建筑物的规划占地或者城镇公共道路、绿地占地除外。

第十三条　业主请求公布、查阅下列应当向业主公开的情况和资料的，人民法院应予支持：

（一）建筑物及其附属设施的维修资金的筹集、使用情况；

（二）管理规约、业主大会议事规则，以及业主大会或者业主委员会的决定及会议记录；

（三）物业服务合同、共有部分的使用和收益情况；

（四）建筑区划内规划用于停放汽车的车位、车库的处分情况；

（五）其他应当向业主公开的情况和资料。

《物业管理条例（2018 修订）》

第五十四条　利用物业共用部位、共用设施设备进行经营的，应当在征得相关业主、业主大会、物业服务企业的同意后，按照规定办理有关手续。业主所得收益应当主要用于补充专项维修资金，也可以按照业主大会的决定使用。

 案例 71　物业将物业管理用房出租，合法吗？

月亮物业有限公司是华庭小区开发商天天地产开发有限公司聘请的前期物业公司。2021 年 8 月 20 日，月亮物业有限公司未经华庭小区业主委员会同意，擅自将华庭小区两间闲置的物管用房出租给第三人兴盛建筑垃圾消纳处置有限公司使用，双方约定租金为 12 000 元/年，兴盛公司已将两年租金支付给月亮物业有限公司。

华庭小区业主委员会发现此事后，经业主大会决议一致通过，决定解除与月亮物业有限公司的物业服务合同关系，但月亮物业一直未将出租物业用房的租金移交给业主委员会。

关注焦点

物业有权直接出租物业管理用房吗？

法律点睛

物业无权不经业主大会同意，擅自出租物业管理用房。根据《物业管理条例（2018

修订）》第三十七条规定："物业管理用房的所有权属于业主，未经业主大会同意，物业服务企业不得改变物业管理用房的用途。"本案中，物业管理用房的 24 000 元租金属于物权产生的收益，依法应属于该物权所有人，即全体业主共同所有，由业主委员会代业主收取。

实务建议

（一）若小区没有物业管理用房怎么办？

依照法律规定，配备物业管理用房是开发商的法定义务。但现实生活中，有些开发商存在未按规定配备物业管理用房，或者将配备的物业管理用房出售给他人，或者将物业管理用房的产权证登记在自己名下的行为。若业主发现小区没有物业管理用房，业主委员会可代表业主向有关行政主管部门反映或依法提起诉讼，由有权机关责令或判令开发商在小区内提供物业管理用房；如小区内无其他房屋可以提供，应责令或判令开发商就近购买或参照市场价予以赔偿；如开发商将物业管理用房的产权证登记在自己名下，业主委员会可请求有权机关予以撤销。

（二）未经业主大会同意，物业管理用房擅自签订的租赁合同是否有效？

根据《物业管理条例（2018 修订）》第三十七条的规定："物业管理用房的所有权依法属于业主。未经业主大会同意，物业服务企业不得改变物业管理用房的用途。"若物业服务企业未举证证明其对外出租取得了业主大会同意，事后业主大会也未进行追认，则物业公司属于无权代理，应返还物业服务用房及收取的相应租金。若管理用房的承租人在承租时已经知晓案涉房屋性质为物业服务用房，则其占用案涉房屋无合法依据，业主也可以要求其返还房屋并支付房屋使用费。

另，根据《物业管理条例（2018 修订）》第六十二条规定，未经业主大会同意，物业服务企业擅自改变物业管理用房的用途的，由县级以上地方人民政府房地产行政主管部门责令限期改正，给予警告，并处 1 万元以上 10 万元以下的罚款；有收益的，所得收益用于物业管理区域内物业共用部位、共用设施设备的维修、养护，剩余部分按照业主大会的决定使用。

法条链接

《中华人民共和国民法典》

第二百七十四条　建筑区划内的道路，属于业主共有，但是属于城镇公共道路的除外。建筑区划内的绿地，属于业主共有，但是属于城镇公共绿地或者明示属于个人的除外。建筑区划内的其他公共场所、公用设施和物业服务用房，属于业主共有。

第九百四十九条　物业服务合同终止的，原物业服务人应当在约定期限或者合理期限内退出物业服务区域，将物业服务用房、相关设施、物业服务所必需的相关资料等交还给业主委员会、决定自行管理的业主或者其指定的人，配合新物业服务人做好交接工作，并如实告知物业的使用和管理状况。

原物业服务人违反前款规定的，不得请求业主支付物业服务合同终止后的物业费；造成业主损失的，应当赔偿损失。

《物业管理条例（2018 修订）》

第三十七条　物业管理用房的所有权依法属于业主。未经业主大会同意，物业服务企业不得改变物业管理用房的用途。

第三十八条　物业服务合同终止时，物业服务企业应当将物业管理用房和本条例第二十九条第一款规定的资料交还给业主委员会。

物业服务合同终止时，业主大会选聘了新的物业服务企业的，物业服务企业之间应当做好交接工作。

 案例 72　小区内发生人身损害事件，物业是否应当承担责任？

2021 年 3 月 1 日，陈某和朋友裴某等人同行出游，中午前后几人前往某大楼内的餐厅用餐，陈某在经过安全通道后进入楼道内，突然从一层跌落至负一层受伤。随后裴某等使用照明工具在负一层发现已受伤的陈某，并拨打了救护电话，将陈某送医院抢救，陈某伤情为特重型颅脑损伤，于 2021 年 7 月 13 日不幸去世。

星星物业管理有限公司为事发地点提供物业服务。事发时，通往负一层楼道内两侧均无楼梯扶手。一楼通往二楼楼梯下半段扶手已损坏。安全通道一楼楼顶及进门处左上角各安装一盏路灯，但事发时均已损坏，未能正常提供照明。事发后，损坏的楼梯扶手被修复，通向负一层的楼道被封闭。

关注焦点

陈某受伤，物业是否应当承担责任？

法律点睛

《中华人民共和国民法典》第一千一百九十八条规定："宾馆、商场、银行、车站、机场、体育场馆、娱乐场所等经营场所、公共场所的经营者、管理者或者群众性活动的组织者，未尽到安全保障义务，造成他人损害的，应当承担侵权责任。　因第三人的行为造成他人损害的，由第三人承担侵权责任；经营者、管理者或者组织者未尽到安全保障义务的，承担相应的补充责任。经营者、管理者或者组织者承担补充责任后，可以向第三人追偿。"

　　物业公司属于公共场所的管理者，依据上述法条，应对其管理场所内的公共区域、设施尽到安全保障义务，若物业公司未尽到安全保障义务而造成他人损害的，应当承担侵权责任。

　　本案中，通过案发现场情形"通往负一层楼道内两侧均无楼梯扶手。一楼通往二楼楼梯下半段扶手已损坏"以及"安全通道一楼楼顶及进门处左上角各安装一盏路灯，但事发时均已损坏，未能正常提供照明。"可知，物业公司未尽到合理的安全保障义务与陈某人身损害结果发生之间具有因果关系，因此能够认定该物业公司应当承担责任。

实务建议

　　物业公司应及时注意以下两点，以维护其管理区域内日常安全：

　　1. 定时维护物业管理区域范围内的设备设施，并建立检验检查台账，落实责任到人；确保物业管理区域内的消防警报设施完好，避免存在楼道窗台悬挂物、搁置物坠落等安全风险。

　　2. 使用明显的警示标志提示风险，尽到合理的警示告知义务。对物业管理范围内可能存在的风险、安全隐患尽责管理，充分警示告知。

法条链接

《中华人民共和国民法典》

　　第一千一百九十八条　宾馆、商场、银行、车站、机场、体育场馆、娱乐场所等经营场所、公共场所的经营者、管理者或者群众性活动的组织者，未尽到安全保障义务，造成他人损害的，应当承担侵权责任。

　　因第三人的行为造成他人损害的，由第三人承担侵权责任；经营者、管理者或者组织者未尽到安全保障义务的，承担相应的补充责任。经营者、管理者或者组织者承担补充责任后，可以向第三人追偿。

○○○ 第四章 房产纠纷

本章导言

一、法律权利

所有权：不动产所有权。
用益物权：居住权。
担保物权：抵押权。
债权：合同之债、侵权之债。

二、法律关系概述

房产纠纷，即围绕不动产的所有权、占有权、使用权、收益权、处分权、担保物权产生的一系列纠纷。如房屋所有权，指以房屋为客体的、由所有人独占性地支配其所有的房屋的权利。房屋的所有人在法律规定的范围内可以对其房屋进行占有、使用、收益和处分，并可以排除他人非法干涉。

《中华人民共和国民法典》中与房产相关的具体规定大多集中在物权编以及合同编，如：所有权的定义、不动产登记、不动产征收、共有的定义与类型、共有物管理、共有物分割请求权、按份共有份额的认定、善意取得、用益物权的行使、居住权、担保物权、买卖合同、租赁合同的形式、出租人主给付义务、承租人依约使用租赁物义务等。

三、房产纠纷分析

房产纠纷当中，房屋买卖以及房屋租赁纠纷占比较重。近年来随着房屋买卖交易数量增加，房屋买卖纠纷也逐渐增多，其中主要原因有：买卖合同约定欠缺、买卖合同权利重叠、合同履行不够圆满以及房屋买卖政策变化等。而房屋租赁纠纷产生的原因主要有：出租人、承租人层面的违约、加害给付等，也存在要求实施房屋租赁登记备案制度中的监管问题。此外，房产纠纷中还包括房屋征收、涉老房产等。

在社会生活中，由于房产具有独特的重要地位，故而此类纠纷往往关系到个人及家庭的重要生活事项。因此，在处理此类纠纷时，需要社区干部厘清相关的基本法律关系，如房产的物权归属以及买卖、租赁合同的债权实现。

四、主要涉及法律法规定位

《中华人民共和国民法典》			
第 114 条	【物权定义】	第 311—318 条	【善意取得与遗失物】
第 115 条	【物权法定】	第 323—329 条	【用益物权】
第 118 条	【债权定义】	第 362—365 条	【宅基地使用权】
第 119 条	【合同约束力】	第 366—371 条	【居住权】
第 120 条	【侵权之债】	第 372—385 条	【地役权】
第 209 条	【不动产登记】	第 386—424 条	【担保物权】
第 240 条	【所有权的定义】	第 595—647 条	【买卖合同】
第 243 条	【不动产征收】	第 703—734 条	【租赁合同】
第 297—310 条	【共有】		

案例 73　抵押房产转让未通知抵押权人，转让有效吗？

　　李四在 2021 年 2 月 15 日与王五签订了抵押合同，约定李四向王五借款 150 万，以幸福小区 1 栋 701 房屋为借款设立抵押，并办理他项权证，他项权证设定日期为 2021 年 2 月 15 日。

　　2021 年 10 月 10 日，张三与李四签订商品房买卖合同，约定张三以 178 万元的价格购买李四在幸福小区 1 号楼的 701 号房。当日，张三将全部购房款交付给李四。后张三在案涉房屋居住至今，并缴纳案涉房屋水、电费等。此后，张三一直督促李四办理房屋过户登记，李四一直以自己在外地不方便办理为由未办理房屋的过户登记。直到 2022 年 4 月 7 日，在张三的再三要求下，李四办理了房屋的过户登记。

　　王五得知后，以已经办理抵押为由，要求撤销张三和李四的合同。

关注焦点

抵押房产转让未通知抵押权人，转让有效吗？

法律点睛

　　根据《中华人民共和国民法典》第四百零六条之规定，抵押期间，抵押人可以转让抵押财产。当事人另有约定的，按照其约定。抵押财产转让的，抵押权不受影响。抵押人转让抵押财产的，应当及时通知抵押权人。抵押权人能够证明抵押财产转让可能损害抵押权的，可以请求抵押人将转让所得的价款向抵押权人提前清偿债务或者提存。转让的价款超过债权数额的部分归抵押人所有，不足部分由债务人清偿。

由此可见，抵押期间，除非抵押人与抵押权人约定禁止或者限制转让抵押财产，否则抵押人有权转让抵押财产。抵押人转让抵押财产，并且符合基于法律行为的物权变动规则的，受让人取得抵押财产的所有权。抵押权具有追及效力，抵押期间抵押财产转让给受让人的，抵押权不受影响，抵押权人对受让人取得所有权的抵押财产继续享有抵押权。本案中，李四有权转让其房屋，王五的抵押权在房屋转让后依然存续。

实务建议

（一）抵押权人该怎么办？

根据相关法律规定，设立抵押的财产，在没有约定禁止转让的情况下是可以自由买卖的，因此，作为抵押权人来说，其无法阻止抵押物的交易。但是，如果抵押权人有证据证明这个交易会造成抵押物的"贬值"或者其他有损其抵押权利的，可以要求抵押人将交易抵押物所获得的收入提前清偿给自己或者提存到固定账户，以此保证自己的债权能够按时按量实现。

（二）房屋买受人该怎么办？

房屋买受人在签订购房合同之时需要关注房屋现状，明确是否有抵押，可在交易达成之前与出卖人共同到当地不动产登记中心查询房屋的权利情况，确认出卖人是否具有该房屋的所有权、房屋上是否存在抵押登记等，并在房屋交付后尽快督促出卖人配合到当地不动产登记中心进行产权变动登记。如果在交易完成后才发现房屋被设立了抵押、影响到自己对房屋的使用或者二次转让，可根据购房合同向出卖人主张违约责任。

法条链接

《中华人民共和国民法典》

第四百零六条　抵押期间，抵押人可以转让抵押财产。当事人另有约定的，按照其约定。抵押财产转让的，抵押权不受影响。

抵押人转让抵押财产的，应当及时通知抵押权人。抵押权人能够证明抵押财产转让可能损害抵押权的，可以请求抵押人将转让所得的价款向抵押权人提前清偿债务或者提存。转让的价款超过债权数额的部分归抵押人所有，不足部分由债务人清偿。

《最高人民法院关于适用〈中华人民共和国民法典〉有关担保制度的解释》

第四十三条　当事人约定禁止或者限制转让抵押财产但是未将约定登记，抵押人违反约定转让抵押财产，抵押权人请求确认转让合同无效的，人民法院不予支持；抵押财产已经交付或者登记，抵押权人请求确认转让不发生物权效力的，人民法院不予支持，但是抵押权人有证据证明受让人知道的除外；抵押权人请求抵押人承担违约责任的，人民法院依法予以支持。

当事人约定禁止或者限制转让抵押财产且已经将约定登记，抵押人违反约定转让抵押财产，抵押权人请求确认转让合同无效的，人民法院不予支持；抵押财产已经交付或者登记，抵押权人主张转让不发生物权效力的，人民法院应予支持，但是因受让人代替债务人清偿债务导致抵押权消灭的除外。

 案例 74 未经配偶同意可以擅自出售夫妻共有房产吗？

张甲与李乙系夫妻关系，二人于 2012 年 10 月 26 日登记结婚。2012 年 8 月 20 日，二人登记结婚前，李乙与幸福家园房地产开发公司签订了一份《商品房买卖合同》，购买了一套建筑面积为 150 平方米的房屋。2021 年 10 月 23 日，张甲自称其为李乙的代理人与王丙签订了一份《房屋买卖合同》，约定将上述房屋出卖给王丙。合同同时约定，签订合同当日，王丙支付 120 000 元，作为购房定金，如果张甲不按约定时间办理产权过户或不按约定时间交付房屋的，视为张甲违约，王小小已交定金张甲应双倍退还；张甲保证就涉案房屋出售一事取得了全体房产共有人一致同意，否则愿意承担违约责任。《房屋买卖合同》签订当日，经张甲同意，王丙将购房定金 120 000 元支付给了中介公司，该中介向张甲出具了定金代管收条。后，张甲以李乙拒绝出售涉案房产为由，不再履行房屋买卖合同中的义务，中介将收取的 120 000 元定金返还给王丙。现王丙以张甲违约为由，要求张甲与李乙双倍返还定金，双方协商未果，王丙向法院起诉。

关注焦点

未取得处分权致使标的物所有权不能转移的，承担什么责任？

法律点睛

因出卖人张甲未取得处分权致使标的物所有权不能转移的，王丙可以解除合同并请求张甲承担违约责任，法律、行政法规禁止或者限制转让的标的物，依照其规定。本案中，张甲在未取得涉案房屋处分权的情形下向王丙出售房屋，其在《房屋买卖合同》签订后仍未取得房屋处分权，导致房屋买卖合同无法继续履行，其应当承担违约责任，双倍返还王丙定金 240 000 元。因中介公司已返还丙 120 000 元，故张甲尚需返还王丙 120 000 元。即使是中介公司收取的定金，但中介公司收取定金系经张甲授权，中介公司与张甲间存在代理关系，中介公司作为代理人依据张甲授权从事的代理行为对张甲产生法律约束力。张甲与李乙系夫妻关系，王丙基于生活常识及诚信原则，相信张甲有权代理其配偶处理涉案房产并无不当，尽到了适当注意义务，反之张甲在无代理权的情形下，擅自出售涉案房屋，并欺骗王丙自己有代理权限，该行为违反了诚实信用原则，应向王丙再返回 120 000。

拓展　导致合同无效的法定事由有哪些？

1. 无民事行为能力人签订的合同无效

不满八周岁的未成年人和无法辨认自己行为的成年人为无民事行为能力人，他们签订的合同一律无效。如，五岁的张小宝把自己的电话手表送给了同桌，患老年痴呆的李奶奶在发病期间将手机以一百块卖给了路人，这样的合同均属无效，他们的法定代理人可以要求受益方返还相关财产。

2. 合同双方以虚假的意思表示签订的合同无效。如，李大妈想把自己名下的房子赠送给女儿，但为了在转让房产时可以少交个人所得税，于是选择以签订买卖合同的形式办理房产过户，买卖合同就属于虚假的意思表示，应当认定为无效。

3. 违反法律、行政法规强制性规定和社会公序良俗的合同无效。如，王老四雇凶杀人的合同、买卖人体器官的合同、赵大爷将自己的遗产全部留给"小三"的合同，都因违反法律、行政法规的强制性规定和公序良俗而无效。

4. 恶意串通，损害他人合法权益的合同无效。如，杨二为了逃避债务，将自己名下的房产低价卖给小舅子，损害了债权人的利益，该买卖合同无效。

5. 主合同无效的，从合同无效。如，孙某的好朋友吴某向银行借款，孙某为这笔贷款做了担保，吴某和银行之间是借款合同关系，孙某与银行之间是担保合同关系。后来吴某因为提供虚假资质材料，借款合同被认定为无效，因此孙某与银行之间的担保合同一并无效。

6. 提供格式条款一方，不合理地免除或者减轻其责任、加重对方责任、排除或限制对方主要权利的，格式条款无效。如，饭店"禁止携带酒水入内"的告示。

7. 造成对方人身损害或因故意或者重大过失造成对方财产损失的免责条款无效。如，徐某找到一份工地的临时工作，在工作期间受伤，工地以招工时徐某签署了"工伤概不负责"的招工登记表为由，拒绝赔偿，这一免责条款属于无效。

8. 超过最高租赁期限的租赁合同，超过部分无效。租赁期限不得超过二十年，超过二十年的，超过部分无效。

实务建议

（一）如何避免购房中的风险？

1. 买房人角度：

（1）要注意出卖人是否是全部的产权人或具有产权人的有效授权。如卖房人坚持以授权委托方式出卖房屋，则建议公证授权有效性。

（2）通过律师或自行调查交易房屋是否属于法律上限制交易的不动产。

（3）通过银行资金监管程序进行房屋买卖交易。

（4）警惕低于市场正常交易价的房产买卖。

2. 房屋所有权人角度：

（1）妥善保管身份证件及房屋产权证书。

（2）定期检查空置房屋情况。

（3）谨慎向他人出具授权委托书，明确约定期限和事由。

法条链接

《中华人民共和国民法典》

第三百一十一条 无处分权人将不动产或者动产转让给受让人的，所有权人有权追回；除法律另有规定外，符合下列情形的，受让人取得该不动产或者动产的所有权：

（一）受让人受让该不动产或者动产时是善意；

（二）以合理的价格转让；

（三）转让的不动产或者动产依照法律规定应当登记的已经登记，不需要登记的已经交付给受让人。

受让人依据前款规定取得不动产或者动产的所有权的，原所有权人有权向无处分权人请求损害赔偿。

当事人善意取得其他物权的，参照适用前两款规定。

第五百九十七条 因出卖人未取得处分权致使标的物所有权不能转移的，买受人可以解除合同并请求出卖人承担违约责任。

法律、行政法规禁止或限制转让的标的物，依照其规定。

 案例 75 租房期间房客可以转租房屋吗？房屋设施损坏谁负责维修？租期内房屋被出售，房客怎么办？

　　楚某到外地求学，毕业后欲留在当地工作，在寻找房源时，经人介绍认识正在寻求租客的魏某，经过实地看房，楚某很满意该处房源，便找到魏某想与其签订租赁合同。不料，魏某告知楚某自己也是租客，是从该房屋的屋主处将房屋整租下来的，如今为找人分摊房租，才想将房屋内的一间次卧出租。楚某出于信任和对该房屋内装、位置的喜好，还是决定租住，并与魏某签订了租赁合同（租期1年），将押金和前三个月的租金支付给了魏某，二人成为了室友，此后楚某一直向魏某按期支付房租和水、电、燃气费。

入住后不久，楚某即发现其房间的空调故障无法使用，其告知魏某后，魏某找来维修人员修好了空调，并让楚某支付了维修费用，楚某对此不解。又过了数月，楚某某日回到租住屋时发现有陌生人正在将屋内物品搬走，便上前阻止，对方声称自己是该房屋的屋主蒋某，目前自己与魏某的租期已经到期，自己也已经谈好了买家打算将该房屋出售，现在楚某无故居住在自己的房屋内没有道理，要求楚某立即清退、搬离此处。楚某大惊，表示自己与魏某之间约定的租期还有 3 个月才到期，并试图联系魏某，却发现魏某已经将自己的所有联系方式拉黑。蒋某再次要求楚某收拾物品搬离，楚某以自己正常支付了租金、租期未到且代为维修了空调为由拒绝，二人发生激烈争执，争执中楚某报了警，周边邻居同时报告了社区。

关注焦点

1. 承租人在未经出租人同意的情况下，能否部分转租？
2. 租赁房屋期间，房屋设施故障，由谁负责维修？
3. 租赁期未满，房屋所有权发生变动，是否影响承租人继续租赁？

法律点睛

（一）承租人经出租人同意，可以将房屋转租给第三人

目前，客观存在承租人在承租下一套房屋之后，再将该房屋以整体或者拆分的形式出租给第三人的情况，这就是所谓的"转租"，而这个同时具备承租人和出租人身份的人便被称为"二房东"。在涉及转租的法律关系中，《中华人民共和国民法典》第七百一十六条、第七百一十八条规定："承租人经出租人同意，可以将租赁物转租给第三人。承租人转租的，承租人与出租人之间的租赁合同继续有效；第三人造成租赁物损失的，承租人应当赔偿损失。承租人未经出租人同意转租的，出租人可以解除合同。""出租人知道或者应当知道承租人转租，但是在六个月内未提出异议的，视为出租人同意转租。"也就是说，法律并不禁止转租行为，但二房东的转租必须经过最初的房屋出租人（即大房东）的同意，同意的形式可以是明示（比如明确在合同中约定可以转租），也可以是默示（大房东明知或者应当知道二房东将房屋转租，在六个月内没有提出异议反对）；但如果大房东不同意转租，则二房东就失去了将租赁物再次出租的权利基础，不能再转租。

在本案例中，蒋某是大房东，魏某是二房东，楚某是最后的租客，魏某、蒋某间存在合法有效的租赁关系，而楚某、魏某之间的租赁关系是否合法，需要分情况讨论：如果蒋某明知魏某的转租行为且并未提出过异议，那么魏某的转租合法有效，楚某在租期未满之前自然有权以承租人的身份居住在该房屋里；而如果蒋某完全不知道或者明确禁止魏某将房屋转租，则魏某实为无权转租，连带着楚某的居住权也存在瑕疵，蒋某有权要求楚某搬离。

（二）出租人应当履行租赁物的维修义务，但是当事人另有约定的除外

关于租赁物的维修问题，《中华人民共和国民法典》第七百一十二条规定："出租人应当履行租赁物的维修义务，但是当事人另有约定的除外。"也就是说，具体的维修义务分配是可以由当事人之间自由协商一致决定的，当双方对此没有约定的时候，才会适用"出租人负责"这个规定。回到本案例中，判断楚某是否应当为空调维修费买单，需要结合其与魏某签订的租赁合同内容来看，如果合同中有对应的约定，则按照约定执行，如果合同中对此没有约定，则再根据"出租人负责"的原则，由魏某来承担维修义务。当然，根据《中华人民共和国民法典》第七百一十一条、七百一十三条、七百一十四条之规定，如果空调设备是由于楚某未妥善保管、使用不当等原因才故障的，那么魏某就不承担维修义务，楚某应当为自己的行为承担赔偿责任。

拓展　出租人拒绝履行维修义务，该如何处理？

根据《中华人民共和国民法典》第七百一十三条，承租人在租赁物需要维修时可以请求出租人在合理期限内维修。出租人未履行维修义务的，承租人可以自行维修，维修费用由出租人负担。因维修租赁物影响承租人使用的，应当相应减少租金或者延长租期。如，租房过程中，房屋出现漏水等问题的，租客可以让房东维修。如果房东拒绝维修的，租客可以自行找人维修，并保留好相关的票据，要求房东承担相应的维修费用。

（三）租赁期间尚未届满的，房屋所有权的变化不影响租赁合同的效力

《中华人民共和国民法典》第七百二十五条规定："租赁物在承租人按照租赁合同占有期限内发生所有权变动的，不影响租赁合同的效力。"此即所谓的"买卖不破租赁"，处于正常租约期间的房屋，即使房东将房屋的所有权转让，亦不会破坏租赁合同的效力，租客依旧拥有正常居住、使用该房屋的权利。在本案例中，楚某是否适用上述条款，还是需要结合转租的有效性来讨论，因为"买卖不破租赁"隐含的前提是租赁合法有效；如果该转租有效，那么楚某作为承租人，直到租约到期之前都有权按照合同继续居住，蒋某虽然是房屋的所有权人，也无权要求楚某提前搬离。

实务建议

（一）承租人角度

在签订租房合同前，应明确出租方身份、确认其是否是房屋的所有权人，并要求其提供房产证、身份证等资料；如果是从二房东处租赁，则应当要求其提供房屋所有权人的授权文件或者由所有权人现场确认。对于租住期间屋内设施的维修责任，如租房合同有约定，则严格按照约定，由相应责任人承担；如租房合同没有约定，可与合租对象、房东等各方根据具体情况协商分摊，如无法达成一致，可通过人民调解、诉讼等途径解

决。如由于二房东隐瞒，导致自己面临被房屋实际所有权人要求腾退的，可就自己的房租损失、临时搬家费等费用向二房东要求赔偿。

（二）出租人角度

在签订租房合同时，应明确约定是否允许对方转租，如对方违约转租的，应当在发现之后的 6 个月内提出异议，追究对方的违约责任，并要求被转租人限时腾退。

法条链接

《中华人民共和国民法典》

第七百一十一条　承租人未按照约定的方法或者未根据租赁物的性质使用租赁物，致使租赁物受到损失的，出租人可以解除合同并请求赔偿损失。

第七百一十二条　出租人应当履行租赁物的维修义务，但是当事人另有约定的除外。

第七百一十四条　承租人应当妥善保管租赁物，因保管不善造成租赁物毁损、灭失的，应当承担赔偿责任。

第七百一十六条　承租人经出租人同意，可以将租赁物转租给第三人。承租人转租的，承租人与出租人之间的租赁合同继续有效；第三人造成租赁物损失的，承租人应当赔偿损失。

承租人未经出租人同意转租的，出租人可以解除合同。

第七百一十七条　承租人经出租人同意将租赁物转租给第三人，转租期限超过承租人剩余租赁期限的，超过部分的约定对出租人不具有法律约束力，但是出租人与承租人另有约定的除外。

第七百一十八条　出租人知道或者应当知道承租人转租，但是在六个月内未提出异议的，视为出租人同意转租。

第七百二十五条　租赁物在承租人按照租赁合同占有期限内发生所有权变动的，不影响租赁合同的效力。

 案例 76　租赁房屋因意外毁损，承租人可否解除租赁合同？

> 2021 年 4 月尤某租赁徐某位于某区和平街道房屋一间，经营副食干杂，租期一年。2022 年 4 月租约到期后双方并未重新签订合同，尤某直接全额支付一年房租，徐某出具收条一份，载明金额及事项。2022 年 7 月某日，该店铺的隔壁房屋起火，大火烧至尤某租赁的房屋，导致店门、屋内吊顶均受到不同程度损坏。
>
> 尤某认为此次火灾事故致使该租赁房屋不能正常使用，要求解除租赁合同、徐某退还自己交付的事故后剩余 9 个月租赁费。双方就此多次协商未果，尤某故提起诉讼。

关注焦点

租赁合同履行期间邻居着火导致租赁房屋过火，承租人可否就此解除合同？

法律点睛

尤某、徐某于2021年签订为期一年的房屋租赁合同，虽然第二年双方并未重新签订书面合同，但尤某已经全额支付一年房租并继续使用，徐某未对此提出异议，根据《中华人民共和国民法典》第七百三十四条之规定，租赁期限届满，承租人继续使用租赁物，出租人没有提出异议的，原租赁合同继续有效，但是租赁期限为不定期。

本案中，在房屋租赁合同履行期间因第三人房屋起火导致租赁房屋过火，虽然店门、屋内吊顶均受到不同程度损坏，但租赁房屋主体并未受到影响，根据《中华人民共和国民法典》第七百二十九条之规定，因不可归责于承租人的事由，致使租赁物部分或者全部毁损、灭失的，承租人可以要请求减少租金或者不支付租金；因租赁物部分或者全部毁损、灭失，致使不能实现合同目的的，承租人可以解除合同。本案情形不属于上述法条规定的导致不能实现合同目的情形，故不符合解除合同的法律规定；但是，根据上述法条规定，结合此次火灾事故导致的租赁房屋及部分受损情况，承租人尤某可以请求减少租金。

实务建议

根据法律规定，因不可抗力导致无法实现合同目的的，当事人可以解除合同。但对于本案来说，租赁房屋仅是内部的部分财物和装饰受损，其关键性的主体结构并没有受损，仍然具有可供经营的条件，因此，尤某不得单方面解除合同。但是，如果双方经协商，尤某、徐某就解除合同达成了一致的，租赁合同可以约定解除，对于租赁方的相关损失，双方也可协商通过适当减免房租等方式，尽量减轻租户尤某的损失，而出租人徐某作为房屋的所有权人，也可以根据消防事故责任认定书，向火灾的责任人主张赔偿责任。

法条链接

《中华人民共和国民法典》

第五百六十三条　有下列情形之一的，当事人可以解除合同：

（一）因不可抗力致使不能实现合同目的；

（二）在履行期限届满前，当事人一方明确表示或者以自己的行为表明不履行主要债务；

（三）当事人一方迟延履行主要债务，经催告后在合理期限内仍未履行；

（四）当事人一方迟延履行债务或者有其他违约行为致使不能实现合同目的；

（五）法律规定的其他情形。

以持续履行的债务为内容的不定期合同，当事人可以随时解除合同，但是应当在合理期限之前通知对方。

第七百零三条　租赁合同是出租人将租赁物交付承租人使用、收益，承租人支付租金的合同。

第七百二十九条　因不可归责于承租人的事由，致使租赁物部分或者全部毁损、灭失的，承租人可以请求减少租金或者不支付租金；因租赁物部分或者全部毁损、灭失，致使不能实现合同目的的，承租人可以解除合同。

第七百三十四条　租赁期限届满，承租人继续使用租赁物，出租人没有提出异议的，原租赁合同继续有效，但是租赁期限为不定期。

租赁期限届满，房屋承租人享有以同等条件优先承租的权利。

 案例 77　老人将房屋出卖后，是否依然享有居住权？

张大爷与李大娘系再婚夫妻，张某系张大爷与前妻生的儿子，张大爷与李大娘再婚时，张某已经成年。2020 年 7 月，张大爷因病去世，张大爷生前留下遗嘱并办理了公证，将位于幸福小区 7 栋 1216 号的房子留给了李大娘。2020 年 10 月，李大娘去房产登记机关办理了房产过户登记。

2021 年 2 月，张某称想让小孩在幸福小区上小学，想把小孩的户籍迁移到幸福小区 7 栋 1216 号的房子上。于是，让李大娘和自己签订一份虚假的《商品房买卖合同》，虚构的购房款为 80 万，但该房产的实际市场价值为 178 万，也约定了该房产由李大娘一直居住到其去世。因张某的小孩从小是李大娘带大的，李大娘想着反正都是假的，就同意了。合同签订的当天，双方就去办理了产权变更登记。2022 年 6 月 4 日，张某准备将该房产出卖，并让中介带人看房。李大娘遂向法院起诉，称原买卖合同是假的，要求撤销。法院组织了双方调解，张某愿意按买卖合同支付购房款 80 万，同意李大娘继续居住，法院出具了调解书。后张某觉得自己反正都出了购房款，就多次上门想将李大娘赶走。李大娘遂又向法院起诉，请求法院确认其享有房屋居住权，并请求张某协助办理居住权登记。

关注焦点

1. 房屋出卖后是否还可以享有居住权？
2. 设定居住权有哪些方式？

法律点睛

（一）本案中，李大娘房屋出卖后仍享有对其的居住权

居住权人有权按照合同约定，对他人的住宅享有占有、使用的用益物权，以满足生

活居住的需要。设立居住权的，应当向登记机构申请居住权登记。本案中，双方原已通过法院调解，约定系争房屋由李大娘居住至百年。现李大娘要求确认对系争房屋的居住权，应予支持。李大娘要求张某配合办理居住权登记手续，合理合法，应予支持。

（二）设定居住权的方式有三种

1. 以合同方式设定居住权，根据《中华人民共和国民法典》三百六十七的规定，因合同设立的居住权，应当采用书面形式。居住权合同一般包括下列条款：（1）当事人的姓名或者名称和住所；（2）住宅的位置；（3）居住的条件和要求；（4）居住权期限；（5）解决争议的方法。又根据《中华人民共和国民法典》第三百六十八条的规定，居住权无偿设立，但是当事人另有约定的除外。设立居住权的，应当向登记机构申请居住权登记。居住权自登记时设立。可见，以合同方式设立居住权，不是签了合同就万事大吉了，还必须去房管部门办理居住权的登记，登记后才生效。

2. 以遗嘱的方式设定。根据《中华人民共和国民法典》第二百三十条规定："因继承取得物权的，自继承开始时发生效力。"因此，通过遗嘱继承设立的居住权可以不进行登记，继承人是从继承开始取得居住权，但为了避免争议，还是建议由继承人到房管部门进行登记。

3. 以生效的法律文书设立居住权。根据《中华人民共和国民法典》第二百二十九条规定："因人民法院、仲裁机构的法律文书或者人民政府的征收决定等，导致物权设立、变更、转让或者消灭的，自法律文书或者征收决定等生效时发生效力。"比如本案中，以调解书的形式确认了李大娘享有居住权。

实务建议

购买二手房时，如何了解交易的房产是否设定了居住权？

根据《中华人民共和国民法典》，若购买了已设定居住权的房产，将会对购房者处分房产造成很大的障碍，特别是在购买房屋是为了自己居住或者出租的情况下，而且设定居住权的房产的流动性也会降低，转让价格会下降。因此在购买前，需要了解房产是否设定了居住权。

一是事先查询。购房时可以去房管局现场查询，确认房屋的权属、抵押、司法查封等情况，还应查询是否设定了居住权。因为根据《中华人民共和国民法典》第三百六十八条规定："居住权无偿设立，但是当事人另有约定的除外。设立居住权的，应当向登记机构申请居住权登记。居住权自登记时设立。"

二是事中约定。在房屋买卖合同中就居住权条款进行专门的约定，比如是否设定了居住权？居住权期限是多久？若做出虚假陈述，可以解除合同，或要求出卖方承担违约责任。还可以让出卖方就"房屋的居住权设定情况"进行专门的说明和承诺，并约定违约责任。

三是事后救济。如果在交易过程中，出卖人存在违反诚实信用的情况，隐瞒了房屋设定了居住权的情况，双方又协商不成的，应及时通过法律途径，追究对方的违约责任。

法条链接

《中华人民共和国民法典》

第三百六十六条　居住权人有权按照合同约定，对他人的住宅享有占有、使用的用益物权，以满足生活居住的需要。

第三百六十七条　设立居住权，当事人应当采用书面形式订立居住权合同。

居住权合同一般包括下列条款：

（一）当事人的姓名或者名称和住所；

（二）住宅的位置；

（三）居住的条件和要求；

（四）居住权期限；

（五）解决争议的方法。

第三百六十八条　居住权无偿设立，但是当事人另有约定的除外。设立居住权的，应当向登记机构申请居住权登记。居住权自登记时设立。

第三百六十九条　居住权不得转让、继承。设立居住权的住宅不得出租，但是当事人另有约定的除外。

第三百七十条　居住权期限届满或者居住权人死亡的，居住权消灭。居住权消灭的，应当及时办理注销登记。

 案例78　共有物被一方处分，买家可以取得所有权吗？

　　赵某与钱某系夫妻关系，2021年1月二人购得一套房屋，位于平安小区1栋1201室。同年2月，赵某将该房屋出售给孙某，《购房合同》中约定：孙某在合同签订之日起10日内通过银行转账的方式一次性付清全部房款，赵某应于2021年3月前将房屋腾空以供孙某使用。合同签订后赵某按约定交付了房屋，孙某遂装修入住。

　　2021年4月，赵某与钱某协议离婚，《离婚协议书》中约定：位于平安小区1栋1201室房屋归钱某所有。同年10月，钱某变更了上述房屋的房屋不动产登记，同时要求房屋内居住人孙某搬离。双方遂产生纠纷，诉至法院。

关注焦点

1. 孙某与赵某签订的房屋购买合同是否有效？
2. 平安小区1栋1201室房屋所有权应当归谁？

法律点睛

（一）孙某与赵某签订的房屋购买合同有效

赵某与孙某双方于 2021 年 2 月签订的《购房合同》系双方真实的意思表示，且合同内容未违反法律、法规强制性规定，亦不存在法定的无效情形，该《购房合同》有效。

（二）平安小区 1 栋 1201 室房屋所有权应当归钱某

根据《中华人民共和国民法典》第二百四十条的规定，所有权人对自己的不动产或者动产，依法享有占有、使用、收益和处分的权利。在本案中，位于平安小区 1 栋 1201 室房屋产权所有登记在钱某名下，钱某系该房屋所有权人，因此，钱某享有占有、使用、收益和处分该房屋的权利。

赵某在与钱某离婚前将房屋出卖给孙某，赵某在未取得共有人授权情形下处分该房屋，属于无权处分，《购房合同》虽然不因无权处分而无效，但孙某无法因此取得房屋所有权。

拓展一 为何房屋购买合同有效，房屋所有权却不归属买方孙某所有？

《中华人民共和国民法典》第二百零九条第一款规定："不动产物权的设立、变更、转让和消灭，经依法登记，发生效力；未经登记，不发生效力，但是法律另有规定的除外。"不动产物权的转移变更是否生效，以是否登记为区分标志。而合同是否生效，依照《中华人民共和国民法典》关于合同成立与生效的规则进行认定，二者属于不同的法律规定，相对独立。因此未办理不动产物权登记的，不动产物权不发生变动，但其基础合同的效力不因此受影响。

简而言之，以本案房屋所有权为例，除购房合同有效外，还需要将房屋所有权变更登记至孙某名下，孙某才能真正获得这套房屋的所有权。

拓展二 房屋所有权归属钱某，孙某应如何维护自己的合法权益？

孙某与赵某的房屋买卖合同仍然有效，出卖人赵某本应当根据买卖合同的约定将房屋所有权登记至孙某名下，但实际未履行，属于合同违约。因此，孙某可依据合同约定主张卖方赵某违约责任，要求他赔偿自己遭受的损失。

实务建议

（一）钱某应当如何维护自身权益？

作为案涉房屋的所有人，其有权要求孙某腾退房屋，但应当为其留出合理的时间；如果其认为由于赵某私自将房屋售卖且孙某将房屋装修并居住导致了案涉房屋的价值损坏，其也可以要求该二人承担相应赔偿责任；如果赵某、孙某拒绝其诉求，钱某可向法院起诉，但应举证证明其诉讼请求。

（二）作为二手房的买受人，孙某应当注意什么？

在购买二手房时，尤其是签订合同之前，应当先明确该房屋的权属情况，厘清该房屋是否在出卖人名下，如房屋有共有人的，应要求出卖人提供该共有人知悉且同意将房屋出卖的相关授权文书。如由于出卖人的隐瞒，导致购房后房产出现权属争议，则可以根据购房合同，向出卖人主张违约责任。

法条链接

《中华人民共和国民法典》

第二百零九条　不动产物权的设立、变更、转让和消灭，经依法登记，发生效力；未经登记，不发生效力，但是法律另有规定的除外。

依法属于国家所有的自然资源，所有权可以不登记。

第二百一十四条　不动产物权的设立、变更、转让和消灭，依照法律规定应当登记的，自记载于不动产登记簿时发生效力。

第二百一十五条　当事人之间订立有关设立、变更、转让和消灭不动产物权的合同，除法律另有规定或者当事人另有约定外，自合同成立时生效；未办理物权登记的，不影响合同效力。

第二百一十六条　不动产登记簿是物权归属和内容的根据。不动产登记簿由登记机构管理。

第二百四十条　所有权人对自己的不动产或者动产，依法享有占有、使用、收益和处分的权利。

 案例 79　房屋赠与子女后，可以撤销赠与吗？

> 王甲与王乙系父女关系，王甲与王乙于 2021 年 6 月签订《房屋赠与合同》，约定王甲将其名下位于荷花路 18 甲-5 号面积 86.81 平方米的房屋（市场价值 80 万）赠与王乙，赠与产生有关税费由王乙承担，但王乙应照顾好王甲。后双方办理了房屋过户手续，王乙于 2021 年 8 月 3 日取得了此套房屋的所有权。该房屋后一直由王甲居住。2021 年 10 月，王乙让王甲搬出该房屋，称其准备将该房作为其子的婚房。但王甲拒绝搬出，王甲、王乙遂关系恶化，多次发生口角。
>
> 王乙于 2022 年 4 月报警，要求王甲搬离此处房屋。
>
> 王甲遂起诉要求撤销赠与合同。王乙提供农业银行交易明细一份，载明王乙曾于 2021 年 1 月 19 日向王甲汇款 100 000 元，证明此套房屋并非王甲赠与王乙，而是王乙以十万元购买的，王甲否认其证明事实，称该款为案外人冯某给自己的还款，王乙替自己取回后汇给王甲。

关注焦点

房屋赠与子女后，还可以撤销赠与，取回房屋所有权吗？

法律点睛

被赠与人严重侵害赠与人的合法权益的，赠与人可以撤销赠与。

根据《中华人民共和国民法典》第六百六十三条之规定："受赠人有下列情形之一的，赠与人可以撤销赠与：

"（一）严重侵害赠与人或者赠与人的近亲属的合法权益；

"（二）对赠与人有扶养义务而不履行；

"（三）不履行赠与合同约定的义务。

"赠与人的撤销权，自知道或者应当知道撤销原因事由之日起一年内行使。"

本案中，王甲与王乙系父女关系，王甲将房屋赠与给王乙之后，仍住在此房屋，王乙要求王甲搬离房屋，严重侵害了王甲的利益。王甲要求撤销双方赠与合同，合理合法，应予支持。

关于王乙称该房屋系王乙向王甲购买并支付了 100 000 元房款的理由，该汇款时间为 2021 年 1 月，而房屋交易时间为 2021 年 3 月，王乙并未证明二者的关联性，且该房屋价值远超过 100 000 元，据此，不能认定该款项系购房款。

实务建议

王甲将房屋赠与子女王乙，且已经进行了过户登记，赠与行为已经完成；但王乙在此后存在将老人逐出家门的行为，未能妥善履行赡养义务，严重侵害老人的合法权益。根据法律规定，王甲应当在知道或应当知道王乙的上述行为之后的一年以内将赠与行为撤销，应尽量采取书面形式进行声明，如有必要，可通过公证或者向法院申请、由法院确认的方式进行。

法条链接

《中华人民共和国民法典》

第六百六十三条　受赠人有下列情形之一的，赠与人可以撤销赠与：

（一）严重侵害赠与人或者赠与人的近亲属的合法权益；

（二）对赠与人有扶养义务而不履行；

（三）不履行赠与合同约定的义务。

赠与人的撤销权，自知道或者应当知道撤销原因事由之日起一年内行使。

案例 80　居住权应当如何设立？

> 　　郭某与金某原系夫妻，双方于 2018 年 1 月办理结婚登记手续，2018 年 11 月生育一女名郭小妹。2019 年 2 月，金某和郭某贷款购买 A 房屋，但房屋登记在金某名下，由金某负责每月还贷。2021 年 10 月，郭某与金某协议离婚，离婚协议书约定：金某和郭某离婚后，A 房屋暂时归金某所有，在郭小妹 18 岁时候，金某将 A 房屋赠送给郭小妹，郭某不享有该房屋的所有权，只享有居住权；A 房屋剩余房贷由郭某负责偿还。双方到房管部门办理了居住权登记。
>
> 　　离婚后半年内，郭某每月按时支付 A 房屋房贷。2022 年 5 月，郭某资金紧张，无法继续偿还房贷，故此后 A 房屋贷款由金某继续支付。同年 7 月，金某告知郭某由于他停止偿还房贷，其已不享有该房屋的居住权。郭某不同意，双方遂因此产生纠纷。

关注焦点

1. 本案居住权是否设立，居住权可以怎样设立？
2. 郭某停止支付房屋贷款，是否会因此丧失对该房屋的居住权？

法律点睛

（一）居住权已经设立，郭某对该房屋享有居住权

根据《中华人民共和国民法典》第三百六十七条之规定："设立居住权，当事人应当采用书面形式订立居住权合同。居住权合同一般包括下列条款：（一）当事人的姓名或者名称和住所；（二）住宅的位置；（三）居住的条件和要求；（四）居住权期限；（五）解决争议的方法。"本案中，虽然离婚协议书并非居住权合同，但是该协议为双方的真实意思表示，郭某与金某的离婚协议书中不光明确了约定郭某享有 A 房屋的居住权，还约定了住宅的位置、居住的条件和要求、居住权期限等，符合《中华人民共和国民法典》第三百六十七条规定的书面形式的要求，且法律未明确要求设立居住权必须专门订立合同。郭某与金某不光就居住权订立了合同，还进行了登记。因此，郭某已经取得了 A 房屋居住权。

> **拓展**　如何办理居住权登记？

1. 居住权的设立方式。
设立居住权，有两种方式，采用书面形式订立居住权合同，或者以遗嘱方式设立居住权。但是居住权不得转让和继承，设立居住权的住宅也不得出租。
2. 居住权的登记。
首先房屋必须是住宅，商务和办公性质的房产不能办理居住权；其次在办理过程中，

一般需要权利人和义务人共同申请才能办理。举例来说，子女要给父母办理居住权的话，就必须子女和父母双方都到不动产登记中心共同办理。

（二）郭某未支付房贷虽然构成违约，但并不会导致郭某因此丧失对 A 房屋的居住权

如上所述，郭某对于案涉房屋的居住权是未附条件的，其未按约定支付房贷的行为确实构成了违约，但对其享有的居住权并不会产生影响。

实务建议

金某该如何主张权利？

对于金某来说，郭某没有按照离婚协议书约定，中断支付对案涉房屋的房屋贷款，属于违约，金某可以根据离婚协议书向郭某主张违约责任，要求郭某支付自己代付的房贷款项及利息。

法条链接

《中华人民共和国民法典》

第三百六十六条　居住权人有权按照合同约定，对他人的住宅享有占有、使用的用益物权，以满足生活居住的需要。

第三百六十七条　设立居住权，当事人应当采用书面形式订立居住权合同。

居住权合同一般包括下列条款：

（一）当事人的姓名或者名称和住所；

（二）住宅的位置；

（三）居住的条件和要求；

（四）居住权期限；

（五）解决争议的方法。

第三百六十八条　居住权无偿设立，但是当事人另有约定的除外。设立居住权的，应当向登记机构申请居住权登记。居住权自登记时设立。

第三百六十九条　居住权不得转让、继承。设立居住权的住宅不得出租，但是当事人另有约定的除外。

第三百七十条　居住权期限届满或者居住权人死亡的，居住权消灭。居住权消灭的，应当及时办理注销登记。

第三百七十一条　以遗嘱方式设立居住权的，参照适用本章的有关规定。

 案例 81　房子拆迁，租客想分钱，怎么办？

> 周大娘在某市东部新区有一套 300 多平方米的房子。2010 年，周大娘将房屋出租给了任某，租期 15 年，入住前任某对房屋进行了简单装修。

2021 年 9 月，该房屋将要拆迁，拆迁费为 310 万元。承租人任某称其出钱装修过此房屋，所以房屋拆迁款应该有她一份。周大娘认为房子是自己的，拆迁款没有分给租客的道理。二人因此产生纠纷。

关注焦点

1. 房客是否可以分得房屋拆迁款？
2. 若房屋租期未至而即将拆迁，房客权益怎样保障？

法律点睛

（一）房客不能分得房屋拆迁款

根据《国有土地上房屋征收与补偿条例》第二条之规定，为了公共利益的需要，征收国有土地上单位、个人的房屋，应当对被征收房屋所有权人给予公平补偿。由此可知，公平补偿只给予房屋所有权人，租客作为房屋的使用人不享有所有权，故任某索要拆迁款没有法律上的依据的。

对于任某主张的因自己出钱装修过，所以房屋拆迁款应当分自己一份，根据《最高人民法院关于审理城镇房屋租赁合同纠纷案件具体应用法律若干问题的解释（2020 修正）》第十条之规定：承租人经出租人同意装饰装修，租赁期间届满时，承租人请求出租人补偿装饰装修费用的，不予支持。但当事人另有约定的除外。任某此主张同样没有法律上的依据。

（二）双方可解除合同，房东应退还额外支付的租金

在本案中，虽然该房屋租赁合同未到期，但该合同是由于房屋征收而无法继续履行，根据最高人民法院相关案例，房屋征收导致房屋租赁合同无法继续履行的，可归因于不可抗力，当事人可以解除合同。合同解除后，房东周大娘应当退还任某额外支付的租金。

实务建议

（一）出租方角度

在房屋面临拆迁情况下，根据法律规定，租客只享有房屋使用权，不享有房屋所有权，而对于房屋被征收，相应的征收补偿款发放的对象只能是房屋所有人，在本案中即为出租方周大娘。而对于租赁合同来说，被租赁的房屋由于被政府纳入拆迁范围而不再具备继续出租的条件，这是双方都不可预见的事由，属于不可抗力，因此出租方周大娘不承担违约责任。周大娘有权拒绝承租人任某要求分拆迁费份额的要求。

（二）承租方角度

在正常居住、使用出租屋的情况下，租住的房屋由于不可抗力不再具有出租条件的，

如存在预缴房费、水电费等的，可要求出租方将尚未产生的部分退还。

法条链接

《中华人民共和国民法典》

第一百八十条　因不可抗力不能履行民事义务的，不承担民事责任。法律另有规定的，依照其规定。

不可抗力是不能预见、不能避免且不能克服的客观情况。

 案例 82 房屋中介认为客户跳单，要求客户支付服务费合法吗？

> 奇奇公司是一家房屋中介公司。2021 年 1 月，何大爷为购买一套房屋委托奇奇公司介绍看房，双方签订了《房屋中介委托看房协议》。协议中约定：奇奇公司根据何大爷的需求为何大爷提供房源，接送何大爷到属意房屋所在地实地看房；针对何大爷有购买意向的房屋，奇奇公司协助谈判签约；同时约定，何大爷购买房屋后需要向奇奇公司支付房屋成交价格的 4% 作为服务费。
>
> 2021 年 1 月至 2 月间，奇奇公司履行合同约定的内容，带何大爷实地看了某小区七栋 1201 和十栋 1401 两套房屋。2021 年 3 月，奇奇公司发现何大爷已购买前述七栋 1201 房屋，认为何大爷应当按照协议约定支付购房款 4% 的服务费。然而何大爷却拒绝，并表示自己的房屋是通过红星地产公司介绍并促成购买的，与奇奇公司无关。

关注焦点

何大爷是否应当向奇奇公司支付服务费？

法律点睛

何大爷无须向奇奇公司支付服务费。理由如下：何大爷在通过奇奇公司看房后未达成购房交易，此后选择接受红星地产公司的交易服务。因此可知，奇奇公司在何大爷购房交易中未促成合同订立，何大爷也不存在故意利用奇奇公司交易服务、价格信息后绕开奇奇公司签约的情形。此外，该 1401 房屋房源在两个公司均有放盘，何大爷最终选择红星地产的交易服务并不构成与奇奇公司之间的违约，奇奇公司也无权要求何大爷向自己支付服务费。

实务建议

司法实践中，房屋中介行业中判断客户是否"跳单"的重点在于，买房或卖方是否使用了房屋中介提供的信息、交易服务等。如本案中，何大爷虽然接受了奇奇公司的看房服务，但是最终交易是通过另一家公司完成的，何大爷有权在中介市场上选择对自己更有利的服务方促成自己的房屋买卖交易，此类行为不构成违约、"跳单"。由此可见，若因是否"跳单"发生争议，争议关键在于其房源及信息是否为中介方独家房源信息。

法条链接

《中华人民共和国民法典》

第九百六十四条　中介人未促成合同成立的，不得请求支付报酬；但是，可以按照约定请求委托人支付从事中介活动支出的必要费用。

第九百六十五条　委托人在接受中介人的服务后，利用中介人提供的交易机会或者媒介服务，绕开中介人直接订立合同的，应当向中介人支付报酬。

 案例 83　逾期不支付电费，供电人可以暂停供电吗？

> 　　郑大爷购买了位于某小区的二手房用于自己居住，取得房屋产权后，郑大爷先后与当地电力公司、通信公司签订了供电合同和宽带服务合同，每月需自行缴费，供水、燃气费用等由物管统一收取。由于该二手房修建年代较早，各项设施亦比较老旧，郑大爷居住期间常常出现其所在楼栋电箱内部故障、跳闸断电等情况。某年夏天，气温连续突破纪录，室内闷热无比，必须开空调方能正常生活。不料郑大爷屋内突然断电，郑大爷致电物管叫来维修人员，但过了不久又自动来电。上述间歇性断电、来电的情况又在接下来的几周内发生了数次，令郑大爷气愤不已，于是自该月开始拒绝支付电费。
>
> 　　此后，郑大爷便搬离了此处，到周边山区租房过夏。入秋后，郑大爷搬回家中，发现门口贴了几张催缴电费的通知单，屋内处于断电状态，与邻居确认该楼栋其他户供电正常后，郑大爷即打电话给物管投诉，物业及维修人员到达后表示并非物业方关闭了该户的电源，而是由于其拖欠电费的行为导致电力公司暂停了供电。郑大爷大怒，认为是供电质量不佳、严重影响其正常居住在先，现在还直接断了供电实在没有道理，同时自己是业主，物管有义务保证自己正常使用水电，于是要求物管人员立即解决目前无法用电的问题，物管人员拒绝，双方产生言语冲突，郑大爷情绪激动，物管人员便通知了社区。

关注焦点

1. 供电故障由谁负责？
2. 用电人拖欠电费，供电人是否有权直接停止供电？

法律点睛

（一）签订供电合同后，供电人应按照国家规定的供电质量标准和约定安全供电，如遇故障，应承担抢修义务

《中华人民共和国民法典》第六百四十八条规定："供用电合同是供电人向用电人供电，用电人支付电费的合同。　　向社会公众供电的供电人，不得拒绝用电人合理的订立合同要求。"也就是说，供电合同属于法律强制性缔约的特殊合同，由于其事关居民的基本生活所需，因而任何人都需要与供电人签订该合同。同时，由于供电合同的特殊性，法律也对供电人提供的服务有着比较严格的要求。《中华人民共和国民法典》第六百五十一条规定："供电人应当按照国家规定的供电质量标准和约定安全供电。供电人未按照国家规定的供电质量标准和约定安全供电，造成用电人损失的，应当承担赔偿责任。"同时，第六百五十三条亦规定："因自然灾害等原因断电，供电人应当按照国家有关规定及时抢修；未及时抢修，造成用电人损失的，应当承担赔偿责任。"也就是说，供电人有义务保证供电的质量和安全，也有义务针对因自然灾害、意外事件或其他原因导致的断电事故进行抢修，否则就应当对用电人的损失承担赔偿责任。其实，生活中存在许多临时性、意外性的断电事故，最常见的便是台风破坏输电装置、不规范施工破坏电缆等，一旦发生上述情况，供电人确实也都需要会同相关部门人员尽快排险修缮、保障正常供电。

回到本案例中，郑大爷居住的小区较为老旧，客观上确实存在输电装置老化的可能性，如果经专业鉴定、可以确认业主用电时不时断电是处于供电人维护范围内的设备故障所致的话，那么电力公司应当对此负责，承担抢修设备、赔偿业主损失的责任。不过，根据《中华人民共和国民法典》第六百五十五条"用电人应当按照国家有关规定和当事人的约定安全、节约和计划用电。用电人未按照国家有关规定和当事人的约定用电，造成供电人损失的，应当承担赔偿责任"之规定，如果经确认发现断电系物业管理不善或者郑大爷自身违规用电所致，则物业或者郑大爷自己就应当对相关损失承担赔偿责任（比较常见的是向电力公司支付相应维修费用，如果造成小区其他住户断电的，还需赔偿其他住户的损失）。

（二）用电人经催告，在合理期限内仍未支付电费的，供电人可以按照国家规定的程序中止供电

如前文所述，向社会公众供电的供电人，不得拒绝用电人合理的订立合同要求，相应地，用电人也不得拒绝按合同和国家规定支付电费的义务。根据《中华人民共和国民法典》第六百五十四条"用电人应当按照国家有关规定和当事人的约定及时支付电费。用电人逾期不支付电费的，应当按照约定支付违约金。经催告用电人在合理期限内仍不支付电费和违约金的，供电人可以按照国家规定的程序中止供电。供电人依据前款规定中止供电的，应当事先通知用电人"之规定，用电人及时支付电费也是一项法定义务，而且，法律并未对这项义务设立例外条件，也就是说，哪怕用电人认为供电质量存在瑕疵，也无法抹去其支付电费的义务，其可以采用投诉、起诉等方式维护自身合法权益，但不能单方面违约、拖欠电费。否则，用电人在经过催告、通知等规定程序后，有权中止供电服务。

本案例中，郑大爷以供电质量不佳为由，拒绝支付电费，电力公司经过数次催缴，郑大爷仍未支付，电力公司有权中止供电。但是，在中止供电之前，电力公司应当尽到通知义务，否则可能会就郑大爷屋内因断电产生的损失承担一定赔偿责任。

实务建议

供电属于基础民生问题，面对供电纠纷，业主和物业可联系供电公司，并就供电纠纷产生的原因、如何解决进行协商，然后由供电公司尽快恢复供电，业主也应当补缴拖欠电费。此外，由于停电，造成业主财产损失的，应当在确认责任方之后，由其承担相应赔偿责任。

法条链接

《中华人民共和国民法典》

第六百五十一条　供电人应当按照国家规定的供电质量标准和约定安全供电。供电人未按照国家规定的供电质量标准和约定安全供电，造成用电人损失的，应当承担赔偿责任。

第六百五十二条　供电人因供电设施计划检修、临时检修、依法限电或者用电人违法用电等原因，需要中断供电时，应当按照国家有关规定事先通知用电人；未事先通知用电人中断供电，造成用电人损失的，应当承担赔偿责任。

第六百五十三条　因自然灾害等原因断电，供电人应当按照国家有关规定及时抢修；未及时抢修，造成用电人损失的，应当承担赔偿责任。

第六百五十四条　用电人应当按照国家有关规定和当事人的约定及时支付电费。用电人逾期不支付电费的，应当按照约定支付违约金。经催告用电人在合理期限内仍不支付电费和违约金的，供电人可以按照国家规定的程序中止供电。

供电人依据前款规定中止供电的，应当事先通知用电人。

第六百五十五条　用电人应当按照国家有关规定和当事人的约定安全、节约和计划用电。用电人未按照国家有关规定和当事人的约定用电，造成供电人损失的，应当承担赔偿责任。

第五章　消费权益纠纷

本章导言

一、法律权利

所有权：不动产和动产所有权。

债权：合同之债、侵权之债、不当得利之债。

二、法律关系概述

在《中华人民共和国民法典》中，为调整消费者在日常生活中为生活消费需要购买、使用商品或者接受服务以及经营者为消费者提供其生产、销售的商品或者提供服务产生的特别的法律关系的规定主要集中于总则编、物权编及合同编，如：所有权、合同的订立、合同的生效、商品交付时间、合同的终止、违约责任等，其调整范围相对于《中华人民共和国消费者权益保护法》《中华人民共和国电子商务法》而言更广泛，但是基于"特殊法优于一般法"的规则，在面临此类消费权益纠纷时，应当优先适用《中华人民共和国消费者权益保护法》《中华人民共和国电子商务法》。

具体而言，《中华人民共和国消费者权益保护法》中规定了消费者享有自主选择、公平交易、安全保障、知情、求偿、成立维权组织、知识获取、人格尊严和民族风俗习惯受尊重、个人信息、监督十项基本权利，以及经营者的义务、争议的解决等一系列具体问题。《中华人民共和国电子商务法》则是为了保障电子商务各方主体的合法权益，维护市场秩序，规范电子商务活动作出的一系列规定。

三、消费权益纠纷分析

随着现代社会的发展，消费纠纷涉及的领域越来越广：在电信、邮寄、医疗、法律、旅游、房地产、旅店、娱乐、网络、教育培训、物业、家政、餐饮等领域内均存在不同数量的消费者权益纠纷。

日常生活中在购买、使用商品，或者接受服务时所产生的纠纷，主要涉及商品质量、服务质量、货品交付、加害给付等方面。因此，在解决此类消费权益纠纷时，需要厘清纠纷中的主要矛盾与法律关系，再进一步进行责任认定。

四、主要涉及法律法规定位

《中华人民共和国民法典》			
第 114 条	【物权定义】	第 463—468 条	【合同的一般规定】
第 115 条	【物权法定】	第 469—508 条	【合同的订立、合同的效力】
第 118 条	【债权定义】	第 509—534 条	【合同的履行】
第 119 条	【合同约束力】	第 557—576 条	【合同的权利义务终止】
第 122 条	【不当得利之债】	第 577—594 条	【违约责任】
第 311—318 条	【善意取得与遗失物】	第 595—647 条	【买卖合同】
《中华人民共和国消费者权益保护法》			
《中华人民共和国电子商务法》			

案例 84　出卖方未全额支付货款，买受人已再次转手卖出，卖家能否追回所有权？

　　2021 年 4 月，李某与周某签订《二手车买卖合同》，约定李某将其名下某型号车辆以 6.8 万元的价格出售给周某。合同约定，周某于 2021 年 5 月前通过银行转账的方式支付车款 3.4 万元，5 月末之前支付剩余的 3.4 万元，若周某逾期不支付车款，李某有权扣回车辆。合同签订后，周某为两笔车款分别手写两份欠据交于李某，李某随即向周某交付车辆并办理行车手续。此后，李某同周某失去联络。

　　2021 年 6 月，李某在街道上看到了自己出售给周某的车辆，经询问得知，该车已经被周某卖给吴某。吴某表示自己已经支付第一笔车款 3.5 万元。李某遂就此诉讼至法院。

关注焦点

逾期未付清车款却再次转卖，原卖家能否追回车辆？

法律点睛

　　李某将车辆给周某，具有出卖自有车辆的意思表示，双方订立的合同内容合法，应确认为有效合同。李某与周某买卖协议约定，如周某在 5 月末之前没有支付剩余的车款，李某有权扣回该车，此约定系保留所有权的约定。根据《中华人民共和国民法典》第六百四十二条规定："当事人约定出卖人保留合同标的物的所有权，在标的物所有权转移前，买受人有下列情形之一，造成出卖人损害的，除当事人另有约定外，出卖人有权取回标的物：（一）未按照约定支付价款，经催告后在合理期限内仍未支付；（二）未按照约定完成特定条件；（三）将标的物出卖、出质或者作出其他不当处分。　　出卖人可以与买受人协商取回标的物；协商不成的，可以参照适用担保物权的实现程序。"按照该条规定，周某未按约定支付价款，李某可以要求周某返还车辆。

然而本案中，周某又将车辆转卖给吴某。因此，根据《最高人民法院关于审理买卖合同纠纷案件适用法律问题的解释（2020修正）》第二十六条第二款的规定，即在《中华人民共和国民法典》第六百四十二条规定第一款第（三）项情形下，第三人依据《中华人民共和国民法典》第三百一十一条的规定已经善意取得标的物所有权或者其他物权，出卖人主张取回标的物的，人民法院不予支持。善意取得是指《中华人民共和国民法典》第三百一十一条："无处分权人将不动产或者动产转让给受让人的，所有权人有权追回；除法律另有规定外，符合下列情形的，受让人取得该不动产或者动产的所有权：（一）受让人受让该不动产或者动产时是善意；（二）以合理的价格转让；（三）转让的不动产或者动产依照法律规定应当登记的已经登记，不需要登记的已经交付给受让人。　　受让人依据前款规定取得不动产或者动产的所有权的，原所有权人有权向无处分权人请求损害赔偿。　　当事人善意取得其他物权的，参照适用前两款规定。"

综上所述，在本案中，虽然李某与周某之间的买卖合同约定了保留所有权，但是周某将车辆转卖给第三人吴某后，如果吴某作为善意的相对人支付了合理对价买受车辆，吴某则通过《中华人民共和国民法典》规定的善意取得的方式取得了该车辆的所有权，李某无法再追回。

实务建议

（一）车辆的原所有权人李某该怎么办？

根据前文所述，案涉车辆的所有权已经由第三人吴某善意取得，李某无法直接要求吴某将车辆返还，但正是由于周某擅自将车辆出卖，李某才遭受此等财产损失，因此，李某可就其损失要求周某赔偿。此外，鉴于周某还存在逾期未支付车款、擅自处分车辆等违约行为，李某还可追究其违约责任——可考虑申请人民调解或者以起诉的方法提出自己的诉求。

（二）作为二手车买家，吴某应注意哪些方面？

在购买二手车时，应尽量明确该车辆的具体权属情况，必要情况下可要求卖家陪同前往当地车辆管理机构查询该车辆的相关信息，如所有权人、是否有抵押、是否有尚未处理完毕的违章处罚等。如果在购买后出现车辆权属纠纷、导致自己权利受损的，可向卖家主张赔偿。

法条链接

《中华人民共和国民法典》

第二百二十四条　动产物权的设立和转让，自交付时发生效力，但是法律另有规定的除外。

第二百二十五条　船舶、航空器和机动车等的物权的设立、变更、转让和消灭，未经登记，不得对抗善意第三人。

第三百一十一条　无处分权人将不动产或者动产转让给受让人的，所有权人有权追回；除法律另有规定外，符合下列情形的，受让人取得该不动产或者动产的所有权：

（一）受让人受让该不动产或者动产时是善意；

（二）以合理的价格转让；

（三）转让的不动产或者动产依照法律规定应当登记的已经登记，不需要登记的已经交付给受让人。

受让人依据前款规定取得不动产或者动产的所有权的，原所有权人有权向无处分权人请求损害赔偿。

当事人善意取得其他物权的，参照适用前两款规定。

《最高人民法院关于审理买卖合同纠纷案件适用法律问题的解释（2020 修正）》

第七条　出卖人就同一船舶、航空器、机动车等特殊动产订立多重买卖合同，在买卖合同均有效的情况下，买受人均要求实际履行合同的，应当按照以下情形分别处理：

（一）先行受领交付的买受人请求出卖人履行办理所有权转移登记手续等合同义务的，人民法院应予支持；

（二）均未受领交付，先行办理所有权转移登记手续的买受人请求出卖人履行交付标的物等合同义务的，人民法院应予支持；

（三）均未受领交付，也未办理所有权转移登记手续，依法成立在先合同的买受人请求出卖人履行交付标的物和办理所有权转移登记手续等合同义务的，人民法院应予支持；

（四）出卖人将标的物交付给买受人之一，又为其他买受人办理所有权转移登记，已受领交付的买受人请求将标的物所有权登记在自己名下的，人民法院应予支持。

第二十六条　买受人已经支付标的物总价款的百分之七十五以上，出卖人主张取回标的物的，人民法院不予支持。

在中华人民共和国民法典第六百四十二条第一款第三项情形下，第三人依据中华人民共和国民法典第三百一十一条的规定已经善意取得标的物所有权或者其他物权，出卖人主张取回标的物的，人民法院不予支持。

案例 85　网购商品遗失，运输方承担责任吗？

　　孙某在某购物平台看中一件衣服，在选定了颜色、尺码后下单，并在收货地址处填写了自家地址和自己的手机号。几日后，正在上班的孙某突然收到一条快递公司发来的短信，内容是孙某购买的××商品已经送达到该小区快递集中放置点，请及时取件。第二天，孙某回到小区，按照短信通知去快递集中放置点寻找，却没有找到自己的包裹，孙某又登录购物平台，发现该笔订单的物流信息显示为"已送达"。孙某当即与卖家周某联系，周某表示这是快递公司的责任，自己要先跟快递公司确认、等快递公司那边找到包裹或者赔偿之后再交给孙某，孙某不同意，表示要向平台投诉，周某这才安排了补发。

　　此后孙某又在另一购物平台上下单购买了一台电子阅读器，收件信息不变。又几日后，正在外面办事的孙某接到了快递员何某的电话，何某表示自己即将到达小区，想确认孙某是否在家收件。孙某告知何某自己此时不在家，请何某将包裹放到楼栋大厅的前台，何某将包裹放到指定位置后离开。等孙某回家时，却发现包裹不翼而飞，孙某找到小区物业要求调取监控，监控显示在何某离开后，有一陌生人见四下无人、拿走了包裹，而此人并非小区业主，一时间也无法找到。孙某登录购物平台，申请暂停支付，并与卖家王某联系，称包裹在到达自己家之前丢失，自己没有支付的道理，并想与王某协商补发货物，被王某拒绝，孙某向网站客服投诉，但客服告知暂时无法处理。

　　连续两次网购商品遗失事件让孙某陷入愤怒、大闹物业办公室，责怪物业没有尽到维护小区安全的义务、致使丢件频发，并要求物业赔偿其损失。有物业人员认为丢件事件与公司无关，孙某这是在无理取闹。双方一时陷入争执，情绪激动，物业主管通知了社区。

关注焦点

　　1. 网购商品在物流方通知的收货地点遗失，由谁对此承担责任？

　　2. 送货上门的网购商品，因买家不在家而临时放置在其他位置时遗失，由谁对此承担责任？

法律点睛

　　（一）网购商品未按约定交付的，除当事人另有约定外，商品毁损、灭失的风险由出卖人承担

　　《中华人民共和国民法典》第五百一十二条中"通过互联网等信息网络订立的电子合

同的标的为交付商品并采用快递物流方式交付的，收货人的签收时间为交付时间"之规定和第六百零四条中"标的物毁损、灭失的风险，在标的物交付之前由出卖人承担，交付之后由买受人承担，但是法律另有规定或者当事人另有约定的除外"之规定，在出卖人与买受人之间没有另外约定的情况下，商品毁损灭失风险是否由出卖人转移到买受人，取决于商品是否已经交付，但当事人若有另外约定，有约定从约定。而在网络购物这一特定情境下，在交付之前商品毁损灭失风险由出卖人承担，买受人有权要求出卖人及时补发货物、退款。

在本案例中，孙某在下单时已经明确在收件地址处填写了自家地址，说明送货方式应当是送货上门、交付地点就是孙某的住处；但最终包裹却被送到了小区的快递集中放置点，虽然快递公司向孙某发送了短信，但这则短信的性质仅仅是"通知"，并未就擅自更改送货地点征得孙某的同意，因而事实上该包裹并未送达至约定地点、并未完成交付，因而在此期间包裹遗失的责任由卖家周某承担。至于快递公司是否要承担责任、如何承担责任，应当是属于卖家周某和快递公司之间的货运合同所涉及的事务，与买家孙某无关；卖家周某应当基于其与买家孙某之间的买卖合同约定，及时补货或者赔偿损失。

（二）经买受人同意而临时更改交付地点的，网购商品置于约定的交付地点之后，商品毁损、灭失的风险不由出卖人承担

如上文所述，在没有特别约定的情况下，商品毁损灭失的风险是在交付这一时间点上发生转移，因而最终约定的交付地点是关键。在日常生活中，确实存在包裹送到时买受人恰巧不在、买受人要求将包裹另行放到指定位置的情况，此时约定的交付地点已变更，卖家或者运输方将商品交至最后的指定地点时，视为已经交付，此后商品毁损灭失的风险就与卖家无关而应由买家自行承担。

拓展 其他常见由买受人承担商品毁损、灭失风险的情况

1. 买受人违约致使商品未按约定期限交付的。

《中华人民共和国民法典》第六百零五条规定："因买受人的原因致使标的物未按照约定的期限交付的，买受人应当自违反约定时起承担标的物毁损、灭失的风险。"因此，如买方违约在前，导致商品无法按约定期限交付的，自买受人违约之日起，商品损毁、灭失的风险就转移至买方了。

如，张某将小汽车卖给李某，约定李某先付款，张某在李某付款后把小汽车通过货运的方式运到李某家里。但因为李某一直没有付款，张某也就一直没发货，到了合同本来约定的到货时间，小汽车还在运输途中。结果路途中因突发交通事故，小汽车严重损坏不能使用了。那么根据《中华人民共和国民法典》的规定，自李某违约迟延付款之日起，小汽车损毁灭失的风险就转移给李某了，李某应当自行承担小汽车损毁的风险和带来的损失，不能要求张某再给他发一辆完好的小汽车了。

2. 买受人拒绝受领的。

《中华人民共和国民法典》第六百零八条规定："出卖人按照约定或者依据本法第六百零三条第二款第二项的规定将标的物置于交付地点，买受人违反约定没有收取的，标的物毁损、灭失的风险自违反约定时起由买受人承担。"根据这一条规定，买卖双方约定了交货地点的，卖方把货物放置在交货地点后，买方自己没有领取的，商品损毁、灭失的风险自买方违约之日起转移至买方。

如，还是张某把小汽车卖给李某，约定张某把小汽车开到李某家当地的 4S 店，李某自己到 4S 店把小汽车开回去。张某按照约定把车开到了 4S 店，但是李某一直没有到 4S 店提车。后来 4S 店发生火灾，小汽车烧毁了。根据上述规定，张某把小汽车放置到 4S 店后，李某没有去提车，那么小汽车损毁灭失的风险自李某没有去提车之日起就由买方李某承担了。

实务建议

（一）网购人角度

网购时应注意正确填写收货地址和联系方式，如货物并没有被送到网购页面填写的位置，则应当及时与商家、配送方沟通，如同意改变后的送达地址，则应当及时前去收取。如配送方未经同意擅自将包裹放置在其他地点，且货物被损毁或被盗的，则应当及时联系商家补货或者退款。

（二）商家角度

发货前应注意与买家确认送达地址信息，并保证货物包装的完整性，避免货物在运输途中由于碰撞产生损坏。同时，在与运输方订立运输合同时也要正确填写与买家确认之后的送达地址信息，并要求配送方及时告知其配送情况、临时变动送达地址等信息。如由于配送方的原因导致货物损毁、灭失或者被盗的，可向配送方主张自身损失或者追究其违约责任。

（三）配送方角度

配送途中应注意妥善保管运送的货物，轻拿轻放，将货物安全、完好地送达指定位置，如由于特殊原因无法送至指定位置，应及时与收件人（买家）取得联系，协商更改送达位置并做好记录，告知发件人（商家）；不得在未经收件人同意的情况下擅自更改送达位置。

法条链接

《中华人民共和国民法典》

第五百一十二条　通过互联网等信息网络订立的电子合同的标的为交付商品并采用

快递物流方式交付的，收货人的签收时间为交付时间。电子合同的标的为提供服务的，生成的电子凭证或者实物凭证中载明的时间为提供服务时间；前述凭证没有载明时间或者载明时间与实际提供服务时间不一致的，以实际提供服务的时间为准。

电子合同的标的物为采用在线传输方式交付的，合同标的物进入对方当事人指定的特定系统且能够检索识别的时间为交付时间。

电子合同当事人对交付商品或者提供服务的方式、时间另有约定的，按照其约定。

第六百零三条　出卖人应当按照约定的地点交付标的物。

当事人没有约定交付地点或者约定不明确，依据本法第五百一十条的规定仍不能确定的，适用下列规定：

（一）标的物需要运输的，出卖人应当将标的物交付给第一承运人以运交给买受人；

（二）标的物不需要运输，出卖人和买受人订立合同时知道标的物在某一地点的，出卖人应当在该地点交付标的物；不知道标的物在某一地点的，应当在出卖人订立合同时的营业地交付标的物。

第六百零四条　标的物毁损、灭失的风险，在标的物交付之前由出卖人承担，交付之后由买受人承担，但是法律另有规定或者当事人另有约定的除外。

第六百零五条　因买受人的原因致使标的物未按照约定的期限交付的，买受人应当自违反约定时起承担标的物毁损、灭失的风险。

第六百零八条　出卖人按照约定或者依据本法第六百零三条第二款第二项的规定将标的物置于交付地点，买受人违反约定没有收取的，标的物毁损、灭失的风险自违反约定时起由买受人承担。

《中华人民共和国电子商务法》

第五十一条　合同标的为交付商品并采用快递物流方式交付的，收货人签收时间为交付时间。合同标的为提供服务的，生成的电子凭证或者实物凭证中载明的时间为交付时间；前述凭证没有载明时间或者载明时间与实际提供服务时间不一致的，实际提供服务的时间为交付时间。

合同标的为采用在线传输方式交付的，合同标的进入对方当事人指定的特定系统并且能够检索识别的时间为交付时间。

合同当事人对交付方式、交付时间另有约定的，从其约定。

第五十二条　电子商务当事人可以约定采用快递物流方式交付商品。

快递物流服务提供者为电子商务提供快递物流服务，应当遵守法律、行政法规，并应当符合承诺的服务规范和时限。快递物流服务提供者在交付商品时，应当提示收货人当面查验；交由他人代收的，应当经收货人同意。

快递物流服务提供者应当按照规定使用环保包装材料，实现包装材料的减量化和再利用。

快递物流服务提供者在提供快递物流服务的同时，可以接受电子商务经营者的委托提供代收货款服务。

案例 86　网购确认收货后怀疑商品为假货，还能要求退货吗？

2021 年 1 月 29 日，曹某通过某网站在严某处购买了某奢侈品牌钻石玫瑰金手镯一个，支付 22 000 元。购买页面显示此商品不支持 7 天无理由退货，卖家在商品展示页说明："手镯为个人闲置物品，于 2014 年 7 月购入，九成新，原配件齐备，支持专柜免费清洗。"

交易过程中，卖家严某向曹某发送了所售手镯及其证明书的照片，证明书显示购入日期为 2014 年 7 月 16 日。在聊天过程中，严某反复告知曹某："收货后及时去专柜，以要求清洗的方式进行验货。因为专柜清洗前一定会检查商品是否为正品。"

2021 年 1 月 31 日曹某收到该商品。当日，严某提示曹某验货后尽快在网站上点击"确认收货"。曹某回复："我收货之后就去验货，验货后已经点击确认收货了。东西很好，我很满意。"

2021 年 11 月 28 日，曹某联系卖家严某表示自己现在怀疑手镯并非正品，在网上与严某就手镯真伪问题进行了交涉。严某为此提供了其与某名品中心在网上的交易订单及交易记录、新线存款历史交易明细清单、某名品交易中心出具的证明书及其营业执照副本复印件。最终双方未能达成一致意见。

关注焦点

网购确认收货后怀疑商品为假货，能否要求退货退款？

法律点睛

在确认收货后，超过合理检验期限要求退货的，其请求有不被支持的风险。本案中，曹某与严某之间建立的买卖合同关系，是双方的真实意思表示，也不违反法律、行政法规的强制性规定，应属合法有效。曹某认为严某当时向其出售的手镯并非专柜正品，要求严某为其退款退货。依照《中华人民共和国民法典》第六百二十条的规定：买受人收到标的物时应当在约定的检验期限内检验。没有约定检验期限的，应当及时检验。当事人没有约定检验期间的，买受人应当在发现或者应当发现标的物的数量或者质量不符合约定的合理期间内通知出卖人。买受人在合理期限内未通知或者自收到标的物之日起二年内未通知出卖人的，视为标的物的数量或者质量符合约定。但是出卖人知道或者应当知道提供的标的物不符合约定的，买受人不受通知时间的限制。法律赋予买受人及时检验义务，一方面是便于出卖人及时采取补救措施，另一方面也是保证交易的稳定性。法律规定的合理期间，应当综合当事双方的交易性质、目的、方式、习惯以及标的物种类、性质、使用情况、瑕疵的性质、买受人应尽的合理注意义务、检验方法和难易程度、买受人或检验人所处的具体环境、自身技能，依据诚实信用原则进行判断。严某已提交证据证明其向曹某所售手镯的合法来源，而曹某在购买时，就知道手镯为奢侈品，原价格较高且为个人闲置物品，也应当知道其通过网络方式向个人卖家购买二手奢侈品存在较大风险。根据双方交易前的磋商过程，严某已告知曹某及时去专柜检验，同时告知曹某验货后尽快确认收货，曹某也回复卖家严某收到手镯，验完后没问题，随后就确认收货。整个的磋商过程，可以证明双方虽未明确约定检验期限，但已就收货后尽快验货并进行确认付款达成了合意。但现在曹某却又明确表示其在收货后仅自行进行了外观验视就进行了佩戴，且在长达近十个月的时间内未通过任何机构或第三方对涉案手镯的真伪进行验证，故可以认为曹某提出的质量异议已经超出合理期限，因此曹某要求严某退款退货的请求，缺乏事实和法律依据。

实务建议

在日常生活中，网购价值较大的商品时，应及时检验确认质量问题。从而避免因此产生的产品质量纠纷。依照法律规定，买受人收到标的物时应当在约定的检验期间内检验。没有约定检验期间的，应当及时检验。当事人没有约定检验期间的，买受人应当在发现或者应当发现标的物的数量或者质量不符合约定的合理期间内通知出卖人。

因此，对于网购的买家来说，对于价值较大的网购物品，应当在收到后尽快进行检验并获得检验报告，如结果为正品，则可正常确认收货，如结果证明其有质量瑕疵或者是仿品，则应当持检验报告与卖家进行交涉，要求对方退款或者重新发货。

而对于卖家来说，应当在交易前、交易后都及时提醒买家在收到货物后尽快验货并确认付款，同时应保存好所卖出货物的质量检测证明文件，以防此后双方就质量问题产生纠纷。

法条链接

《中华人民共和国民法典》

第六百二十条　买受人收到标的物时应当在约定的检验期限内检验。没有约定检验期限的，应当及时检验。

第六百二十一条　当事人约定检验期限的，买受人应当在检验期限内将标的物的数量或者质量不符合约定的情形通知出卖人。买受人怠于通知的，视为标的物的数量或者质量符合约定。

当事人没有约定检验期限的，买受人应当在发现或者应当发现标的物的数量或者质量不符合约定的合理期限内通知出卖人。买受人在合理期限内未通知或者自收到标的物之日起二年内未通知出卖人的，视为标的物的数量或者质量符合约定；但是，对标的物有质量保证期的，适用质量保证期，不适用该二年的规定。

出卖人知道或者应当知道提供的标的物不符合约定的，买受人不受前两款规定的通知时间的限制。

《最高人民法院关于审理买卖合同纠纷案件适用法律问题的解释（2020修正）》

第十二条　人民法院具体认定民法典第六百二十一条第二款规定的"合理期限"时，应当综合当事人之间的交易性质、交易目的、交易方式、交易习惯、标的物的种类、数量、性质、安装和使用情况、瑕疵的性质、买受人应尽的合理注意义务、检验方法和难易程度、买受人或者检验人所处的具体环境、自身技能以及其他合理因素，依据诚实信用原则进行判断。

民法典第六百二十一条第二款规定的"二年"是最长的合理期限。该期限为不变期间，不适用诉讼时效中止、中断或者延长的规定。

 案例87　网购商品出现质量问题，怎么办？

2021年1月，杨某在购物平台某店铺上购买一款手机，收货使用7个月后该手机音量键失灵损坏，屏幕内部出现故障，通过平台始终无法联系上卖家，造成保修时效过期。杨某遂怀疑手机并非正品。

2022年1月，杨某注册另一个小号再次在该平台店铺购买相同款式型号手机两部。收到手机后杨某即进行退货申请，将一部手机与一块砖头邮寄给卖家。此后卖家向购物平台反应杨某恶意退货行为；平台遂联系杨某，杨某将2021年购买手机事情原委告知平台，并要求店家退还三部手机全部货款。购物平台表示无法支持按照三部手机退货，若需要退货两部手机，可以与卖家协商。

杨某不服店铺平台处理方式，遂诉至法院，并申请司法鉴定三部手机是否是索尼公司生产，产地及出厂时间。司法鉴定结果为：手机经查询发现维修记录；拆机发现三部手机均存在与全新正品手机不相符的情况，由此判断三部手机皆为翻新机。此外，在诉讼过程中杨某提出：卖家在经营期间加入了消费者保障服务协议，且手机行业在该购物平台加入消费者保障服务协议的保证金缴纳金额为1万元，平台在杨某提起诉讼后将此1万元保证金退回给卖家，平台对其损失存在过错。

关注焦点

1. 杨某第二次购买的两部手机是否应当支持退一赔三？

2. 购物平台对于杨某所购买三部手机的货款、赔偿款、公证费、鉴定费是否应当承担赔偿责任？

法律点睛

（一）杨某第二次购买的两部手机不应当支持退一赔三

根据《中华人民共和国消费者权益保护法》第二条之规定：消费者为生活消费需要购买、使用商品或者接受服务，其权益受本法保护。本案中，杨某第二次购买的手机并非为生活消费需要购买，而是在怀疑店铺所售卖手机并非正品后为维护自己的权益进行的交易，因此无法适用"退一赔三"的规定。

（二）平台公司对于杨某所购买三部手机的货款、赔偿款、公证费、鉴定费应当在一定范围内承担赔偿责任

根据《中华人民共和国民法典》第一千一百九十七条第三款的规定，网络服务提供者知道或者应当知道网络用户利用其网络服务侵害他人民事权益，未采取必要措施的，与该网络用户承担连带责任。本案中，购物平台在杨某提起诉讼尚未得到生效判决时即将保证金退还给卖家，平台应因此在 1 万元保证金的范围内承担连带赔偿责任。

拓展　网络购物需要注意什么

《中华人民共和国消费者权益保护法（2013 修正）》第五十五条第一款规定："经营者提供商品或者服务有欺诈行为的，应当按照消费者的要求增加赔偿其受到的损失，增加赔偿的金额为消费者购买商品的价款或者接受服务的费用的三倍；增加赔偿的金额不足五百元的，为五百元。法律另有规定的，依照其规定。"商家如果存在欺诈行为，消费者可以主张"退一赔三"，即除了可以要求商家退还费用外，还可以要求三倍的损害性赔偿（不足五百元的，以五百元计）。

根据《侵害消费者权益行为处罚办法（2020 修订）》之规定，下列情形属于经营者欺诈的不法行为：

（1）销售的商品或者提供的服务不符合保障人身、财产安全要求，如不满足国家 3C 认证标准的电插头、电器等；

（2）销售失效、变质的商品，如销售超过保质期的护肤品；

（3）销售伪造产地、伪造或者冒用他人的厂名、厂址、篡改生产日期的商品，如出售假茅台酒；

（4）销售伪造或者冒用认证标志等质量标志的商品，如冒用"中国环境保护产品认证标志"等各类认证标志的商品等；

（5）销售的商品或者提供的服务侵犯他人注册商标专用权，如"康帅傅"方便面；

（6）销售伪造或者冒用知名商品特有的名称、包装、装潢的商品，如冒用"王老吉"常用的"红罐"包装；

（7）在销售的商品中掺杂、掺假，以假充真，以次充好，以不合格商品冒充合格商

品，如真假混卖名牌烟酒；

（8）销售国家明令淘汰并停止销售的商品；

（9）提供商品或者服务中故意使用不合格的计量器具或者破坏计量器具准确度；

（10）骗取消费者价款或者费用而不提供商品或者服务；

（11）不以真实名称和标记提供商品或者服务；

（12）以虚假或者引人误解的现场说明和演示；

（13）采用虚构交易、虚标成交量、虚假评论或者雇佣他人等方式进行欺骗性销售诱导；

（14）以虚假的"清仓价""甩卖价""最低价""优惠价"或者其他欺骗性价格表示销售商品或者服务；

（15）以虚假的"有奖销售""还本销售""体验销售"等方式销售商品或者服务；

（16）谎称正品销售"处理品""残次品""等外品"等商品；

（17）夸大或隐瞒所提供的商品或者服务的数量、质量、性能等与消费者有重大利害关系的信息误导消费者；

（18）以其他虚假或者引人误解的宣传方式误导消费者；

（19）从事为消费者提供修理、加工、安装、装饰装修等服务的经营者谎报用工用料，故意损坏、偷换零部件或材料，使用不符合国家质量标志或者与约定不相符的零部件或材料，更换不需要更换的零部件，或者偷工减料、加收费用、损害消费者权益的；

（20）从事房屋租赁、家政服务等中介服务的经营者提供虚假信息或者采取欺骗、恶意串通等手段损害消费者权益的。

实务建议

网络购物情形下的买卖合同纠纷，常常由于当事人信息难以获取、平台不作为、证据未及时留存等情形在维护自己的合法权益时遇到困难。因此，建议消费者在网络购物时通过价格的合理性、过往交易评价等情况综合判断店铺信誉程度，尽量选择官方授权的店铺、平台进行购物。

在收到货物后，对于易碎物品、贵重物品在开箱验收时留存证据，如录制视频等，避免因发货错误、物流运输等其他因素导致购买商品损毁，导致消费者难以维护自身权益的情形发生。

法条链接

《中华人民共和国消费者权益保护法（2013 修正）》

第二条　消费者为生活消费需要购买、使用商品或者接受服务，其权益受本法保护；本法未作规定的，受其他有关法律、法规保护。

第五十四条　依法经有关行政部门认定为不合格的商品，消费者要求退货的，经营者应当负责退货。

第五十五条　经营者提供商品或者服务有欺诈行为的，应当按照消费者的要求增加赔偿其受到的损失，增加赔偿的金额为消费者购买商品的价款或者接受服务的费用的三倍；增加赔偿的金额不足五百元的，为五百元。法律另有规定的，依照其规定。

经营者明知商品或者服务存在缺陷，仍然向消费者提供，造成消费者或者其他受害人死亡或者健康严重损害的，受害人有权要求经营者依照本法第四十九条、第五十一条等法律规定赔偿损失，并有权要求所受损失二倍以下的惩罚性赔偿。

《中华人民共和国民法典》

第一千一百九十四条　网络用户、网络服务提供者利用网络侵害他人民事权益的，应当承担侵权责任。法律另有规定的，依照其规定。

《侵害消费者权益行为处罚办法（2020修订）》

第五条　经营者提供商品或者服务不得有下列行为：

（一）销售的商品或者提供的服务不符合保障人身、财产安全要求；

（二）销售失效、变质的商品；

（三）销售伪造产地、伪造或者冒用他人的厂名、厂址、篡改生产日期的商品；

（四）销售伪造或者冒用认证标志等质量标志的商品；

（五）销售的商品或者提供的服务侵犯他人注册商标专用权；

（六）销售伪造或者冒用知名商品特有的名称、包装、装潢的商品；

（七）在销售的商品中掺杂、掺假，以假充真，以次充好，以不合格商品冒充合格商品；

（八）销售国家明令淘汰并停止销售的商品；

（九）提供商品或者服务中故意使用不合格的计量器具或者破坏计量器具准确度；

（十）骗取消费者价款或者费用而不提供或者不按照约定提供商品或者服务。

第六条　经营者向消费者提供有关商品或者服务的信息应当真实、全面、准确，不得有下列虚假或者引人误解的宣传行为：

（一）不以真实名称和标记提供商品或者服务；

（二）以虚假或者引人误解的商品说明、商品标准、实物样品等方式销售商品或者服务；

（三）作虚假或者引人误解的现场说明和演示；

（四）采用虚构交易、虚标成交量、虚假评论或者雇佣他人等方式进行欺骗性销售诱导；

（五）以虚假的"清仓价"、"甩卖价"、"最低价"、"优惠价"或者其他欺骗性价格表示销售商品或者服务；

（六）以虚假的"有奖销售"、"还本销售"、"体验销售"等方式销售商品或者服务；

（七）谎称正品销售"处理品"、"残次品"、"等外品"等商品；

（八）夸大或隐瞒所提供的商品或者服务的数量、质量、性能等与消费者有重大利害关系的信息误导消费者；

（九）以其他虚假或者引人误解的宣传方式误导消费者。

第十三条　从事服务业的经营者不得有下列行为：

（一）从事为消费者提供修理、加工、安装、装饰装修等服务的经营者谎报用工用料、故意损坏、偷换零部件或材料，使用不符合国家质量标准或者与约定不相符的零部件或材料，更换不需要更换的零部件，或者偷工减料、加收费用，损害消费者权益的；

（二）从事房屋租赁、家政服务等中介服务的经营者提供虚假信息或者采取欺骗、恶意串通等手段损害消费者权益的。

第十六条　经营者有本办法第五条第（一）项至第（六）项规定行为之一且不能证明自己并非欺骗、误导消费者而实施此种行为的，属于欺诈行为。

经营者有本办法第五条第（七）项至第（十）项、第六条和第十三条规定行为之一的，属于欺诈行为。

 案例 88　直播卖假货，由谁承担责任？

> 王大爷平时特别喜欢看某手、某音等视频号，看到视频号上有关于"茅台"××系列酒的直播带货，主播称是茅台公司做活动，只需要 199 元，就可以得到一件"茅台"××系列酒，还送一块金手表。王大爷在付款后不久就收到了一件和"茅台"酒外观很相似的酒以及一块手表。王大爷的女儿怀疑是假酒让王大爷退货，王大爷执意不肯。因为酒水鉴定复杂，于是，王大爷的女儿先将手表拿去鉴定，经鉴定手表为假表。

关注焦点

在直播间出售假货，主播、平台以及商家怎样承担责任？

法律点睛

根据《中华人民共和国广告法（2021 修正）》第三十四条之规定："广告经营者、广告发布者应当按照国家有关规定，建立、健全广告业务的承接登记、审核、档案管理制度。　广告经营者、广告发布者依据法律、行政法规查验有关证明文件，核对广告内容。对内容不符或者证明文件不全的广告，广告经营者不得提供设计、制作、代理服务，广告发布者不得发布。"《中华人民共和国广告法（2021 修正）》第三十八条第一款规定："广告代言人在广告中对商品、服务作推荐、证明，应当依据事实，符合本法和有关法律、行政法规规定，并不得为其未使用过的商品或者未接受过的服务作推荐、证明。"因此，主播作为产品广告发布者，需要对广告主的资质和广告内容进行审查；主播作为产品代言人的，应当购买和使用过该产品，或接受过相应的服务。若主播未依法履行上述义务，根据《中华人民共和国广告法（2021 修正）》第六十条第一款之规定，"违反本法第三十四条规定，广告经营者、广告发布者未按照国家有关规定建立、健全广告业务管理制度的，或者未对广告内容进行核对的，由市场监督管理部门责令改正，可以处五万元以下的罚款。"

因此，作为带货的主播、平台的提供方、销售方的商家出售假货的，会受到市场监督管理局的行政处罚；对买家构成违约的，需承担合同违约责任；有侵权行为的，应承担侵权责任。

实务建议

消费者通过直播购物，应注意什么？

消费者在直播平台购物时，应当有自己的判断力，即判断该商品要价是否合理，若该商品在实体店、旗舰店中标价几百元，在直播间大量库存商品价格却仅为几元、十几元，那么直播间售卖的商品很有可能就是假货。

一旦发现自己购买的商品疑似假货，可以根据线上平台的规定与商家协商解决，若无法协商或协商不成，消费者可以选择向消费者协会投诉、向市场监管部门举报，必要时还可以通过诉讼的方式进行消费维权。

此外，在线上直播购物的过程中，尽量避免盲从，应理性消费，并且注意留存购物证据，收到货品之后应及时验收、拍照存证等。

法条链接

《中华人民共和国广告法（2021 修正）》

第三条　广告应当真实、合法，以健康的表现形式表达广告内容，符合社会主义精神文明建设和弘扬中华民族优秀传统文化的要求。

第四条　广告不得含有虚假或者引人误解的内容，不得欺骗、误导消费者。

广告主应当对广告内容的真实性负责。

第三十八条　广告代言人在广告中对商品、服务作推荐、证明，应当依据事实，符合本法和有关法律、行政法规规定，并不得为其未使用过的商品或者未接受过的服务作推荐、证明。

……

《中华人民共和国民法典》

第五百零九条　当事人应当按照约定全面履行自己的义务。

当事人应当遵循诚信原则，根据合同的性质、目的和交易习惯履行通知、协助、保密等义务。

……

《中华人民共和国电子商务法》

第九条　本法所称电子商务经营者，是指通过互联网等信息网络从事销售商品或者提供服务的经营活动的自然人、法人和非法人组织，包括电子商务平台经营者、平台内经营者以及通过自建网站、其他网络服务销售商品或者提供服务的电子商务经营者。

本法所称电子商务平台经营者，是指在电子商务中为交易双方或者多方提供网络经营场所、交易撮合、信息发布等服务，供交易双方或者多方独立开展交易活动的法人或者非法人组织。

本法所称平台内经营者，是指通过电子商务平台销售商品或者提供服务的电子商务经营者。

第十二条 电子商务经营者从事经营活动，依法需要取得相关行政许可的，应当依法取得行政许可。

第十七条 电子商务经营者应当全面、真实、准确、及时地披露商品或者服务信息，保障消费者的知情权和选择权。电子商务经营者不得以虚构交易、编造用户评价等方式进行虚假或者引人误解的商业宣传，欺骗、误导消费者。

第三十八条 电子商务平台经营者知道或者应当知道平台内经营者销售的商品或者提供的服务不符合保障人身、财产安全的要求，或者有其他侵害消费者合法权益行为，未采取必要措施的，依法与该平台内经营者承担连带责任。

对关系消费者生命健康的商品或者服务，电子商务平台经营者对平台内经营者的资质资格未尽到审核义务，或者对消费者未尽到安全保障义务，造成消费者损害的，依法承担相应的责任。

第三十九条 电子商务平台经营者应当建立健全信用评价制度，公示信用评价规则，为消费者提供对平台内销售的商品或者提供的服务进行评价的途径。

电子商务平台经营者不得删除消费者对其平台内销售的商品或者提供的服务的评价。

 案例 89 购买的二手货品是盗赃，怎么办？

> 2021 年 4 月 29 日，张某与买受人孔某签订了《二手车购买合同》，张某将一辆二手汽车转让给孔某，转让价为 31 万元。当日，孔某通过银行转账的方式将 31 万元购车款转给了张某。
>
> 次日，孔某到市车辆管理所办理车辆过户手续时，市公安局交通警察支队以该车涉嫌盗抢而将车扣留。2021 年 5 月 6 日，司法鉴定中心对该车辆出具鉴定意见为："车架号码被改动。"后该车由某公安局发还给被盗车主。

关注焦点

买卖合同中，标的物为盗赃的，合同是否有效？

法律点睛

本案中，孔某与张某签订的《二手车购买合同》是双方的真实意思表示，但该合同项下的标的物为盗赃，而我国是禁止销售和购买赃物的，因此，双方所签订的《二手车购买合同》违反了国家法律法规的强制性规定，属无效合同。孔某因合同无效所遭受的经济损失所应由出卖车辆方张某负责赔偿。

实务建议

盗赃物被买卖，相关主体怎么办？

（一）原所有人角度

发现自身的被盗物品线索，应第一时间向警方通报，实践中，警方在抓获犯罪嫌疑人、回收盗赃物之后会联系失主将其返还。如物品被寻回后被发现有所损毁，有证据证明系实施偷盗者或者他人导致的，可考虑向其索赔。

（二）购买者角度

由于我国法律规定盗赃物不属于善意取得，即使购买者此前一无所知，也签订了合同、足额支付了对价，也不能获得该盗赃物的所有权，因此，其应当配合警方调查，并将购得的盗赃物交给警方提存，再由警方返还至失主。对于购买者支付的款项及其利息等损失，其可以依据原买卖合同，向卖家主张违约责任并要求其赔偿损失。

法条链接

《中华人民共和国民法典》

第一百五十三条　违反法律、行政法规的强制性规定的民事法律行为无效。但是，该强制性规定不导致该民事法律行为无效的除外。

违背公序良俗的民事法律行为无效。

第五百七十七条　当事人一方不履行合同义务或者履行合同义务不符合约定的，应当承担继续履行、采取补救措施或者赔偿损失等违约责任。

○○○ 第六章　其他纠纷

本章导言

一、法律权利

人格权：名誉权。

所有权：不动产和动产所有权。

债权：合同之债、侵权之债、无因管理之债、不当得利之债。

未成年人、老年人、残疾人、妇女等特殊主体的特殊权利。

二、概述

本章的六个案例涉及人们普遍较为关注的民间借贷纠纷、保证合同纠纷、限制民事行为能力人认定纠纷、拾得遗失物纠纷、名誉侵权纠纷、劳务中的人身损害纠纷。

三、主要涉及法律法规定位

《中华人民共和国民法典》			
第 114 条	【物权定义】	第 463—468 条	【合同的一般规定】
第 115 条	【物权法定】	第 469—508 条	【合同的订立、合同的效力】
第 118 条	【债权定义】	第 667—680 条	【借款合同】
第 119 条	【合同约束力】	第 681—702 条	【保证合同】
第 122 条	【不当得利之债】	第 1164—1178 条	【侵权责任一般规定】
第 311—318 条	【善意取得与遗失物】		

 案例 90 私人之间借款应当注意什么？

　　吴大爷与王大爷为多年邻居，彼此熟识，后吴大爷以经商需要，欲向王大爷借款 10 万元用于进货，王大爷同意，吴大爷即向王大爷出具借条一张，大致内容为："今向王大爷借款 10 万元，借款期限为××××，利息不低于银行同期，如未能按期还本付息，本人愿承担违约责任。"吴大爷在借款人处签名，并写上了当日的日期。此外，二人又找来共同的朋友冯大爷作为见证人，并让冯大爷也在该借条上签了名。借条出具当日，王大爷的资金尚在银行定期存款中无法取出，7 日后，王大爷将筹备好的 10 万元打到了吴大爷的账户中。

后吴大爷由于经商不顺，到了借款期限仍未能还款，而王大爷将借条收好后便忘记了借款期限，直到 5 年后翻出借条才发现借款期限超过，王大爷便天天到吴大爷家中催款，还不时找到冯大爷要求其出面解决。某日，王大爷酒后再次来到吴大爷家门前叫骂，要求吴大爷立即归还借款，并支付利息和违约金；同时还拨打冯大爷的电话，告知其如果吴大爷不还款，自己就要来找他承担责任，冯大爷在电话中告知王大爷"借款逾期距今已超过 5 年，你这个时候才想起来要，已经没有这个权利了"便挂断了电话。

后吴大爷在家人通知下赶回，告知王大爷自己目前无力还款，如果给他三个月时间，可以想办法凑出 10 万元，但也仅限于此。王大爷不同意，情绪激动，惊扰周边邻居，有人报告了社区。

关注焦点

1. 自然人之间的借款，没有约定或未明确约定利息，可以主张利息吗？
2. 私人借贷关系中，逾期未还款会承担哪些责任？
3. 第三人在借条上签字，会产生什么后果？
4. 出借人在借款逾期发生后迟迟未向义务人要求归还借款，是否会导致权利丧失？

法律点晴

（一）自然人之间的借款合同，没有约定利息或约定不明又未补充约定且无法通过其他方式确定的视为没有约定利息

借款合同分为有息借款和无息借款，根据《中华人民共和国民法典》第六百八十条中"借款合同对支付利息没有约定的，视为没有利息。借款合同对支付利息约定不明确，当事人不能达成补充协议的，按照当地或者当事人的交易方式、交易习惯、市场利率等因素确定利息；自然人之间借款的，视为没有利息"之规定，确定一份借款合同是否产生利息，应严格根据合同约定，如果合同中根本就没有关于利息的约定，则视为没有利息，该合同为无息借款合同，借款人只用归还本金；而如果合同中约定有利息，但对于利息的支付、计算等约定不明确的，则要从合同的签订主体来分别讨论：如果是自然人之间的借款，则直接视为没有利息，借款人还是只用归还本金；如果签订主体还涉及企业等其他市场主体，则按照当地或者当事人的交易方式、交易习惯、市场利率等因素确定利息。

本案例中，吴大爷、王大爷都是自然人，且借条中关于利息的表述仅为"利息不低于银行同期"，既没有说明计算的起止时间，也没有说明具体计算的利率（银行同期有存

款利率、贷款利率等多种，表述不明确），因此很容易被认定为约定不明确；一旦最终被认定约定不明确，则吴大爷、王大爷间实际成立无息借款合同关系，王大爷无权向吴大爷要求支付利息。

拓展　关于自然人之间借款合同成立的时间

根据《中华人民共和国民法典》第六百七十九条之规定，自然人之间的借款合同，自贷款人提供借款时成立。也就是说，本案例中，虽然吴大爷出具的借条上记载了一个时间，但王大爷当日并未实际将款项支付给吴大爷，而是 7 天之后才将款项打到吴大爷的账户，因而吴大爷、王大爷之间的借贷关系实质在王大爷打款的当日才成立。

（二）借款逾期的，应根据双方具体约定和法律规定承担责任

根据《中华人民共和国民法典》第六百七十六条"借款人未按照约定的期限返还借款的，应当按照约定或者国家有关规定支付逾期利息"之规定，违约责任的具体内容分为约定和法定，如果是约定，则要求双方在借款合同里对于违约责任的具体内容有详细约定，包括但不限于适用的前提、适用违约金还是赔偿款、具体的金额或者计算方式等；而如果是法定，则可根据《中华人民共和国民法典》第五百七十七条"当事人一方不履行合同义务或者履行合同义务不符合约定的，应当承担继续履行、采取补救措施或者赔偿损失等违约责任"之规定及相关规定，逾期还款属于合同违约行为，而法定的违约责任包括继续履行、采取补救措施或者赔偿损失等，但具体适用哪一种或者最终的金额，需要根据实际情况才能综合判断和确定，一般来说，除非双方协商一致，否则都要经过法院或者仲裁机构居中裁判确定。

本案例中，借条当中仅有"如未能按期还本付息，本人愿承担违约责任"的表述，但对于具体如何承担约定不明，则需要双方再次明确或者经司法判决确定。

（三）第三人在借款凭证或借款合同上签字，但未表明其具体身份的，不产生保证责任

一般来说，第三人参与到借贷关系中，要么是债务加入，要么是提供担保，但无论是哪种情况，都需要表明身份、有明确的意思表示。《最高人民法院关于审理民间借贷案件适用法律若干问题的规定（2020 修正）》第二十条规定："他人在借据、收据、欠条等债权凭证或者借款合同上签名或者盖章，但是未表明其保证人身份或者承担保证责任，或者通过其他事实不能推定其为保证人，出借人请求其承担保证责任的，人民法院不予支持。"也就是说，如果单纯只是签了名字，但没有表明自己是以什么身份签名或者自己要承担什么责任，则第三人对该借款合同的债务不承担连带保证责任。

本案例中，冯大爷仅仅是在借条上签了名，既没有表明自己的身份，也并未有任何承诺，故其不是连带保证人，王大爷无权让其承担保证责任，无权要求其还款。

什么是债务加入？

债务加入是指第三人与债务人约定加入债务并通知债权人，或者第三人向债权人表示愿意加入债务，债权人未在合理期限内明确拒绝的，债权人可以请求第三人在其愿意承担的债务范围内和债务人承担连带债务。例如，小朱一直在王老板店里工作，后来王老板把店面转给了刘老板，但还有部分工资没有给小朱结清。小朱一直找王老板讨要未结清的工资，王老板则以"店已经转给刘老板了"为由，让小朱找刘老板要工资。小朱找到刘老板，刘老板表示愿意承担王老板的债务并且"一定会管到底"。刘老板的行为就构成债务加入，他就王老板欠付的工资，对小朱承担连带的债务清偿责任。

（四）逾期未主张权利，出借人仍然保留还款请求权，但可能会丧失胜诉权

《中华人民共和国民法典》第五百五十七条之规定："有下列情形之一的，债权债务终止：（一）债务已经履行；（二）债务相互抵销；（三）债务人依法将标的物提存；（四）债权人免除债务；（五）债权债务同归于一人；（六）法律规定或者当事人约定终止的其他情形。　合同解除的，该合同的权利义务关系终止。也就是说，在没有满足上述情况时，当事人之间的债权债务仍然存续，体现在借款合同关系中，就是说出借人对于借款人的债权仍然存续，其自然有权要求其还款。

但是，《中华人民共和国民法典》第一百八十八条亦同时规定："向人民法院请求保护民事权利的诉讼时效期间为三年。法律另有规定的，依照其规定。　诉讼时效期间自权利人知道或者应当知道权利受到损害以及义务人之日起计算。……"该条款与上文并不矛盾，只要债权存在，出借人无论过了多久都可以要求对方还款，但如果出借人就此提起了诉讼，请求法院判决对方还款的，如果其确实超出了诉讼时效且对方也提出了诉讼时效期间届满的抗辩，则大概率其抗辩成立，法院会判决驳回原告（出借人）的诉讼请求。

本案例中，由于王大爷自身的疏忽，其在吴大爷逾期还款、自己的权利受到损害后长达 5 年才想起维护自己的权益，客观上诉讼时效已经届满。此时如果王大爷选择起诉，而吴大爷提起诉讼时效届满的抗辩，则王大爷的诉讼请求大概率会被驳回。但吴大爷、王大爷之间的借贷关系仍然存续，王大爷仍然有权请求吴大爷还款。

实务建议

（一）王大爷可以怎么做？

王大爷作为出借人，有权要求借款人吴大爷归还借款；但由于吴大爷逾期还款的事实已经超过了法定诉讼时效，王大爷如采用起诉的方法，最终败诉的可能性较大；王大爷可考虑采取与吴大爷调解协商的方式解决。

（二）作为自然人民间借贷的担保人，该如何保护自身权益？

在担保协议或者借款合同上以担保人的身份签字之前，应当对出借人、借款人（尤其是对于借款人是否具备还款能力）的基本情况有一定的了解；注意担保金额、担保类型和担保的时间；此外，如借款人同意，还可以与借款人签订反担保协议，约定如果自己代其承担了还款义务，则自己有权从借款人处获得约定的相关财产或权益作为补偿，从而最大程度地降低自身风险。

法条链接

《中华人民共和国民法典》

第一百八十八条　向人民法院请求保护民事权利的诉讼时效期间为三年。法律另有规定的，依照其规定。

诉讼时效期间自权利人知道或者应当知道权利受到损害以及义务人之日起计算。法律另有规定的，依照其规定。但是，自权利受到损害之日起超过二十年的，人民法院不予保护，有特殊情况的，人民法院可以根据权利人的申请决定延长。

第六百六十八条　借款合同应当采用书面形式，但是自然人之间借款另有约定的除外。

借款合同的内容一般包括借款种类、币种、用途、数额、利率、期限和还款方式等条款。

第六百七十五条　借款人应当按照约定的期限返还借款。对借款期限没有约定或者约定不明确，依据本法第五百一十条的规定仍不能确定的，借款人可以随时返还；贷款人可以催告借款人在合理期限内返还。

第六百七十六条　借款人未按照约定的期限返还借款的，应当按照约定或者国家有关规定支付逾期利息。

第六百八十条　禁止高利放贷，借款的利率不得违反国家有关规定。

借款合同对支付利息没有约定的，视为没有利息。

借款合同对支付利息约定不明确，当事人不能达成补充协议的，按照当地或者当事人的交易方式、交易习惯、市场利率等因素确定利息；自然人之间借款的，视为没有利息

《最高人民法院关于审理民间借贷案件适用法律若干问题的规定（2020修正）》

第二十条　他人在借据、收据、欠条等债权凭证或者借款合同上签名或者盖章，但是未表明其保证人身份或者承担保证责任，或者通过其他事实不能推定其为保证人，出借人请求其承担保证责任的，人民法院不予支持。

《最高人民法院关于审理民事案件适用诉讼时效制度若干问题的规定（2020修正）》

第十九条　诉讼时效期间届满，当事人一方向对方当事人作出同意履行义务的意思表示或者自愿履行义务后，又以诉讼时效期间届满为由进行抗辩的，人民法院不予支持。

……

案例91　向网贷平台借款是否靠谱？

　　陈某欲做小生意致富，便想通过贷款获取启动资金，但其担心自己此前每月收入不稳定会导致银行对其信贷额度降低，于是便在他人介绍下，下载了某网贷平台APP（应用程序）。经APP引导，陈某先与APP签订了服务合同，约定接受该APP提供的有偿中介服务（服务费计算方式为按照成交金额抽取固定比例），此后，其又根据提示，与数名APP用户签订了借款合同，合同约定一次性总借款金额15万元，年利率为20%，借款需自2021年1月18日起分期归还，共12期，于每月15日前支付到APP账户，否则以每逾期1日支付应归还金额5%的比例计算违约金，直至该笔金额归还为止；同时，该合同还约定，为了确保陈某能按约定遵守还款义务及固定出借人受益，需先从本金中扣除3万元利息费用。

　　合同签订后，系统显示陈某的账户到账10万元，并提示该金额是已扣除APP中介服务费的2万元之后的金额。后陈某将上述款项用于进货和购置工具，但由于缺乏经验，生意一直没有起色，才还款了3期便没有再还款，APP便自动计算逾期还款，陈某还不时收到催其还款的短信，陈某对此一直十分焦虑。某日，陈某在与朋友赵某聚会时提到此事，赵某听后当即表示现在的网贷APP都不靠谱，陈某还被收了"砍头息"，一定是被"套路贷"了，陈某大呼上当，郁闷之下借酒浇愁，喝醉后回家大闹不止，惊扰周边，其邻居通知了社区。

关注焦点

1. 网贷平台是否都是"套路贷"？
2. 什么是"砍头息"？借款是否可以先行在本金中扣除利息？
3. 本案例中的借款合同是否有效？

法律点睛

（一）网贷平台不一定都是"套路贷"

　　根据目前司法机关发布的文件精神，"套路贷"的概念主要包括以下三个方面：一是行为目的非法性，即犯罪分子是以非法占有被害人财物为目的实施"套路贷"；二是债权债务虚假性，即犯罪分子假借民间借贷之名，通过使用"套路"，诱使或迫使被害人签订"借贷"或变相"借贷""抵押""担保"等相关协议，进而通过虚增借贷金额、恶意制造违约、肆意认定违约等方式形成虚假债权债务；三是"讨债"手段多样性，即在被害人未按照要求交付财物时，"套路贷"犯罪分子会借助诉讼、仲裁、公证或者采用暴力、威胁以及其他手段向被害人强行"讨债"，以此实现对被告人财物的非法占有。

而某些网贷平台在提供借贷服务时没有采取上述"套路"，则其目的也仅仅是赚取手续费或者贷款利息，则就不能称其为"套路贷"。当然，如果该网贷平台存在超出其经营许可范围的行为，或者有其他违反法律法规情形，自然应受到相应主管部门的惩处。

本案例中，陈某确实通过贷款 APP 进行了借款，但该平台仅按照服务合同收取了服务费和按照借款合同计算着还款利息和违约金，还没有出现诱使或迫使陈某签订其他借款或担保协议等虚构债权债务的行为，也还没有出现以暴力、威胁以及其他手段向陈某强行"讨债"的行为，因而此时就认为该 APP 涉"套路贷"还为时过早。

（二）从本金中预先扣除利息的，以实际借款金额为本金

"砍头息"一般是指高利贷或地下钱庄给借款者放贷时先从本金里面以"利息"或者"服务费"的名义扣除一部分钱，其结果就是借款人实际借到手的金额是低于合同金额的。我国法律将其认定为无效法律行为，根据《中华人民共和国民法典》第六百七十条和《最高人民法院关于审理民间借贷案件适用法律若干问题的规定（2020 修正）》第二十六条之规定，借款的利息不得预先在本金中扣除。利息预先在本金中扣除的，应当按照实际借款数额返还借款并计算利息。

回到本案例中，根据借款合同，陈某名义上借款 15 万元，但又扣除了 3 万元的利息，此处的 3 万元应当被认定为"砍头息"，应当被从本金中扣除；而关于 2 万元的"服务费"是否属于"砍头息"的问题，需要结合案情具体分析，仅从外观上来看，该网贷 APP 并非出借人，而是为出借方、借款人提供中介服务的居间人，且和陈某在事前签订了服务协议，协议中也明确约定了会产生服务费以及具体的计算方式，故其确实有权向陈某收取服务费。当然，如果有其他证据能够证明此处收取的 2 万元是假借"服务费"之名恶意虚增债务金额的，则也应当从本金中扣除。

（三）借款合同的有效性需严格按照法律规定，与是否涉及网贷平台无关；但其约定的利息超过法律规定的部分无效

《最高人民法院关于审理民间借贷案件适用法律若干问题的规定（2020 修正）》第十三条规定："具有下列情形之一的，人民法院应当认定民间借贷合同无效：（一）套取金融机构贷款转贷的；（二）以向其他营利法人借贷、向本单位职工集资，或者以向公众非法吸收存款等方式取得的资金转贷的；（三）未依法取得放贷资格的出借人，以营利为目的向社会不特定对象提供借款的；（四）出借人事先知道或者应当知道借款人借款用于违法犯罪活动仍然提供借款的；（五）违反法律、行政法规强制性规定的；（六）违背公序良俗的。"因此，判断一份民间借贷合同是否有效，需要严格依照上述规定来界定。就本案例来看，该款 APP 自我定位是"提供中介服务的居间人"，自身并不是出借人，其经营目的是赚取居间服务费而不是收取利息（利息最终由出借人收取，但从案例中陈某是将还款打入 APP 账户这一点来看，该 APP 存在代收利息的行为），因此如果仅从客观表现上来看，其尚未触及会导致合同无效的法律条款。

虽然合同整体有效，但合同中关于利率的部分直接与当前法律相冲突，超过部分应当无效。根据《中华人民共和国民法典》第六百八十条"禁止高利放贷，借款的利率不得违反国家有关规定"和《最高人民法院关于审理民间借贷案件适用法律若干问题的规定（2020修正）》第二十五条"出借人请求借款人按照合同约定利率支付利息的，人民法院应予支持，但是双方约定的利率超过合同成立时一年期贷款市场报价利率四倍的除外。 前款所称'一年期贷款市场报价利率'，是指中国人民银行授权全国银行间同业拆借中心自2019年8月20日起每月发布的一年期贷款市场报价利率"之规定，民间借款的利率不应当超过合同成立时一年期贷款市场报价利率（LPR）四倍，以2021年10月中国人民银行发布的数据为例，一年期LPR报价为3.85%，则借款年利率不超过其四倍（15.4%）。本案例中，借款合同约定年利率为20%，明显超过法律规定的上限，其超过的部分应当无效。

实务建议

网贷市场鱼龙混杂，在选择网贷平台时应当擦亮眼睛，仔细阅读其相关条款，在充分了解其借款规则和还款规则的基础上进行操作，按照约定，按时、足额还款，避免自身征信受到影响；如发现该网贷平台存在违法违规操作的，应当及时向有关部门报告或者报警。如果与平台方就还款事项产生争议的，可向法律专业人员咨询后采取相应措施。

法条链接

《中华人民共和国民法典》

第六百七十条 借款的利息不得预先在本金中扣除。利息预先在本金中扣除的，应当按照实际借款数额返还借款并计算利息。

第六百八十条 禁止高利放贷，借款的利率不得违反国家有关规定。

借款合同对支付利息没有约定的，视为没有利息。

借款合同对支付利息约定不明确，当事人不能达成补充协议的，按照当地或者当事人的交易方式、交易习惯、市场利率等因素确定利息；自然人之间借款的，视为没有利息

《最高人民法院关于审理民间借贷案件适用法律若干问题的规定（2020修正）》

第五条 人民法院立案后，发现民间借贷行为本身涉嫌非法集资等犯罪的，应当裁定驳回起诉，并将涉嫌非法集资等犯罪的线索、材料移送公安或者检察机关。

……

第十三条 具有下列情形之一的，人民法院应当认定民间借贷合同无效：

（一）套取金融机构贷款转贷的；

（二）以向其他营利法人借贷、向本单位职工集资，或者以向公众非法吸收存款等方式取得的资金转贷的；

（三）未依法取得放贷资格的出借人，以营利为目的向社会不特定对象提供借款的；

（四）出借人事先知道或者应当知道借款人借款用于违法犯罪活动仍然提供借款的；

（五）违反法律、行政法规强制性规定的；

（六）违背公序良俗的。

第二十一条　借贷双方通过网络贷款平台形成借贷关系，网络贷款平台的提供者仅提供媒介服务，当事人请求其承担担保责任的，人民法院不予支持。

网络贷款平台的提供者通过网页、广告或者其他媒介明示或者有其他证据证明其为借贷提供担保，出借人请求网络贷款平台的提供者承担担保责任的，人民法院应予支持。

第二十五条　出借人请求借款人按照合同约定利率支付利息的，人民法院应予支持，但是双方约定的利率超过合同成立时一年期贷款市场报价利率四倍的除外。

前款所称"一年期贷款市场报价利率"，是指中国人民银行授权全国银行间同业拆借中心自 2019 年 8 月 20 日起每月发布的一年期贷款市场报价利率。

第二十六条　借据、收据、欠条等债权凭证载明的借款金额，一般认定为本金。预先在本金中扣除利息的，人民法院应当将实际出借的金额认定为本金。

 案例 92　担保合同约定的保证期间有效吗？

> 2018 年 3 月 1 日，李大爷向杨大爷借款 56 万元，约定借款期限 1 个月，自 2018 年 3 月 1 日至 2018 年 3 月 31 日，月息 1%，借款到期后一次性还本付息。王大爷为李大爷借款向杨大爷提供连带责任保证，保证期间为自主债务履行期限届满之日起 5 年。
>
> 借款到期后，李大爷未按约定还本付息，杨大爷每年向李大爷催要债务，但未要求王大爷承担保证责任。2021 年 6 月 30 日，杨大爷将李大爷、王大爷诉至法院，王大爷辩称双方约定的保证期间超过了 3 年的诉讼时效，超出部分无效，杨大爷未在 3 年保证期间内要求王大爷承担保证责任，王大爷的保证责任应当免除。

关注焦点

保证合同约定的保证期间超过 3 年是否有效？

法律点睛

根据《中华人民共和国民法典》第六百九十二条第二款的规定，债权人与保证人可以约定保证期间，但是约定的保证期间早于主债务履行期限或者与主债务履行期限同时届满的，视为没有约定；没有约定或者约定不明确的，保证期间为主债务履行期限届满之日起六个月。《中华人民共和国民法典》第六百九十三条规定："一般保证的债权人未在保证期间对债务人提起诉讼或者申请仲裁的，保证人不再承担保证责任。　连带责任保证的债权人未在保证期间请求保证人承担保证责任的，保证人不再承担保证责任。"

由于法律并没有规定保证期间最高期限应当为主债务的诉讼时效期间，所以，应遵循意思自治原则，若双方约定的保证期间超过主债务的诉讼时效期限，应认定为有效。

本案中，双方约定了 5 年的保证期间，杨大爷在合同约定的保证期间内要求王大爷承担保证责任，王大爷仍应承担保证责任。此外，若杨大爷未在 3 年诉讼时效期间向李大爷催要债务，从而主债务诉讼时效届满，成为自然债务；此时一旦诉至法院，李大爷可以通过主张诉讼时效经过抗辩，不予归还债务。在此情况下，虽然王大爷的 5 年保证期间尚未届满，但是王大爷仍然可以通过主张主债务的诉讼时效抗辩权，拒绝承担保证责任，也就不存在主债务人不承担责任，而保证人必须承担保证责任的情形。

实务建议

对于债权人和保证人来说，保证期间属于双方意思自治范畴，也就是说，在主债务没有消失的前提下，保证人的保证责任期间可以自由约定，因此，各方在签订保证合同时应当先就保证范围、保证期间等核心条款审慎磋商，并在充分理解相应法律后果的基础上将其列为合同条款，从而避免因误解而导致的纠纷。

法条链接

《中华人民共和国民法典》

第六百九十二条　保证期间是确定保证人承担保证责任的期间，不发生中止、中断和延长。

债权人与保证人可以约定保证期间，但是约定的保证期间早于主债务履行期限或者与主债务履行期限同时届满的，视为没有约定；没有约定或者约定不明确的，保证期间为主债务履行期限届满之日起六个月。

债权人与债务人对主债务履行期限没有约定或者约定不明确的，保证期间自债权人请求债务人履行债务的宽限期届满之日起计算。

第六百九十三条　一般保证的债权人未在保证期间对债务人提起诉讼或者申请仲裁的，保证人不再承担保证责任。

连带责任保证的债权人未在保证期间请求保证人承担保证责任的，保证人不再承担保证责任。

第七百零一条　保证人可以主张债务人对债权人的抗辩。债务人放弃抗辩的，保证人仍有权向债权人主张抗辩。

 案例 93　限制民事行为能力人的证明可以由社区出具吗？

郑某与冯某原系夫妻，二人育有一儿郑甲、一女郑乙。后郑某与冯某离婚，与陈某再婚。两年后郑某去世。

郑某去世后，郑甲与郑乙向法院提起诉讼要求同陈某分割郑某生前房产，此时冯某向法院提交了社区出具的限制民事行为能力人证明，以郑甲与郑乙为限制民事行为能力人为由，主张二人不能自行起诉。

关注焦点

限制民事行为能力人的证明可以由社区出具吗？

法律点睛

《中华人民共和国民法典》第二十四条规定："不能辨认或者不能完全辨认自己行为的成年人，其利害关系人或者有关组织，可以向人民法院申请认定该成年人为无民事行为能力人或者限制民事行为能力人。　被人民法院认定为无民事行为能力人或者限制民事行为能力人的，经本人、利害关系人或者有关组织申请，人民法院可以根据其智力、精神健康恢复的状况，认定该成年人恢复为限制民事行为能力人或者完全民事行为能力人。本条规定的有关组织包括：居民委员会、村民委员会、学校、医疗机构、妇女联合会、残疾人联合会、依法设立的老年人组织、民政部门等。"因此，无民事行为能力人或者限制行为能力人只能由法院进行认定，社区出具的证明无效。

实务建议

在实践中，有一些居民委员会、村民委员会为无民事行为能力人、限制行为能力人出具身份证明，但是这是不符合法律规定的。根据《中华人民共和国民法典》，居民委员会、村民委员会，只能作为申请主体向法院提出认定无民事行为能力人或者限制民事行为能力人的申请。因此，本案当事人如有需求，应当自行向法院申请并由法院认定被申请人的民事行为能力；如自行申请有困难，也可同当地居民委员会、村委会等组织沟通，由上述组织向法院提出申请。

法条链接

《中华人民共和国民法典》

第二十四条　不能辨认或者不能完全辨认自己行为的成年人，其利害关系人或者有关组织，可以向人民法院申请认定该成年人为无民事行为能力人或者限制民事行为能力人。

被人民法院认定为无民事行为能力人或者限制民事行为能力人的，经本人、利害关系人或者有关组织申请，人民法院可以根据其智力、精神健康恢复的状况，认定该成年人恢复为限制民事行为能力人或者完全民事行为能力人。

本条规定的有关组织包括：居民委员会、村民委员会、学校、医疗机构、妇女联合会、残疾人联合会、依法设立的老年人组织、民政部门等。

案例 94　遗失物被拾得人毁损，有权要求赔偿吗？

吕某系天天商贸有限公司员工，在某市人民南街零售店铺工作。2021 年 3 月 19 日，吕某从距离门店较近的仓库调取 6 套商品，使用手推车将货物运送至人民南街零售店，途中不慎掉落商品 2 套。根据《天天商贸有限公司仓库货物调拨单》，该 2 套商品价格共计 6 960 元。

吕某到店清点摆放后发现商品遗失，原路返回寻找未果，遂向该地派出所报警，民警通过调取监控发现施某拾得了吕某遗失的物品，但施某称只是捡到了两个空纸箱，箱内没有任何物品。2021 年 3 月 22 日，吕某因此次遗失商品，向天天商贸有限公司赔偿 4 000 元。而施某告知其已经将两个纸箱烧毁，无法归还原物。吕某要求施某赔偿损失 2 500 元。

关注焦点

遗失物被拾得人毁损，应该怎么办？

法律点睛

拾得遗失物，应当返还权利人。拾得人应当及时通知权利人领取，或者送交公安机关等有关部门。此外，根据《中华人民共和国民法典》之规定，拾得人在遗失物送交有关部门前，应当妥善保管遗失物。因故意或者重大过失致使遗失物毁损、灭失的，应当承担民事责任。

本案中，施某拾得遗失物不愿意归还、故意毁损遗失物，应当承担其故意致使遗失物毁损、灭失的赔偿责任。吕某作为天天商贸有限公司员工，在赔偿单位遗失物品损失后有权请求故意毁损的拾得人进行赔偿。本案中，施某拾得遗失物后故意毁损，吕某要求其赔偿 2 500 元，在遗失物商品的价格范围内，也在吕某向单位的赔偿金额范围内，符合法律规定。

实务建议

（一）拾得人角度

如拾得遗失物，其内有失主联系方式的，应及时联系失主领取，如无法获知失主信息，则应尽快送交附近公安机关；建议对拾得物进行拍照或者摄像并妥善保存、维持原样，直至送还失主或公安机关接手。

（二）遗失人角度

在发现物品遗失后，应第一时间向当地公安机关备案；如顺利找到拾得者且取得遗失物，应当面清点物品，避免后续就物品的损坏发生争议；如对方拒不交还甚至故意损毁遗失物，则应当要求其承担赔偿责任。

法条链接

《中华人民共和国民法典》

第三百一十四条　拾得遗失物，应当返还权利人。拾得人应当及时通知权利人领取，或者送交公安等有关部门。

第三百一十六条　拾得人在遗失物送交有关部门前，有关部门在遗失物被领取前，应当妥善保管遗失物。因故意或者重大过失致使遗失物毁损、灭失的，应当承担民事责任。

 案例95 被他人盗用身份骂人，怎么办？

李某在某市高新区经营一间名为"李氏鼻炎馆"的店。张某通过抖音假意询问加盟医馆，由此获得李某电话并添加微信。2021年7月，李某从朋友处得知张某使用李某微信中的头像发布朋友圈，配有辱骂受灾河南人的文字，并附有河南郑州强降雨的配图。李某也因此受到不明真相的网友的威胁。

李某祖籍河南，因此身边的亲友也基于误解对李某进行指责。为此李某身心受创。2021年7月22日，李某向高新区××派出所报案，张某承认了冒用李某微信头像在互联网发布不当言论对李某名誉权造成侵害的事实。李某遂向法院起诉，要求张某赔偿其精神损害。

关注焦点

李某的精神损害赔偿能得到支持吗？

法律点睛

公民享有名誉权，公民的人格尊严受法律保护，禁止用侮辱等方式损害公民的名誉。张某盗用李某照片在河南郑州水灾时发布辱骂河南人的言论，使得公众误以为是李某的言行，使得李某的形象受损、公众社会评价降低，因此张某侵害了李某的名誉权，应承担相应的侵权责任。鉴于张某的行为使得李某的名誉产生严重的损害，使李某的社会评价降低，受到亲友、网友的误解、辱骂、威胁。张某侵犯李某名誉权的行为的确使李某受到精神困扰，造成损失，张某应该赔偿李某的精神损害。

实务建议

发现自己的身份被盗用，如果对方系盗用现实生活中的身份，应尽快向当地公安机关报警，同时在面向公众的报纸上就身份被盗用一事进行公示，从而避免"背黑锅"；如果对方盗用的是网络账号，则应立即与相应网络平台方客服联系，及时冻结账户、更改密码；如对方并没有实际盗用身份的行为，而是通过刻意模仿社交软件头像、故意留下受害者真实身份信息、联系方式等，从而误导外人错将其言行当作受害者本人言行，导致受害人社会评价降低，则受害人可通过起诉的方式要求其停止侵害、公开赔礼道歉并赔偿相关损失，以此澄清自身。

法条链接

《中华人民共和国民法典》

第九百九十五条　人格权受到侵害的，受害人有权依照本法和其他法律的规定请求行为人承担民事责任。受害人的停止侵害、排除妨碍、消除危险、消除影响、恢复名誉、赔礼道歉请求权，不适用诉讼时效的规定。

第一千零二十四条　民事主体享有名誉权。任何组织或者个人不得以侮辱、诽谤等方式侵害他人的名誉权。

名誉是对民事主体的品德、声望、才能、信用等的社会评价。

《最高人民法院关于确定民事侵权精神损害赔偿责任若干问题的解释（2020 修正）》

第一条　因人身权益或者具有人身意义的特定物受到侵害，自然人或者其近亲属向人民法院提起诉讼请求精神损害赔偿的，人民法院应当依法予以受理。

第五条　精神损害的赔偿数额根据以下因素确定：

（一）侵权人的过错程度，但是法律另有规定的除外；

（二）侵权行为的目的、方式、场合等具体情节；

（三）侵权行为所造成的后果；

（四）侵权人的获利情况；

（五）侵权人承担责任的经济能力；

（六）受理诉讼法院所在地的平均生活水平。

案例 96　工程中出现人身损害事故，如何认定责任与赔偿？

2021 年 1 月 8 日李某因承包张某家的房屋建筑工程，雇佣范某进行施工。

2021 年 3 月 2 日，范某在施工过程中登梯子上楼时抓住扶手支撑，不料扶手脱落，范某重心不稳直接摔落。后李某与张某沟通得知，张某前日自行拆除扶手支撑架，未告知施工人员。

范某伤后在医院接受住院治疗，经诊断此次事故造成其椎体骨折等多处病症。

关注焦点

建筑工程中出现工伤事故，如何认定赔偿？

法律点睛

根据《中华人民共和国民法典》第一千一百九十二条之规定："个人之间形成劳务关系，提供劳务一方因劳务造成他人损害的，由接受劳务一方承担侵权责任。接受劳务一方承担侵权责任后，可以向有故意或者重大过失的提供劳务一方追偿。提供劳务一方因劳务受到损害的，根据双方各自的过错承担相应的责任。　　提供劳务期间，因第三人的行为造成提供劳务一方损害的，提供劳务一方有权请求第三人承担侵权责任，也有权请求接受劳务一方给予补偿。接受劳务一方补偿后，可以向第三人追偿。"本案中，范某作为李某的雇员提供劳务，且因劳务受到人身损害，应当根据自身与雇主李某的过错各自承担相应责任。具体而言，范某在施工时登高登梯子过程中应当应负有安全注意义务，因此，此次事故中范某对自己的损害有一定过错。张某作为房屋所有权人，未将自行拆除扶手支撑架的安全隐患应积极告知施工方李某或施工人员范某，因此对于范某的人身损害有一定过错，应承担相应的责任。

综上所述，本案中范某未尽到自身的安全注意义务，李某未尽到施工安全注意义务和告知义务，张某未尽到安全隐患告知义务，三方均有过错，李某作为雇主应承担主要赔偿责任，范某、张某承担与其过错相应责任。

实务建议

工伤事故出现后，应先界定双方是劳务关系还是劳动关系，再适用相应的法律法规。

1. 劳务合同关系中，工伤赔偿适用的是人身损害赔偿。

劳务合同中不叫"工伤"，属于雇员因履行职务受到伤害，适用人身损害赔偿中的有关法律规定。

2. 劳动合同中，发生工伤适用的是国家《工伤保险条例》的赔偿标准。

法条链接

《中华人民共和国民法典》

第一千一百七十三条　被侵权人对同一损害的发生或者扩大有过错的，可以减轻侵权人的责任。

第一千一百七十五条　损害是因第三人造成的，第三人应当承担侵权责任。

第一千一百七十九条　侵害他人造成人身损害的，应当赔偿医疗费、护理费、交通费、营养费、住院伙食补助费等为治疗和康复支出的合理费用，以及因误工减少的收入。造成残疾的，还应当赔偿辅助器具费和残疾赔偿金；造成死亡的，还应当赔偿丧葬费和

死亡赔偿金。

第一千一百八十三条　侵害自然人人身权益造成严重精神损害的，被侵权人有权请求精神损害赔偿。

因故意或者重大过失侵害自然人具有人身意义的特定物造成严重精神损害的，被侵权人有权请求精神损害赔偿。

第一千一百九十二条　个人之间形成劳务关系，提供劳务一方因劳务造成他人损害的，由接受劳务一方承担侵权责任。接受劳务一方承担侵权责任后，可以向有故意或者重大过失的提供劳务一方追偿。提供劳务一方因劳务受到损害的，根据双方各自的过错承担相应的责任。

提供劳务期间，因第三人的行为造成提供劳务一方损害的，提供劳务一方有权请求第三人承担侵权责任，也有权请求接受劳务一方给予补偿。接受劳务一方补偿后，可以向第三人追偿。

《最高人民法院关于审理人身损害赔偿案件适用法律若干问题的解释（2020 修正）》

第十一条　营养费根据受害人伤残情况参照医疗机构的意见确定。

第十七条　被扶养人生活费根据扶养人丧失劳动能力程度，按照受诉法院所在地上一年度城镇居民人均消费性支出和农村居民人均年生活消费支出标准计算。被扶养人为未成年人的，计算至十八周岁；被扶养人无劳动能力又无其他生活来源的，计算二十年。但六十周岁以上的，年龄每增加一岁减少一年；七十五周岁以上的，按五年计算。

被扶养人是指受害人依法应当承担扶养义务的未成年人或者丧失劳动能力又无其他生活来源的成年近亲属。被扶养人还有其他扶养人的，赔偿义务人只赔偿受害人依法应当负担的部分。被扶养人有数人的，年赔偿总额累计不超过上一年度城镇居民人均消费性支出额或者农村居民人均年生活消费支出额。

第十九条　超过确定的护理期限、辅助器具费给付年限或者残疾赔偿金给付年限，赔偿权利人向人民法院起诉请求继续给付护理费、辅助器具费或者残疾赔偿金的，人民法院应予受理。赔偿权利人确需继续护理、配制辅助器具，或者没有劳动能力和生活来源的，人民法院应当判令赔偿义务人继续给付相关费用五至十年。

第二十条　赔偿义务人请求以定期金方式给付残疾赔偿金、辅助器具费的，应当提供相应的担保。人民法院可以根据赔偿义务人的给付能力和提供担保的情况，确定以定期金方式给付相关费用。但是，一审法庭辩论终结前已经发生的费用、死亡赔偿金以及精神损害抚慰金，应当一次性给付。

第二十一条　人民法院应当在法律文书中明确定期金的给付时间、方式以及每期给付标准。执行期间有关统计数据发生变化的，给付金额应当适时进行相应调整。

定期金按照赔偿权利人的实际生存年限给付，不受本解释有关赔偿期限的限制。

第二十二条　本解释所称"城镇居民人均可支配收入""农村居民人均纯收入""城镇居民人均消费性支出""农村居民人均年生活消费支出""职工平均工资"，按照政府统计部门公布的各省、自治区、直辖市以及经济特区和计划单列市上一年度相关统计数据确定。

"上一年度"，是指一审法庭辩论终结时的上一统计年度。

第二十三条　精神损害抚慰金适用《最高人民法院关于确定民事侵权精神损害赔偿责任若干问题的解释》予以确定。

○○○ **后　记**

　　如果说个人、家庭是社会的细胞，那么作为管理某个行政区域内所有住户的枢纽，社区无疑是城市基层治理的重中之重：其上需要积极响应国家的各项政策，其下需要对接千家万户、解决好"最后一公里"的问题，尤其是在社会内人员流动愈加频繁、市民生活产生的各类法律关系愈加复杂的当下，现实对社区治理能力有了更高的要求。《中华人民共和国民法典》作为中华人民共和国的首部法典，被称为"社会生活的百科全书"，就是因为其内容涵盖了一般民事法律行为的方方面面，对与民众切身利益相关的衣食住行都具有重要的规范和指导作用。因此，主动了解、学习它，对于社区工作人员参与处理辖区内民众之间的简单民事纠纷、进行居中调解，以及开展具体工作等都具有重要意义。

　　本书所涉及案例，有的是直接从我们实务经验中改编而来，有的则是在参考相关司法判例的基础上编撰而成，因而具有较大的实用性。但出于讲解知识点的需要，部分情节系对应相关法条规定而设置，现实中更多的特殊例外情形、法条交叉情形等，出于篇幅和逻辑考虑暂未涉及。因此，在实务中还需结合个案的特点，对相关法律规定进行综合分析后再行得出结论，届时，希望本书相关案例中的法理分析及法条链接能够起到一定的指引作用，为广大社区人员的工作提供帮助。此外，由于我们自身知识及经验储备有限，书中内容难免挂一漏万，不足之处还望各位读者批评指正。

　　本书编写过程中得到中共成都市委党校法学教研部的大力支持，特别感谢梁光晨教授、谭冰涛副教授、白杨副教授给予的关心和指导！